# 大唐拐点
## 安史之乱

千江月 著

中国出版集团有限公司
华文出版社

图书在版编目（CIP）数据

大唐拐点：安史之乱 / 千江月著. -- 北京：华文出版社，2024.4
　　ISBN 978-7-5075-5941-5

　　Ⅰ.①大… Ⅱ.①千… Ⅲ.①安史之乱-通俗读物 Ⅳ.①K242.205.09

中国国家版本馆CIP数据核字（2024）第056683号

**大唐拐点：安史之乱**

| | |
|---|---|
| 著　　者： | 千江月 |
| 策　　划： | 胡　子 |
| 责任编辑： | 寇　宁 |
| 出版发行： | 华文出版社 |
| 地　　址： | 北京市西城区广外大街305号8区2号楼 |
| 邮政编码： | 100055 |
| 网　　址： | http://www.hwcbs.cn |
| 电　　话： | 总编室 010-58336239　　责任编辑 010-58336195 |
| | 发行部 010-58336267 |
| 经　　销： | 新华书店 |
| 印　　刷： | 三河市航远印刷有限公司 |
| 开　　本： | 880mm×1230mm　1/32 |
| 印　　张： | 12.25 |
| 字　　数： | 248千字 |
| 版　　次： | 2024年4月第1版 |
| 印　　次： | 2024年4月第1次印刷 |
| 标准书号： | ISBN 978-7-5075-5941-5 |
| 定　　价： | 58.00元 |

版权所有，侵权必究

# 前言 PREFACE

李隆基晚年，身边宰相、官员为着一己私利，腐败朝纲。安禄山利用皇帝宠信，趁机做大，控制华北、山西。

发现中原武备空虚，安禄山暗中蓄养武力，眼光瞄准长安。在一批政治谋士鼓动下，安禄山率领20万大军向长安进军，迅速抢占河北，攻占洛阳。

在河北、河南敌后战场，民间涌出一批忠臣、良将、义士，结成联盟，从背后狠狠砍向叛军，强力拖住叛军西进脚步，打破安禄山速战速决梦想。

李光弼、郭子仪率领唐军，狙击叛军。安禄山利用唐朝高层内部矛盾，攻破潼关，占领长安。

唐军在新皇帝李亨率领下，在灵武重整旗鼓，成功收复长安。叛军败退，安禄山、史思明被自己儿子杀死。唐军乘胜追残敌，最终取得胜利。

长达八年的战争中，涌现出一大批爱国志士，与强敌做顽强斗争，机智勇敢，为后人研究军事斗争、政治谋略留下宝贵财富。

## 上篇

第一章　　捉生将混成金色弄臣 / 3
第二章　　反骨长成记 / 33
第三章　　创造宦官新时代 / 58
第四章　　玩弄权术，祸国殃民 / 66
第五章　　热恋中老男少妇 / 79
第六章　　战鼓动地，腥风北起 / 91
第七章　　横扫河北，攻占洛阳 / 100
第八章　　宦官举刀杀武将 / 111
第九章　　后院燃起冲天大火 / 119
第十章　　一招不慎，酿成千古恨 / 130
第十一章　常山城强手交锋 / 139
第十二章　雍丘龙虎大缠斗 / 149
第十三章　强力说客 / 163
第十四章　逼出潼关 / 168
第十五章　灵宝大战 / 179

## 中篇

第十六章　弃都而逃 / 187

第十七章　寻找背黑锅的人 / 190

第十八章　比翼鸟折翼，连理枝断枝 / 196

第十九章　天无绝人之路 / 201

第二十章　站稳脚跟，再图发展 / 207

第二十一章　杠杆撬地球 / 213

第二十二章　此消彼长 / 216

第二十三章　怪招连连 / 224

第二十四章　一支意志顽强的部队 / 231

第二十五章　小心有诈 / 237

第二十六章　匡乱反正 / 242

第二十七章　荒唐牛车阵 / 250

第二十八章　伏击援军 / 255

第二十九章　心中满是智谋的勇士 / 260

第三十章　持久战打破速决战 / 264

# 目录

## 下篇

第三十一章　一脚踹开自毁之门 / 269

第三十二章　借皇帝手杀皇帝儿子 / 273

第三十三章　太原保卫战 / 277

第三十四章　血战睢阳 / 290

第三十五章　重点战役 / 313

第三十六章　史思明归降 / 327

第三十七章　致命乌龙球 / 332

第三十八章　卫州大战 / 336

第三十九章　邺城大战 / 341

第四十章　　安阳之战 / 347

第四十一章　河阳大战 / 354

第四十二章　东京大会战 / 370

第四十三章　谋杀父亲 / 373

第四十四章　路到尽头 / 377

# 上篇

# 第一章　捉生将混成金色弄臣

## 当上捉生将

安禄山，是唐朝时营州（今辽宁朝阳）一名胡人，母亲是一位巫婆。他从小跟在母亲身边，混在求神问卦的客人中间，天长日久，小伙子学得一张巧嘴，变得伶牙俐齿。

为着躲避战乱，18岁时，安禄山逃到幽州。得力于一位朋友的帮助，他在互市找到一份牙郎工作。（互市，边境交易市场；牙郎，市场管理员。）

这么一个毫不起眼的人，却将中国历史上最为鼎盛的唐朝拦腰截断，将盛世大唐拖进八年的战争深渊，将繁荣兴盛的大唐推进下坡路段。这段滴血的历史，缘起于一个人——幽州节度使张守珪。

开元二十年（732），安禄山借着做牙郎的方便，偷了一只羊。

事情很快暴露了。幽州节度使张守珪听说安禄山这个牙郎竟敢借职务之便行偷窃之事，大为生气，叫人把他绑来，准备把他乱棍打死，以儆效尤。

把安禄山绑来后，张守珪见这个偷东西的牙郎长得白白胖胖，身体魁梧，心中暗暗忖度："这人是个壮士，虽然一时走了歪路，但就这么打死，却也有些可惜。"

此时，安禄山吓得魂飞魄散，但他知道，求饶是没用的，看张守珪沉吟不语，似乎有犹豫之意，他决定搏一搏。

安禄山硬着头皮高喊："您的敌人是契丹人、奚人，您不是想消灭他们吗？为什么要杀了我这壮士呢？"

张守珪一想也是，就下令放了安禄山，还把他任命为捉生将，让他戴罪立功。安禄山捡了一条命，从此成了张守珪的部下。

# 贵为义子

当上捉生将后，一天上午，安禄山得到一条消息："几户契丹人离开中心营地，外出放牧。"（中心营地，原始部落生活地区，类似于中原城镇。）安禄山立即率领一支轻骑兵，从后面悄悄跟过去。

骑兵队悄悄尾随一户放牧的契丹人。两个侦察兵，趴在这户人家附近草丛里，仔细观望，不久回来向安禄山报告："这户人家，除老人、小孩、妇女，还有三个壮实小伙子。"听完报告，安禄山发出命令："尾随三天三夜，确信这户人家后面没有

## 第一章 捉生将混成金色宠臣

跟随其他契丹人，我们那时就动手。"

第三天深夜，安禄山指挥骑兵队慢慢靠近这家人的帐篷。所有人匍匐在草丛里，将这户人家帐篷的各个出口全部包围起来。

黎明前，几个骑兵悄悄摸进马圈，割断马缰，驱散那家人的坐骑。天亮时分，轻骑兵举着长剑、圆盾，高声呐喊着，发起突然袭击。

契丹人正在睡梦中，突然听到帐篷外面喊打喊杀的声音，立刻明白发生了什么。三个青年人冲出帐篷，冲进马圈，寻找马匹，这才发现所有马跑得一匹都不剩。

除了举手投降，还能有什么办法？任何退路都被大唐骑兵提前堵死，连逃命时间都没有。

安禄山大获全胜凯旋。

"每次攻打契丹人，安禄山带领骑兵队，都能捉回几个人，几乎没有失手。""他那人运气真的是非常好，脑子又好使，我们跟在他后面，学些办法，长些见识，混碗饭吃。"

听着士卒们议论，张守珪生出一个想法来。

一天，张守珪喊来安禄山，当着身边众多将领的面，慢慢说："安禄山，你是个难得的好青年，聪明能干，办事有脑子，打仗有手段。我决定收你为义子。"

安禄山立即跪下来，对着张守珪磕下三个响头。"义父在上，请受孩儿三拜。义父交代下来的事，即便赴汤蹈火，孩儿也一定坚决完成。"

有军功垫底，加上义父提携，安禄山不久奔上升官大道，先升为平卢讨击使（地方军官），半年后又升为左骁卫将军（从三品）。

"我本来是个苦命人，没有想到，上天送给我这么好的运气。"对着升官诏令，安禄山一边说着，一边跪在地上叩拜。

# 塞翁失马

开元二十四年（736）四月，枝头上挂满绿叶，地上处处是油油青草，春光明媚，一天上午，安禄山接到张守珪命令："奚人和契丹人反叛我们大唐王朝，现命你率领六千唐军，剿灭乱众。"

接到命令，安禄山立即率领一支几千人组成的唐军队伍，向目的地进发。行军三天后，前方侦察分队传来消息："发现一支契丹军，人数少得可怜。"接着又得到消息："契丹人军容不整，看上去，没有什么战斗力。"

安禄山发出命令："向契丹军发起进攻。"

两支军队一经接触，契丹军转身就往后面跑。安禄山随即发出第二道命令："全军分成三路纵队，向敌军发起追击。"

"小心敌军有诈。"身边一位将官提醒。

安禄山站在一处高坡上，望着远方契丹军逃跑的队形，嘴里说："看契丹军那个熊样子，能使出什么诈来？"停一停，他接着说："跟契丹人打这么多年仗，我还没有见过他们中有什么能人，会使什么诈术。我们唐军这么强大，装备这么精良，大家全力往前冲,美女、财宝就在前面等着我们!"

追着追着,唐军马的脚力不一样,军官的马跑得快,士兵的马跑得慢。奔跑途中,难以保持队形,队伍渐渐拉长。军官与士兵之间,渐渐脱离开来。

追着追着,追到一座高山前面。突然,左右两侧树林里,传出猛烈的呐喊声。埋伏已久的奚族军,高声喊叫着,分成六路纵队,从山坡上往下冲。一直在前面逃命的契丹军,停下脚步,整理队形,随即反身过来,向身后追赶的唐军发起反冲锋。

唐军前面跑得快的队伍迅速聚拢,形成反抗队形。后面拉长的队伍,还在路上跑,不知道前面发生的情况。

望着左右两侧包抄过来的敌军,唐军前锋队伍没有慌乱,没有人向后逃跑。唐军迅速整理队形,士卒们士气高昂,迎战敌军。

一部分奚族军往唐军前锋部队后面跑,切断了唐军后续部队。

唐军中,还在路途上跑的这部分队伍,被冲过来的奚族军一段一段截断开来。唐军无法再度集结在一起,无法形成整体战阵,只得在各自地段,集结成临时战斗队形。

契丹军、奚族军准备充分,依着预定方案,将唐军分段切割,分片包围。

唐军士卒与长官之间,在追击过程中失去联系。陷入包围圈的唐军士卒,很多找不到将领,渐渐变得混乱起来。

傍晚时分,失去将领的这部分唐军首先支持不住。太阳西沉,夜色一点点降临,这部分唐军开始溃散。一些人四处乱逃,另一些人往附近树林里钻。

发现唐军溃败,各自找路从阵地向外围逃命后,契丹军、奚族军纵马狂追。许多唐军士卒在逃跑路途中被背后追上来的契丹军、奚族军士兵用狼牙棒砸破头,用大刀砍烂背。

凭着过人本领,安禄山在几名亲信拼死协助下,杀出敌军重重围困。深夜时分,他逃回营地,这才发现,自己浑身溅满敌人鲜血。后半夜里,又有十几个人陆陆续续逃回来。

"六千唐军溃散逃亡,大部分士兵被杀死,安禄山及十几个人,逃回营地。"看着摆在桌面上的军情报告,张守珪心中一阵阵发冷。

按照军法,如此重大失败,作为前线最高指挥官,安禄山必须斩首。张守珪想着,仰望着房顶上雕刻着浮云的天花板,慢慢叹了一口气。他拿起墨来,在砚池上反复来回地磨着,想着心事。

最终,张守珪宣布:"将安禄山押往都城长安。六千兵马全部丧失,损失极其严重,如此重大犯罪,交由朝廷发落。"

丞相张九龄细看呈文,伸手摸摸光秃秃的头顶,缓缓提起笔来,在批示栏里,慢慢写道:"为着严明军纪,司马穰苴杀掉监军庄贾。为着严明军纪,孙武一口气连杀吴王两个妃子。张守珪如果真要严明军纪,那就不应该免除安禄山死罪。"

张九龄高高举起"严明军纪"大旗,打出血淋淋的"杀"字牌。

然而皇帝李隆基看完呈文,从案桌边上站起来,背着手在宫殿里慢慢踱着。他满眼看到的是安禄山堆得像小山一样的军功。这是一个天生的战场奇才啊。打那么多仗，几乎全是胜仗，除这场战斗，无一败仗纪录。

返回案桌边，李隆基一手按着呈文金边，嘴里吸着一口香茶，一串想法涌出来。安禄山确有打仗能耐，这样的战场奇才，杀掉可惜。胜败乃兵家常事，哪有只胜利不失败呢？失败一次，就给他一个深刻教训，这正是人才走向成功的必经路径。张守珪这人，还真有识才眼力。

李隆基提起笔，写道："赦免安禄山死罪。剥夺他一切官职，以白身继续指挥部队作战，给他戴罪立功的机会。"

皇帝用的是高屋建瓴的眼光。

看着皇帝批示，丞相张九龄心中大吃一惊，立即求见皇帝。

张九龄说："安禄山粗心大意，不审慎查看敌情，贸然向敌军发起进攻，严重违反军纪。丧失如此之多的军队，依据法律规定，不能不杀。我去监狱看过他，那人长有一副反相，留下来将来必定是个祸害。"（如果联系后来发生的大事，不能不佩服张九龄的眼力。）

李隆基听着，一肚子不高兴："你这不是学王衍认定石勒有反相的样儿吗？别因为有过这种事就误杀忠良啊。"

张九龄极力用"反相"做文章，反而被李隆基抓个正着。

张九龄紧闭嘴巴，不再言语。安禄山从鬼门关前活下来。

接到免杀令，安禄山非常高兴，走出牢房，对着蓝蓝天空大喊大叫："我所有官职全部丢掉，过去所有努力全部归零。但这算什么。只要活着就有翻身的机会。"

安禄山没有想到，皇宫里，皇帝李隆基心中，安禄山作战勇敢的形象，已经深深地刻进去。都城长安，皇帝身边官员中，皇帝与宰相的争论成为新闻，流传开来。一时之间，安禄山成为都城中的最大谈资。

## 飞升节度使

安禄山回到军营，继续带领军队打仗。经历战场、刑场、牢房三重生死考验，现在，战场上的安禄山变得十分审慎。

李隆基没有错，安禄山确实是为战场而生的奇才。脱掉那些骄横成分，战场上，安禄山迅速将军功一件一件累积起来。

李隆基没有想到，安禄山还有一份从娘胎里继承来的天性。这份天性，一遇机会，就会不可收拾地疯长。

通过战场立功，安禄山升为平卢兵马使（节度使属下官职）。

看着金光闪耀的任命状，听着身边将官高声祝贺的声音，看着他们那一张张羡慕的脸，安禄山突然感到心情无限沉落。上次是皇帝在鬼门关前亲手救下我，下次我还会有那么好的运气吗？带兵作战，哪有不遭遇战场失败之常胜将军？到那时，到刽子手鬼头刀再次伸到我脖子上时，皇帝还会再度出手相救吗？战场就像赌场啊，失败总是像阳光下的阴影一样，如影随形。

如何抓住皇帝这根救命仙草呢？安禄山反复地想着。

不久，安禄山想出这道天大难题的破解方案——用钱买命。

安禄山带兵打仗，现在跟以前大不一样：不单单捉活人，更看重抢财物。捉来的人，能换取军功。抢来的财物不是用来自己享受，绝大部分是用来巴结、贿赂、讨好从皇帝身边来到平卢的大臣，为将来某一天从皇帝手里买下性命提前铺好路子。

一天，安禄山得到消息："御史中丞张利贞新任河北采访使，即将来到平卢。"

安禄山立即吩咐手下人："包下平卢最好旅馆。旅馆门前摆满时尚花卉，营造出热烈气氛。在平卢最好酒楼，订下包间。在平卢最高档戏楼，预订最大包厢。"

打听到张利贞喜欢美女，安禄山派出人手，召请平卢最出名、最漂亮的妓女，服侍御史中丞。

在平卢，张利贞吃好、喝好、玩好，享受安禄山全程奉送的"顶级服务"。离开平卢时，安禄山派出护卫队，一路相送。两人分别时，安禄山登上张利贞马车，送上一个沉甸甸的小箱。

走到半路，张利贞忍不住打开小箱。里面是黄亮亮的金条，码放得十分整齐。坐在马车上，一只手摸着箱子里金条，眼睛望着窗户外面的美景，张利贞感觉生活十分惬意。

回到京城，张利贞立即向李隆基汇报河北巡视工作情况。张利贞说："安禄山办事有力，贡献突出，是难得人才，忠诚良将，国之栋梁。"

李隆基接受张利贞举荐，做出决定，任命安禄山为营州都督，兼平卢军使，两蕃、渤海、黑水四府经略使。

都督，是统领军队的军事长官；军使，掌军中赏功罚罪事宜；经略使，总理一方军政，统理一省或数省军务，职位高于总督。

看着一份又一份任命状，安禄山笑得十分开心。这些花出去的钱财，值啊，太值。接受下属祝贺时，安禄山朗声大笑，引来一遍羡慕声浪。

天宝元年（742），安禄山接到皇帝诏书，升任平卢节度使。看着这份任命书，安禄山大笑起来："感谢天地，感谢张利贞。这广阔无边的地面上，地方军权、行政权、收税权、用人权都握在我手中了。"

安禄山将任命状集中起来，摆在客厅桌上。看着它们，美好感觉在心头荡漾。

## 把神话卖出天价

一天晚上，吃饱喝足，安禄山突然有个想法：到京城去，以汇报工作为由，跟皇帝、大臣们混个脸熟，摸摸他们的脾气、喜好。

经过半年准备，天宝二年（743），金秋十月，安禄山率领一支装满礼品的车队，向京城进发。

皇帝会是一个什么样的人呢？一路上，安禄山反复揣摩：自小生长在锦绣堆里，那他一定喜欢听民间故事。对我这样一个有打仗能力的胡人，他的需求会是什么呢？一定是一样东西，这东西是且仅是一颗心，一颗赤胆忠心。

沿着这个思路，安禄山想出一个主意。

一天上午，李隆基单独召见安禄山，听他汇报治内公务。

公务汇报完毕，安禄山轻轻松松说："去年秋天，营州闹虫灾。田间地头到处都是蝗虫，它们不停地蚕食禾苗。一片青绿稻田，没几天时间，就咬得只剩下秆子。我心里着急啊。"

看着皇帝放下手里茶杯，侧着头认真在听，安禄山暗中掐了一下手指，继续说："一天，臣早早备齐香纸，来到田头，望着蓝蓝天空，一边焚纸烧香，一边向天神祝告'我要是心术不正，侍奉皇上心有不忠，就请蝗虫来吃掉我的心。如果我没有欺骗天神，就请天神显灵，请天神发动神威，让蝗虫立即散去'。"

安禄山停下来，看到李隆基扔掉手中瓜子，站立在身边的太监也屏住呼吸，凝神谛听。

"我刚刚祈祷完毕，听到空中一阵轰响，是一群鸟儿拍打翅膀的声音。它们从北边一个山林中飞出来，在空中转了一圈，缓缓落到田地里，在那里捕食蝗虫。约莫一炷香工夫，那些散落在田间地头的蝗虫就被它们吃没了。"

看到皇帝眼睛发亮，神采奕奕，安禄山提高一点音量，说："希望史官动笔，把这件事记录下来。"

这事可信吗？现代人可能不信。当然，蝗虫引来鸟儿，这类事肯定是有的。然而，有那么凑巧吗？这就很难说。

但皇帝却真的相信了。安禄山听到皇帝向太监发话："把史官喊来，把这件事好好地记录下来。"安禄山听出来，皇帝话音里带着高兴。

不能不佩服安禄山,用巫婆母亲惯用的手法,将自己一颗"忠心",请天神作证,向皇帝表达出来。

对这个能打仗的胡人,皇帝最不放心的正是他的忠心。

忠心有了,流落中原、能征惯战的战场奇才,还有什么地方不能用吗?

新年刚过,安禄山接到一道升官圣旨:"平卢节度使安禄山兼任范阳节度使。"

望着新增添的任命状,安禄山心中乐开了花:我编一个小小的民间故事,卖出如此之高的价钱,升官路子这下给我找着了。在皇帝那里,说一个民间故事,比打一个大胜仗还值钱。

## 升为朝廷重臣

一天晚上,安禄山接受宴请,参加好友宴席。餐桌边上,一位朋友说:"礼部尚书席豫新近兼任河北黜陟使。要是能在这个人面前树立一个好形象,一定能给皇帝留个好印象,将来有望高升。"(黜陟使:巡察地方,考查官吏,进行奖惩的官员。)

参加完宴席,回家路上,安禄山仔细忖度这件事,觉得朋友说得有理。

于是,席豫来巡察时,安禄山大加表现,在席豫面前装出一副廉洁奉公、忠心耿耿的样子,又把席豫一行的生活起居、活动日程安排得有条有理,哄得席豫对他赞不绝口,觉得他是世间少有的德才兼备之人。

回到京城，向皇帝汇报巡察工作时，席豫将安禄山作为重点汇报对象。"安禄山对皇帝忠心耿耿，处理治内事务公正公平，是难得的一把好手。"

席豫汇报工作时，旁边站着一个人，宰相李林甫。

李林甫想：张利贞、席豫如此出大力，在皇帝面前，高高抬举一个大字不识的胡人，对那么一个啥背景都没有之人，皇上还宠爱有加？真是奇怪。回到家里，李林甫反复琢磨这个新出现的奇特景象。

站在后院大樟树下，李林甫用力捏碎一粒乌黑香樟子，闻着手心里发出的樟树香味，李林甫忍不住笑出声来。"安禄山这人，虽然远在天边，不住在京城，我已看出来，这人是一匹政治黑马，将来必定在皇帝面前走红。"

扔掉手中香樟子，拍干净手掌，在李林甫心中，一道方案渐渐成熟起来。安禄山这人有极大利用价值。该如何利用他呢？安禄山是一个胡人，在皇帝面前，我来创建一套"胡人能干、胡人忠心"理论，把安禄山作为我这套"胡人理论"的标杆树立起来。这样一来，安禄山越红，在皇帝心中我的"能力值"就水涨船高。

想到这里，李林甫捻动中指和拇指，在空中打了一个大大的响指。

一天晚上，一家高档次酒楼的包厢里，一群将领正在享用奢华大餐。

坐在红木靠椅上，安禄山呷下一口酒，轻声说："皇帝桌子上，摆着成堆官位，但要一样东西去换，那个东西叫军功。"

"我早就想建立战功。手中带着这么多兵卒，这些人就是我的起家资本。这段时间没有活干，我这些资本，放在这里闲置，心痛啊。"一位麻脸将领醉红着脸膛大声说。

"找些软蛋来打，这样发财容易，立功容易。"一位高个子将官啃着西瓜，慢慢说。

"找个借口很重要，没有好借口，大臣们的口水会把我们淹死。"

"我看奚人部落和契丹部落较合适，这两个部落都杀死过皇帝嫁过去的公主，他们背叛唐朝。他们是两个软蛋，我们打过去，一打一个准。"说话者声音不高，但语音清晰。

"好主意，兄弟们要发财，要当官，就找他们两家要去。"安禄山兴奋地说。

将领们群聊兴致很高，一个个朝着桌上烤肉、美酒猛烈地进攻。

高高举起"为唐朝公主复仇"大旗，安禄山带领军队一次接一次向奚人部落、契丹部落发起进攻，取得一个又一个胜利。

接到一封又一封"大获全胜"的喜报，李隆基十分开怀，笑着对身边大臣说："安禄山果然是战场奇才。这样又能干又有忠心的人才，我不用他我用谁？"

一天，安禄山接到升官圣旨，升任御史大夫。

摸着金黄圣旨，安禄山笑出声来。"御史台为国家最高监察机关，御史大夫为其最高长官。我这是一步登天，由边关大员晋升为朝廷重臣。这下，我就可以堂而皇之、光明正大把我耳目安插到京城，安插到天子脚下。"

安禄山喊来将军刘骆谷，屏退身边下人，对他说："我已升任御史大夫，必须常驻京城，至少在京城要留下重要帮手，随时听取皇帝指示。我想来想去，别人都担当不了如此重任，只有将军您，才堪当此大任。我决定派将军您留在京城。"

刘骆谷出发时，安禄山在他耳边缓缓交代了一句话："细细观察朝廷大臣们的一举一动。朝廷有什么风吹草动，立即快马向我报告。"

范阳（今河北涿州）通往京城驿道上，随时能看到装满礼品的车队，有的是安禄山向朝廷进献战俘、牲畜的，有的是安禄山向大臣们赠送奇禽异兽、金银宝贝、皮衣皮帽的。

收到丰厚礼品，在皇帝面前，朝廷大员们个个动嘴，为安禄山大唱赞歌。

听到留驻京城的刘骆谷那里接二连三传来好消息，安禄山站在庭院里，一遍遍拍打身上灰尘。"我送出超量财物，果然有用。"望着湛蓝天空，他心里充满欢喜。

## 皇帝笑声

安禄山身体已经发福，越来越胖，体重三百多斤，走起路来大腹便便。虽然如此，他还是骑着大马前往京城晋见皇帝。背上驮着这么重的一个人，马儿累得够呛，沿途只好反复换马。

拖着三百斤重的身体，骑在马背上跑长途，也确实是一件不容易的事。

一天上午，听完安禄山汇报公事，看着安禄山肥胖的身体，李隆基兴趣大增，指着他的大肚子，提出一个小问题。

"你肚子这么大，哈哈，里面装着什么宝贝吧？"皇帝拿安禄山的大肚子寻开心。

"只有一个宝贝。"安禄山从容答道。

安禄山看到李隆基竖起耳朵在听，就提高一点音量说："只有对陛下一颗赤胆忠心。"

安禄山清晰听到，从李隆基嘴里发出爽朗笑声。

不得不佩服安禄山揣度人心、随机应变的能耐。

第二天下午，傍晚时分，安禄山再次晋见李隆基，恰巧太子在场。

"爱卿，这是朕的太子。"李隆基意思清楚：赶紧来拜见太子。

安禄山站在那里，想了半晌，问道："太子是什么官？请圣上指教，我是胡人，不懂朝廷礼仪。"

李隆基哈哈大笑，说："这是朕的储君。待我千秋万岁之时，就由他管理你们大家。"

安禄山连忙说："臣真是愚蠢。一直以来，只晓得天下有陛下您一个人，不晓得还有储君。"

说完这话，他这才向太子行礼。

安禄山听到李隆基的笑声十分爽朗。

生活中确实需要笑声。朝堂之上，有几位大臣，能让严肃

第一章　捉生将混成金色弄臣

的宫殿里传出笑声？安禄山用太子和自己垫底，让皇帝由衷地发出笑声。"高堂之上，很需要这样的弄臣。"安禄山似乎听到这样一个声音。

揣摩出皇帝心事，安禄山居然想出类似"刘姥姥进大观园"的招数。

庄严肃静的大殿里，为什么只有我有笑声，从来没有听到过臣子们的笑声？每天上朝讨论国事，看到大臣们一张又一张脸庞，一个个严肃正经，李隆基忍不住琢磨起来：讨论问题，汇报工作，大臣们一定要板着脸吗？臣子们在繁重工作之余，可不可以也发出笑声来呢？

回味安禄山带来的笑声，李隆基突然想出一个主意来。

这天中午，金碧辉煌的大殿里，李隆基命令皇宫大厨摆下丰盛宴席。下朝时，当着所有臣子的面，皇帝突然丢出一句话："今天下朝之后，所有人都不用回家吃饭，我请大家聚在一起，吃个午餐。"

文武百官按着官阶次序，坐在宴会大厅餐桌边上，看着桌子上摆好一盆盆鱼肉大菜，一个个十分开心。

宴会开始，大臣们用筷子向满桌鱼肉发起进攻。这个时候，李隆基向站在身边的高力士（太监）轻声说："看到御座东面那间房子了吗？你去拉开那个画有金鸡的屏风。"

屏风拉开，贵宾间里，安禄山完全暴露出来。他肥胖的身子斜躺在卧榻之上，跟大家一样，安禄山轻轻松松享受着摆满桌面的美味佳肴。

李隆基看到，文武百官吃吃喝喝之际，指指点点之中，笑声不断。

百官面前，也就是我享受到非常之待遇。安禄山心里得意，一阵阵无比滋润的感觉咕咕地往上冒。

## 金色弄臣

傍晚时分，吃过晚饭，李隆基在皇宫后花园中悠闲散步，看看西边天空太阳正在下山，一道金色晚霞映红天际。

安禄山让严肃的大殿里充满笑声。李隆基还在回味午餐宴会上那有趣的一幕。为什么我这后宫冷冷清清，没有欢声笑语？人生不应该是这样啊。后宫佳丽那种媚笑，那些讨好笑脸，简直就是奴隶对奴隶主笑，比哭还让人心寒。

想到这里，看着身边一起欣赏晚霞美景的杨贵妃，李隆基说："大臣安禄山，身为胡人，生来就没有我们汉人那么多礼节约束。有他在场，大臣们放得开，笑得爽。哪天也把他引进后宫来，你与他兄妹相称，大家像一家人一样，不用过分拘束。他来后宫游玩，后宫必定盈满欢声笑语，大家一起在笑声里快快乐乐的。"

"好主意。圣上下朝后，后宫里也热闹盈门，笑声飞扬。"杨贵妃望着风中摇头晃脑的几片树叶，感觉今天身边风好轻好轻。

一天下午，接到皇帝"来皇宫后花园看花"的邀请，安禄

## 第一章 捉生将混成金色弄臣

山高高兴兴直奔后宫。

"哇,这里果然是人间仙境。"看着漂亮的杨贵妃,看着各色鲜花美景,与皇帝一起在后宫花园里徜徉,安禄山兴奋得叫出声来。

"后宫门向你敞开,你以后可以随时来后宫看花,陪贵妃聊天。你们兄妹相称就行。"李隆基说。

"好啊,好啊。不过,我怎么能做贵妃哥哥?如果贵妃愿意收我做儿子就好了,我就能得到更多疼爱。"

"好主意。看来我不想当你干爹都不行。"李隆基、杨贵妃一齐笑出声来。

皇帝需要笑声。我这一来,让皇帝笑得更开心,他也就更宠我。看着皇帝、贵妃的笑脸,听着皇帝、贵妃的笑声,安禄山心中一阵阵高兴。

第二天傍晚时分,安禄山来皇宫游玩。一进门,看到李隆基、杨贵妃两人坐在一起闲聊,安禄山倒身下拜。

他顶着肥胖的身子,先在杨贵妃面前重重拜下去,嘴里喊着"母亲大人安好",接着来拜李隆基。

"为什么先拜贵妃呢?"李隆基一边喝茶,一边不解地问。

"我们胡人习俗,必是先拜母亲,后拜父亲。"

"这个习俗真是太好了。"杨贵妃边说边笑。

听着贵妃的笑声,李隆基非常开心:"果然与我们汉人不一样,哈哈。"

对这位能打仗做将领、能说笑话、搞小品兼职弄臣的安禄山,李隆基显得很厚道。天宝七载(748),他赠送安禄山一份梦想的宝贝——丹书铁券。

摸着黑乎乎的铁券上红通通的朱砂字，安禄山心中漾起无限幸福。虽然它不是官职爵位，不能给他带来钱财，却能让他这颗头颅安安稳稳长在脖颈上，不会再在夜里做噩梦，梦见刽子手高举鬼头刀向他脑袋奔来。

安禄山请工匠为它镶上镂空花纹楠木边框，安放在家中高处。

## 过度作为

天宝九载（750）五月的一天，春暖花开，暖风习习。傍晚时分，李隆基跟杨贵妃说："我要送给我们干儿子一顶金光闪耀的大帽子，赐安禄山为东平郡王。"

望着西下夕阳，望着满天云彩，杨贵妃脸上写满笑意："我朝以前没有封将帅为王的先例。圣上破例，封我们干儿子为王，禄山儿一定感激涕零。这必能激励天下将领杀敌立功，忠心报恩。"

八月，天气酷热，安禄山又接到皇帝派太监送来的圣旨："任命安禄山为河北道采访处置使。"

送走太监，回到家里，安禄山摸着院子里樟树身上粗糙开裂的树皮，一阵阵笑意在脸上绽放。采访处置使职高权重，可罢免州刺史，可先行后奏。现在，黄河以北广阔区域（唐代时称河北），都在我东平郡王掌控之中了。

## 第一章 捉生将混成金色弄臣

皇帝如此宠幸我，我该如何进一步建功立业呢？

一天傍晚时分，望着一群鸟雀在天空中乱飞，一个主意跌跌撞撞在他脑海中浮现。皇帝需要敌人人头，却没有说一定要用战斗形式割下敌人头颅来。

沿着这条思路，一个臭名昭著的方案，被安禄山策划出来。

安禄山派出一批使者，手持和平邀请函，深入奚人、契丹人营地。"来吧，兄弟们，我这里备下好酒好菜。我们一起品尝高级厨师烹饪的美味佳肴，一起享受美酒佳酿。吃肉喝酒之际，我们一起寻找一条通向和平的光辉大道。"

安禄山发出命令："购置好酒，请来全城最好厨师，烧好大鱼大肉。"

这天，呼啦啦过来一千多人，大多是奚人、契丹人族里头头脑脑的人物，也有不少混吃混喝的。"安禄山准备大鱼大肉，不吃白不吃，白吃谁不吃。""我们都想参与进来，都来为谋求和平出大力、流大汗。"

一边喝酒吃肉，一边动脑子，双方讨论热烈，最后达成共识："从今往后，我们让大刀生锈，把长矛劈为柴火。我们一起和平相处。"

安禄山宣布："为庆祝和平到来，我们共同举起酒杯，一饮而尽。"

安禄山请来的厨师们各展手艺，将好酒好菜一道接一道端上桌子。所有人都来享受和平盛宴，享受高档厨师们烧制的鱼肉大餐。

没有人会想到，整缸酒里会被人早早地、偷偷地放入无色无味的蒙汗药。

所有人全部被麻翻,没有一个人跑掉。接下来就是走程序,安禄山早早埋伏了刽子手,这时候一群接一群跑进来,一个接一个割下睡梦中人的头颅。

这些人头全部用匣子封装好,用专车送到都城,献给朝廷。

"那些无头尸体,统统扔进千人坑。"

资料记载,用这样的套路,安禄山向皇帝邀功,前后有四次。

利欲熏心,在强大利益驱动面前,人性、理性、德性,全都躲在角落里发抖。一切为个人利益,安禄山将大唐政府在周边民族心中的光辉形象,当作个人往上攀登的血淋淋垫脚石。

安禄山已经变化,由原来努力上进的优秀人才,变成只见利益、不顾一切的"疯子"。

## 禄山府第落成大典

"安禄山斩首千级。"看着摆在桌面上的一份又一份白纸黑字的报告,李隆基十分高兴,发出诏令:"人才啊,不惜重金,给安禄山修建豪华府第,以示嘉奖。"接着他又下旨:"宣安禄山进京,当面表彰功绩。"

"安禄山已到戏水。"

得到消息,杨贵妃立即动身:"我要去迎接我超级能干的儿子。"

## 第一章 捉生将混成金色弄臣

从京城到戏水路上，摆满杨贵妃、杨国忠兄弟姐妹的车队，一辆辆豪华马车前后相接，沿途观看人群挤爆田野。

对自己一手树立起来的榜样人物、弄臣、爱"子"，皇帝李隆基毫不吝啬爱意，亲自到行宫，在那儿等着安禄山到来。

一家人迎接远方归来的"儿子"，全家"其乐融融"，生活真是"幸福满满"。

在亲仁坊，安禄山府第已经落成，雄伟壮丽，装修豪华，富丽堂皇。房间里摆放着贵重瓷器、玉器。走进厨房，柜子里摆着金饭碗、银淘盆，地上放着银丝织成的筐子，最不显眼的地方，摆着银丝编成的笊篱。

卧室里摆着两张白檀木床。一丈多长，六尺多宽，价格昂贵。

为着干儿子在京城的饮食起居，杨贵妃亲自动手，挑选家具。为了这位能干有为、不拘礼节且擅长搞笑的干儿子，李隆基定出挑选家具、饰品的标准："别以为他是胡人，安禄山眼界其实蛮高。给他挑选最时尚、不落俗套的家具，以免他笑我小气。"

新府第落成，安禄山忙着指挥人手，采购食材，准备大摆宴席。"可惜宰相太忙，要是他也有时间，来我家里赴宴，必定让我家蓬荜生辉。"

这话传到皇帝耳朵里。宴会当天，早朝结束时，李隆基说："今天放假半天，大家赶去赴宴吧，祝爱卿们吃好、喝好、玩好。"

臣子们个个高兴。

"为着让大家乐个痛快，我这就派梨园、教坊乐人前去助兴。"李隆基摸着手边龙椅上黄亮圆润的金把手，兴奋地下令。

## "三朝"创意玩法

这天安禄山过生日，"母亲"杨贵妃一大早就忙起来：儿子过生日，我得好好为儿子准备生日礼物。

"我准备了昂贵衣服、珍贵器皿、稀世宝物，圣上，你看，还缺哪样？"送礼队伍出发前，杨贵妃特意请皇帝亲眼过目。

"少一样东西，要送些山珍海味，他今天好用来招待贵客。"李隆基说。

"你看，我这一忙起来，就晕头。总觉得少一些东西，就是一时想不起少什么，还是圣上圣明。"

这天晚上，躺在床上，杨贵妃琢磨着一件事：如何让擅长搞笑的儿子为后宫带来欢笑？

第三天，杨贵妃脑子里想出一道方案。

吃过早饭，杨贵妃诏安禄山进宫。"我要按母亲方式，为我的宝贝禄山儿过三朝。"（当代仍然有新生婴儿出生第三天"过三朝"的民俗。）

杨贵妃找来一匹超大的锦绣，喊来四个宫女，制作出一个超级大号的襁褓。大家七手八脚，在欢声笑语中，像包裹刚出生的婴儿一般，将安禄山隆重包装起来。

四位腰腿粗壮的太监，早已等候在旁，这会儿将超大号襁褓塞进彩色轿子，抬起就走。

后宫里所有人早就得到消息，这会儿个个站在门口，等着看热闹。

彩桥里超大号襁褓所过之处，引起一片喧笑声。

"安静的后宫里，突然欢声笑语。"李隆基急忙问身边太监，"发生什么事情了？"

"贵妃娘娘要给陛下一个惊喜，正在按婴儿出生三天的礼仪，给儿子安禄山做'三朝'。"

"我们前去看看。"

"好主意，好主意。"看着热热闹闹的景象，李隆基十分高兴，"贵妃如此用心，笼络大臣，给贵妃赏赐金银。重赏安禄山，赏他为我后宫带来欢声笑语。"

这一天，大家闹腾够，才缓缓散去。

## 潜藏漏洞

一天，李隆基接到安禄山一份奏章："请求兼任河东节度使。"（河东，黄河以东区域。）

河东节度使，治所在太原府，治地范围类似于今天的山西省，主要防御突厥南下，驻扎兵马五万五千人。

看过奏章，李隆基做出决定："将原河东节度使调任左羽林将军，安排安禄山兼任河东节度使。"

李隆基的着眼点，在于安禄山有忠心、能力强，在于防御突厥有必要性。他却没有想到，在这件事上，隐藏着一个巨大的军事漏洞。

现在，安禄山掌控地区，相当于整个华北地区，加上山西全境。特别是山西，军事上是华北平原的锁钥，从这里大军可以西取长安，南出湖北、湖南。安禄山一旦造反，大唐就万分危急。当年李渊就是从山西太原起兵，直取长安，从而建立大唐帝国的。当然，如果说"安禄山可能会造反"，李隆基绝不会相信。

然而，无论如何，作为最高领导，李隆基将河东节度使授给安禄山这个"儿子"，确确实实犯下了重大军事错误。遗憾的是，李隆基及他身边大臣，没有一个人能够发现这个潜在的巨大风险。

## "兄弟"联手，其利断金

当时，户部郎中吉温正睁大眼睛，努力寻找上升机会。一天，他突然有一个大发现：安禄山得到皇帝极度宠信，权力直线上升。如果攀上安禄山这个人，岂不是撞开升官大门？

他心想，自己跟在宰相李林甫后面，混这么多年，也才升到户部郎中。这样下去，猴年马月才有出头之日？

一天傍晚时分，坐在后院大松树下，吉温一手端着香茶，脑子里慢慢地想着。安禄山是什么人？他一定做梦都在想挖宰相李林甫墙角,做梦都在想坐上宰相那把大靠椅。

顺着这个思路,吉温带着两坛好酒,来到安禄山家。

有朋自远方来,不亦乐乎。安禄山盛情招待吉温。

看着摆在眼前的两坛好酒,安禄山有一个感觉。吉温远远地跑来找自己喝酒,一定是有什么事情要发生。

酒足饭饱,吉温提出一个小小倡议:"我俩结拜为兄弟,你看如何?"

这人是李林甫团队里的高手啊,居然送上门来。岂不是天上掉馅饼,而且掉到自己家来。安禄山想着,心中十分高兴。

两人一拍即合。

结拜仪式过后,两人兄弟相称,互相祝贺。吉温说:"李林甫对待兄长,看上去十分亲密。据我观察,他那个人,绝不会推荐你为宰相。"

看到安禄山竖起耳朵在听,吉温喝一口茶,缓缓说:"我有一个有力证据。你看我,尽心尽力为他卖命,他越级提拔过我吗?从来没有。"

望着屋顶上的天花板,安禄山轻轻地点头。

"我有个想法。在圣上面前,兄长推荐我,我必定得到重用。那时,我就有机会,在皇上那里推荐兄长'有宰相之才',到那时,我们一起使劲,李林甫还吃得住这样挤压吗?"

吉温停下来,看看安禄山:"那时宰相职位,就一定是兄长你的。"

安禄山连忙递过一个亲手削好的苹果:"贤弟所言极是啊,极是。"

安禄山立即动嘴，在李隆基面前，大声称赞吉温"有一颗忠诚心，办下许多大案要案，才干过人"。

对吉温这个人，李隆基还是太子时有过交流。他当时说："吉温确有能力，但是缺少一颗仁德之心。这人可用，但不可重用。"然而，时间一长，自己以前说过的话，自己也忘记了。

经不住安禄山三说四说，李隆基做出决定，任命吉温为河东节度副使，知留后。（留后，节度使缺位时，代理他主持事务。）

得到消息，安禄山朗声大笑。笑声震飞了屋檐上一对正在做窝的燕子。

## 口蜜腹剑

"吉温与安禄山结拜为兄弟。"听到消息，李林甫感觉全身不爽。这两个本来不相关的人，两个毫无共同点的人，却如此紧密地黏合在一起，一准有着特殊目的。会是什么呢？

是奔着自己的宰相职位而来。用不着过细分析，仅仅凭职业敏感就完全足够。

安禄山那几招，那些个在皇帝面前装孙子的手法，在李林甫眼里，简直就是小儿科。李林甫决定自己露一小手给他看看，叫他知难而退。李林甫很快想好方案。

之后几次同李林甫交谈，安禄山每次都有一个相同的奇怪感觉。自己想说出口的每一句话，李林甫都已经提前猜到，而且赶在自己前面说出来。

安禄山是什么人，是揣摩人心的高手。可是，在李林甫面前，这点手法居然捉襟见肘。

高手遇到高手，安禄山突然感到不寒而栗。自己与吉温偷偷玩的那点手段，这要是被李林甫看出来，必定逃不出李林甫的算计。说不定他早已设计好圈套，挖好陷阱，自己却一步一步，不知深浅，大步迈入其中。

只要望到李林甫身影，安禄山心里，就无来由地颤抖。时而寒冬腊月，寒风呼啸；时而汗流浃背，脚板底发凉。

如果说这个世界上安禄山有一个内心惧怕之人，这个人就是李林甫。

大家在一起聊天，或是讨论问题时，李林甫注意到一个现象，只要自己在场，安禄山就变得噤若寒蝉。人多场合，只要自己出现，他那张嘴，即便先前还口若悬河，总会立即打住话题。

看来，自己的小小招数，在他心里，已经起到作用。李林甫觉得，在皇帝面前，安禄山还是大红人，还有利用价值，那么，他得往后收一收。

"往后收"的方案很快想出来。

一个冬日下午，天气十分寒冷，李林甫特意在衣服外面罩一件皮袍。

李林甫派人请安禄山到中书省来谈一件事。一个时辰过去，事情谈好。屋外寒风呼啸，室内炭火烤得温暖如春。

"今天辛苦你专门跑来一趟，外面这么冷，回去路上，小心着凉。"李林甫一边说着，一边解下身上皮袍，亲手给安禄山披上。

"抵抵寒气。"李林甫亲自送安禄山走出中书省大门。直到看着安禄山坐进轿子，李林甫挥着一只手，看着轿子缓缓离去，这才转身往回走。

回家路上，坐在轿子里，安禄山心中有个感觉不停地往上冒。感动，真是太感动了。摸摸身上这件皮袍子，还散发着李林甫的体温。身为宰相，李林甫这么关心他，体贴他，看来，是自己想得太多。

安禄山着着实实领略了一把口蜜腹剑特有的刺激滋味。只不过身在山中，安禄山一时还没有看清大山的真实面目。

# 第二章 反骨长成记

## 疯狂鼓风机

既担当三镇节度使,手握地方军事、财政实权,又兼着朝中重臣,上下通吃,安禄山真正做到权倾天下。然而,安禄山心中,有个感觉挥之不去:某一天,自己脚下这块土,必定会山崩地裂。

当年,为着讨好皇帝,踩着太子肩膀往上爬。现在,李隆基年龄越来越大,总有那么一天李隆基会死去,那时太子登基,自己还有这样的好日子过吗?那时,一定躲不过太子的"鬼头刀"。

用上军事眼光察看唐朝军事形势,安禄山猛然有一个吃惊发现。大唐内部高山大川不少,然而却没有布置太多精兵强将。

莫非皇帝是老糊涂,还是整天忙着与贵妃谈恋爱,忘却了国家大事?宰相也好,兵部尚书也好,都是只拿高薪,不办实事的啊。

安禄山突然想到这个问题的另一面。对于突然而起的战争，朝廷没有预案，几乎是零准备。如果有人谋夺大唐天下，皇帝干爹岂不是举着双手送去一个超级大礼包？

反复思考这个发现、这个军事大漏洞，安禄山终于忍不住私下里跟孔目官严庄、掌书记高尚议论起来。（孔目官，掌管文书档案；掌书记，机要秘书。）

严庄、高尚两个人是安禄山"智囊团"的高级成员、策划高手，是安禄山身边最富有文化知识的智慧头脑，上知天文下知地理。两人平日里喜欢指点江山。

不久，安禄山有一个发现。严庄、高尚这两个人，在他耳边使劲鼓吹他"上应天命"，"有天子之相"。

一天晚上，三人在一起喝酒。酒酣耳热之际，安禄山筷子上夹着一块驴肉，缓缓说："有些话，切切不可外传，皇上要是听到，小心砍掉脑袋。"

"进攻中原，夺取大唐江山，取而代之，轻而易举。"高尚望着天花板，放低说话声音。

有些话，左耳朵进来右耳朵出去，不放在心里，就啥事没有。有些话，被有心人三说四说，没事也弄出个事来。

上面这点小道理，孔目官严庄、掌书记高尚心中最为清楚。

世上确有一类人，异志在心。只要有机会、有可能、有条件，就朝准那条心中大道，一路狂奔，没有理由，甚至不计报酬。

孔目官严庄、掌书记高尚广读圣贤书，阅尽天下事，立下大志，想要"扶国君、定邦国"。可他们睁眼看看眼前现实，这辈子无论怎么努力，也进不到皇帝身边，只能在范阳地面默默行走。

两人经常聚在一起，狂喷天下大事，点评朝中人物。有一天，两人忽然发现："安禄山有当皇帝的资源，而我们有让他当皇帝的决心、意志、毅力、智慧、手段，如此则何事不成？"

此后，在安禄山耳边，这两台"鼓风机"，不停地寻找机会，狂风劲吹。

这两个人在安禄山脑子里疯狂构筑安氏帝国。安禄山也没有闲着，动手在做几件踏踏实实的工作。

## 钱从哪里来？

做任何一件大事，有一样东西无论如何少不得，那就是真金白银。无论古今，无论中外，没有巨量资金，啥大事也办不成。兵家说法，叫兵马未动，粮草先行。

安禄山拿出部分地方税收，作为启动资金，交到胡人中的商人手里："发挥你们的聪明才智、生意手腕，到全国各地做买卖。国家投资，利润分成。"

大量资金用于兴办地方政府投资的商行，安禄山每年从各地商行中集聚数以百万计的财物。

回笼来的资金，安禄山将其中一部分投入三大领域：收购战马，数量达一万多匹；收购大量武器；蓄养家奴，数量不多，只有一百多人，但这些人个个武艺高超，在作战中勇猛异常，以一当百。

安禄山盯上了同罗、奚人、契丹人降卒，派出人手，精挑细选，选中八千人，私自收养。这些人个个身强力壮，人人都是战场上的精兵强将，能征善战，当时人称壮士，类似于职业勇士。

安禄山正心动邪念，不料厄运偷偷盯上来。

## 土护真水之战

天宝十载（751），安禄山得到确切消息："一支契丹军正在土护真水休整。"（土护真水，今内蒙古自治区老哈河。）

这支契丹军，累次挨打累次脱逃。安禄山早就盯着，他想：你们如此孱弱，真是想不吃掉都不行。平时发现不了行踪，现在居然跑到自己的眼皮底下，这种送上门的礼，安禄山岂有不收之理。安禄山发出命令："发财机会来到，我亲自率领六万军队，进攻只有两万来人的契丹军。"

如何悄悄接近对手，而不为敌军发觉？反复思考后，安禄山想出一个办法。

部队临出发前，安禄山发出指示："组建向导部队，由两千奚部骑兵组成，发挥奚人熟悉路途的优势，悄悄地接近敌人。"

这确是一个非常优秀的主意。六万大军，分成十个小队出发,在平卢集结,之后前行一千多里,到达北部土护真水,契丹军丝毫没有察觉。安禄山不愧为偷袭战高手。

大部队快接近目的地时,天公不作美,一连几天,下起大雨。

狂风暴雨中,部队昼夜兼行。突然,灰蒙蒙天幕下,契丹人的营帐出现在眼前。

"你们这些人,是从哪里冒出来的?"猛然看见唐朝大军,契丹人吃惊不小。

"全体做好战斗准备,完成对敌包围后,即刻发起进攻。"安禄山发出战斗指令。

"这几天大雨,将士们弓弩受到雨水浸泡,弦子失去弹性,没有张力。"接到命令,大将何思德连忙跑过来,对着安禄山耳朵,急急说道。

看到安禄山未置可否,何思德当即补上一句:"契丹人弓弩放置在营帐里,不受雨天影响。"

看到安禄山在玩手上一把弯刀,似乎在思考着什么,何思德接着说:"我们部队人马多,是敌人三倍,但是,千里行军,长途奔袭,已经十分疲劳。将士们作战没有精力,眼下需要休息。储足精力,再战不迟。"

安禄山没有说话,侧着耳朵在听。何思德接着说:"我们把契丹人包围起来,不让他们逃跑。也不发动进攻,虚兵围营,围而不攻。我们将士就地进行休息。契丹人看见我们唐军人多势众,必生畏惧之心。不出四天,他们必定前来投降。"

安禄山抬眼望望天,笑着说:"我们跑上千里路程,跑到这里来睡觉，吃饱睡足，四天后敌人自动前来投降。朝中大臣听到这个捷报，不笑晕才怪。鬼才信有这样的好事啊。我们已经三倍于敌人，哪怕丢掉弓弩也稳胜不输，还考虑什么雨天弓弦失去弹性拉不动？要用一场声势浩大的战争，用狂风暴雨中的战斗，用连续奔跑汗流浃背的战斗，用六天五夜不睡觉的战斗，去取得空前胜利。听到这样的战场捷报，朝中那些大臣和坐在金殿里的皇帝，才会个个竖起大拇指，才有大功劳从天上降落下来。否则，跑也白跑，忙也白忙，说不定，被某些别有用心的大臣参上一本'有通敌嫌疑'，到那时哭都没处哭。"

看着阴沉天空，看着身边草地上马蹄印子里一小洼一小洼积水，安禄山大声喊道："完成包围后，即刻向敌人发起进攻，杀得契丹人片甲不留。"安禄山挥动手中弯刀，将正在玩弄的一根嫩绿枝条，削去半截。

雨停，风住，天空开始放晴。唐军大队人马，在何思德指挥下，从四个方位完成对契丹人的包围。

沉闷战鼓，突然从半空中响起。唐军展开队形，向契丹人发起冲锋。

契丹人还是老办法，弓箭手就位，满天飞蝗一般的箭镞挡住唐军冲锋马队。唐军更不示弱，立即还之以颜色，弓箭手迅速就位，向契丹人发射飞箭，掩护冲锋部队发起突击。

然而，今天弓有点不一样，唐军无论如何用力，箭的射程远不及对手一半。

"唐军弓弦潮湿，失去张力。"契丹人高声大喊着。

契丹人手中的箭立即变得疯狂起来，大队契丹人边射箭边向唐军接近。

唐军中不少人中箭，倒落马下。飞蝗一般的箭雨中，唐军不得不向后退。

契丹人得势，立即发起反冲锋。

何思德心中着急，举起手中盾牌，高声喊叫着，率领突击队，冒死与契丹人对冲。

盾牌能护住人体，却护不住马身。唐军中很多战马中箭，冲锋将士被乱蹦乱跳的战马摔落地面。

何思德从战马身上摔下来，随即被冲过来的契丹骑兵包围。

"这人就是安禄山。"几个契丹兵喊叫着，挥舞战刀，催马上前。

何思德身宽体胖，长相很像安禄山。

听到喊声，围过来的契丹兵越来越多。骑兵挥舞手中长刀冲过来，争着砍死"安禄山"，抢占头功。

何思德被快速包围上来的契丹兵杀死。一位契丹将领冲过来，割下何思德头颅，举在一根木棍上，高声大喊"安禄山被我们杀死"。

听到喊声，望到木棍上的肥胖人头，契丹兵士气大增。

两千名奚人骑兵（唐军向导部队）一直站在包围圈外围。这会儿发现契丹人得势，奚人骑兵毫不迟疑，当即临阵倒戈，高声叫喊着，从唐军背后向着正在努力坚持的唐军发起猛烈进攻。

前后夹击，神仙也吃不住这样的打法。唐军大败，大部队随即溃散，士卒们各自逃命。

契丹人和奚人早就盼望着这样的机会，现在机会就在眼前，岂能放过？他们立即纵马从后面追上去，照准前边逃跑的唐军士卒后脑勺、后背，下刀猛砍。

跑得快的人捡到一条命，绝大部分唐军被杀死。唐军逃跑沿途，到处是中箭受伤的战马，丢弃兵器、盔甲的兵士"死尸塞途"。

安禄山拖着肥胖身体拼命逃跑。背上人太过于沉重，战马无论如何跑不起速度。安禄山的马鞍被追兵的箭射中，帽子上的簪子被另一支箭射断。在身边二十多位高手贴身掩护下，他急匆匆向南奔逃。

天完全黑下来，追兵这才缓缓停下追杀脚步。

安禄山不敢停留，连夜摸黑赶路。天亮时分，一行人逃进师州城（今辽宁朝阳）。之后陆陆续续又有左贤王哥解、河东兵马使鱼承仙等将领带着残兵逃进城来。

## 背黑锅人

吃下两碗热饭，喝完一杯热乎乎的香茶，安禄山这才感觉整个人转过神来，感觉从迷迷糊糊的云雾之中，落到地面上来。一个现实问题随即摆在眼前：失去六万兵马，如此重大的失败，如此灾难性的损失，谁来承担责任？

不用考虑，承担责任者一定会被杀头。

既然一定不能是我安禄山担责，那就必定要有人来背这个黑锅。

## 第二章 反骨长成记

这个"背锅侠"该是谁呢？听到左贤王哥解、河东兵马使鱼承仙逃进城来，安禄山抽着烟，脸上露出笑意。

左贤王哥解、河东兵马使鱼承仙刚刚吃完热饭，喝完热茶，正在用热水泡脚，准备上床休息，好好睡个囫囵觉，突然一群人手持兵器，闯进门来。

这伙人动作利索，手起刀落，也不答话，也不说为什么，伸手砍下哥解、鱼承仙的头。血淋淋的头颅装进两只木匣子，与战争失败的报告一起送向京城。

战争失败的原因被彻底地栽在这两个倒霉蛋身上，奏章起草人想怎么写就怎么写，"指挥失据""逃跑在先""严重违犯军纪"，反正他们俩已经不能说话，也没有人来给他们翻案，一切工作，安禄山做得天衣无缝。

天已经大亮。大事办定，安禄山倒在床上沉沉睡去。城外，契丹人已经追上来，把师州城围得严严实实。

平卢守将史定方接到求救信，带领两千精兵向师州城进发。

契丹军正准备攻城，突然发现，城外史定方率领唐军一批接一批开过来。如果继续攻城，必定遭受城内守军与城外唐军内外夹击。契丹军放弃攻城，悉数退走。

站在城楼上，望着城墙根下契丹军跑得一个不剩，安禄山长长舒了一口气。对着蓝蓝天空，安禄山大喊："该死的契丹人，我一定还会再回来。"

天宝十一载（752），安禄山策划了一道雪耻方案，动用二十万唐军，加上一个牛人。"二十万打你二万，一人一脚，靴尖也能把你小小契丹军踢倒，一人一口，唾沫也能把契丹军淹死，这一次必胜无疑。"

安禄山想到的这个牛人，不是一般人。此人是突厥人，名叫阿布思，早就归服唐朝。此人能征惯战，谋略过人，指挥过近百场战斗，全部是胜仗，无一败仗。"用突厥将领打契丹人，一定有好戏"，看着这道方案，安禄山连连打响指。

李隆基十分欣赏阿布思的作战能力，特意恩赐阿布思姓名李献忠。（赐予皇帝一样的姓，是高规格荣耀。）归服唐朝后，李献忠不负厚望，驰骋疆场，积累军功，已晋升至朔方节度副使。

安禄山奏请李隆基："请求调用同罗部队攻打契丹叛乱军队，由李献忠率领。"（同罗族由龟林都督府管辖。）

"安禄山调我征战契丹人！"得到消息，李献忠不寒而栗。左贤王哥解、河东兵马使鱼承仙是怎么死的？不就是替他背黑锅的冤死鬼吗？在他手下做事，打胜仗，功劳不一定有自己的份，如果打败仗呢，那自己一定是下一个背黑锅的替死鬼。

李献忠找到朔方留后，直接说："这次，我不前去带兵。"

"你身体正棒，吃嘛嘛香。既然没有生病，有什么理由不上战场？现在是皇帝决定让你当前线指挥官，不是我能决定得了。没有充足的正当理由，怕是皇帝也不会同意。"

听留后大人一席话，从留后那里往家走，李献忠心情低落，心想：即使是死，自己也要死得荣耀，绝不能死在安禄山手下，替他背骂名。

失落之中，痛苦之中，李献忠做出决定，此处不留人，另有安身处。一天深夜，他带领部下，将大唐军队仓库里的物资全部打包，之后带着大队人马一溜烟逃入沙漠，销声匿迹。

"李献忠不辞而别,叛逃出境。"听到消息时,安禄山正在吃饭。看着满桌鱼肉,他心中突然冒出一个不好预感。事情还没有开头,就丢掉前线指挥官,这一定不是什么好兆头。既然如此,雪耻之事,暂时歇一歇。

看着香喷喷的鱼肉大菜,安禄山已经失去胃口,提不起一丁点吃进喉咙的兴趣。

## 明升暗降

安禄山潜下心来,经营私人马场,训练家奴、武士。

私自蓄养万匹军马,这些大动作,安禄山做得机密无比,滴水不漏。到目前为止,无论皇帝的眼线还是大臣耳朵里,没有漏进一丁点风声。

保密工作如此"给力",不能不佩服安禄山杰出的军事才能。

然而,有一个人,正坐在皇帝身边,眼睛死死盯着安禄山的一举一动。虽然没有真凭实据,仅仅凭职业直觉,他就有一种奇特的感受挥之不去。此人名叫杨国忠。

安禄山力量太过强大,他在那块地面上经营几十年,北边半个天空,差不多都是他安家的。树大根深,任凭他这样折腾下去,国家一定要出事,而且要出大事。

这个想法仅仅是一种职业感觉,手里没有真凭实据,在皇帝那里绝不能轻易开口。杨国忠心想,自己向安禄山发动进攻,一旦在皇帝那里失手，极有可能被安禄山安插在皇帝身边的人觉察。权大势重、恶毒无比之安禄山，必定像巨蟒一样紧紧缠住自己，到那时，没有打到蛇，自己还有可能非死即伤。

一天晚饭过后，杨国忠坐在牌桌边上，跟几个好友玩牌。吞云吐雾之际，他突然冒出一个想法：提拔安禄山的左膀右臂，让他在高高兴兴且毫无知觉中，力量暗中削弱。

第二天，杨国忠向皇帝李隆基捧上一本简短奏章："吉温有鹰一般的犀利眼力，有铁一般的有力手段，是监察百官难得的一把好手，建议圣上任命他为御史中丞。"

看完奏章，李隆基产生了一个想法。百官之中，多有腐败事件，常有重大窝案，"鼠害"成灾，确实需要擅长捕鼠的老鹰，正需要吉温这样的铁齿钢耙，把官员中那些垃圾耙掉。想到这里，在奏章后面，李隆基写上一句批语："任命吉温为御史中丞，兼任京城、关内采访使。"

接到升官圣旨，吉温立即往范阳跑。看到安禄山，他十分高兴："兄长送到皇帝耳朵边上的话，在那里已经发力。皇帝升我为御史中丞。兄长出手，果然不凡。"

安禄山心中有几分高兴，却又有一种说不出口的纳闷，隐隐约约还有一丝隐忧。

招待晚宴过后，回到书房，安禄山喊来儿子安庆绪，缓缓说："皇帝为什么突然提拔吉温，我觉得有点奇怪。现在对吉温，我们就只剩下感情这张牌。你要好好地送我这位结拜兄弟一程，将这段感情加浓加深。"

第二天，安庆绪将吉温一路相送，一直送到范阳边界。

到达驿站，安庆绪将马从马房里牵出来，扶着吉温坐在马背上，亲自牵着马缰绳走过十几步，这才双手送上马缰，目送着吉温缓缓离去。

面对囚犯，吉温有着铁石一般的心肠；对安禄山、安庆绪父子俩，他心里却满满全是感激。吉温是一个记恩人，进长安后，朝廷里一有风吹草动，他立即派人骑快马飞速报告安禄山，从不隔夜。

杨国忠达到目的，成功砍掉安禄山集团一个重要人物，然而却绝没有想到，自己在京都长安，在政府高层，在决策顶层，反而为安禄山免费安装了一个远程侦察、快速反应的"末端装置"。

## 戳穿烂招

一个阳光灿烂的下午，安禄山正在马场遛一匹烈马。吉温派人骑快马昼夜不停地送来一个重大消息："李林甫病死。"

安禄山飞跃起肥胖身子，跨上马背，两腿夹住马肚子。烈马飞扬起四蹄，向着一处斜坡冲过去。

虽然身体沉重，安禄山却感觉无限畅快，全身轻松。"李林甫啊李林甫，你这块压在我心上的石头，总算彻底滚落了。"天空是那么蓝，身边风是那么轻。"朝里没有李林甫，还有谁是我对手？估计没有第二个。"

几天过后，安禄山正在院子里掂量几款军刀，突然接到吉温派人送来的一条消息："杨国忠担任宰相。"

摸着军刀刃口，安禄山朗声大笑起来。他想：李林甫狡猾阴险，看到他，我心里战战兢兢；杨国忠嘛，我只能哈哈大笑，都不在我这个等级，就别谈跟我较量。这样的平庸之徒，也拿来做宰相？李隆基身边，看样子有能耐的人都给李林甫赶尽杀绝了，这倒真要感谢他，哈哈哈。他一边朝着天空狂笑，一边挥舞手中军刀，朝着旁边一棵树桩死命砍去，树桩顿时被劈成两半。

坐在宰相高位上，杨国忠将眼睛死死盯向一个人。安禄山在皇帝面前装孙子，在杨贵妃面前扮儿子，一定是黄鼠狼给鸡拜年，没安好心。该用个什么办法，让安禄山自己将正在做造反准备的马脚露出来呢？

天宝十三载（754），杨国忠终于想出对策。一天，拜见李隆基时，屏退所有人后，杨国忠低声说："陛下，您可以用一小招，试试安禄山，他的马脚就会露出来。"

"说下去。"李隆基用眼睛扫视头顶上方金黄色的天花板，在那里寻找黄花梨木头自然开裂的细密缝隙。

"给他下诏，让他奉旨进京，安禄山如果不敢来，马脚就露出来了。"

李隆基将眼光从上方移下来，盯着桌子边上的茶杯盖："那就试一试，现在就下诏，宣他进京。"

接到皇帝邀请自己进京面圣的圣旨，安禄山忍不住笑起来。这必定是杨国忠出馊主意，这点小手段，也能逃得过我火眼金睛？对这样的所谓阴谋，自己只能哈哈一笑。

## 第二章　反骨长成记

安禄山催动快马，跑到京城来。

一到京城安禄山就放出一小招，想逼杨国忠哭着鼻子回家。在华清宫，安禄山谒见李隆基。

安禄山肥胖的身体跪在地上，一边流泪一边说："臣心中非常清楚，臣本来只是一位身份低贱的胡人。是上天赐来福分，让臣受到陛下宠幸，被一次再次破格提拔，才有今天这个高贵无比的地位。万万想不到，我却被杨国忠忌恨。"

他把杨国忠那点小阴谋，当着皇帝面，直接戳穿。

安禄山停一停，抹一把脸上泪水，提高一点音量，继续说："臣心里默默念着陛下对我的深深厚爱。臣心想，臣下即便是被冤枉死，这辈子做人，来到人世间走上一遭，也没有什么遗憾。"

李隆基说："不要想太多。好好工作，努力做事就是。是贵妃娘娘想念你，担心你手头紧，特此为你准备八百万钱，所以才让你跑这么远路。"

看着安禄山千恩万谢退出去，李隆基拍着椅子扶手，嘴里骂道："杨国忠啊杨国忠，净给朕出烂点子，说什么试一试。幸好我想出花钱消灾的主意，这才能小小地安抚一下安禄山那颗深深受伤的心灵。"

## 以小人之心，度君子之腹

西域新近进贡了一批土特产，李隆基很喜欢葡萄干的味道。一天晚上，吃饱喝足之后，他派太监去喊太子来一起享用。

这是个机会，是个向皇帝老爸说说自己心中那个奇怪感觉的机会。太子李亨边走边想。

一边吃葡萄干，李亨一边说："我有个感觉，安禄山那人，一定会造反。"

李隆基捏着一颗葡萄干，轻声说："太子有这个感觉，宰相也有这个感觉，上次还特此做试验，结果呢，人家走了上千里来喝茶，逮住安禄山马脚了吗？啥也没有。不能只凭感觉做事吧。说出来的东西，一定要有真凭实据，感觉这东西只能放在心里。"

一天傍晚，在皇宫花园散步，看着附近一蓬乱竹，中间一条幽深小路，李隆基突然想起一句话来，苍蝇不叮无缝蛋。

既然宰相、太子都说安禄山要造反，那我就假设他真要造反，但是捉不到他造反的真凭实据，那就不能直接把他下狱问罪，不能直接把他的头砍下来。在目前捉不到把柄的情形下，还有什么办法，能阻止他朝着造反道路越滑越远呢？

李隆基心想：我就不相信，某些人生来就有反相，就长着反骨。必定是最高层某个做法出了问题。到底是什么地方存在问题?

看着墙角边那蓬黑竹,李隆基有一个感觉。对于一个胡人身份的地方官来说,最需要的是皇帝对他的信任。那么,极有可能是信任感出了差池。

那就打信任牌,强化信任感。

沿着这个思路,李隆基想出一招,打算给安禄山加一个宰相职位。随即,他指示张垍拟定草稿。(张垍,前宰相张说次子,李隆基女婿。)

事情做到这里,李隆基突然又有一个想法,不妨问一问宰相杨国忠的意见。

杨国忠一听,心中大惊。一个正处于造反边缘的胡人,皇上居然任命他为宰相,不会是老糊涂了吧。转而一想,他立即有了另一个发现。皇帝既然要这么做,那就说明他在向安禄山释放信任信号。必须阻止皇帝玩这场高度危险的游戏。那么,该如何做呢?

不能打出缺少证据的"安禄山造反"牌,不能打出他是胡人的歧视牌,现在要阻止皇帝玩这场危险游戏,自己手上还有什么能用的牌吗?

看着墙壁上一幅流云图,杨国忠突然发现,自己手上还有一张硬牌,就是文盲牌。想到这里,杨国忠回道:"安禄山能征善战,立下赫赫战功,确有任宰相的资质。然而,他认识不了几个字,在天下人眼中是一介武夫。任命安禄山为宰相,周围各民族听到这个消息,他们会怎么想?他们一定耻笑我们朝中无文化人。"

在杨国忠所说的"大唐形象",也就是"面子"面前,李隆基踩住刹车,诏书没有下发。

过了一夜,李隆基又想出一个主意。可以不任命安禄山为宰相,但可以加封他为左仆射,而且,在他两个儿子身上,可以做点文章,一位赐为三品,一位赐为四品,这样,不也同样达到了释放信任信号的目的吗?

就在李隆基思考这个方案时,他收到安禄山送来的一份奏章。"请求兼领闲厩、群牧。"(闲厩使,饲养宫廷马匹的职务。群牧,主管全国马政。)

看着安禄山送来的奏章,李隆基想,这是个释放信任信号的机会。李隆基立即批示:"同意提议,任命安禄山为闲厩使、陇右群牧。"

李隆基没有想到,此时,安禄山也在拨动算盘珠子,算定李隆基内心必定波澜起伏,算定皇帝此时必定会打信任牌。

全国最优等的好马,现在都在我掌控之中,如果还迟迟不动手,岂不是傻瓜?算定这笔账,安禄山立即行动,派出挑马能手,扛着闲厩使、陇右群牧旗子,到各地军队马场、皇家马场挑选上等好马。

看着一批接一批膘肥体壮的优等战马陆续运抵安家马场,安禄山心中十分得意。他赶紧抓住机会,再上一份奏章,又提了一个要求。

"在讨伐契丹、奚人、同罗的战斗中,很多人浴血奋战。我的部下中,许多人是胡人身份,然而战功确实显赫。请陛下不拘一格,提拔嘉奖他们。"奏章后面,附了一份两千五百人的名单，开列他们战斗中取得的功绩。

李隆基很够意思，很大气，再一次舞动信任标签。他一次任命了五百名胡人将军，两千名胡人中郎将，打造了唐朝历史上最大一次任命盛宴。

接到整整一车子任命状，安禄山笑出声来。自己正要收买人心，李隆基真是配合得恰到好处，亲手赏我笼络下属、加官晋爵之策，皇上真是"给力"啊。

以小人之心，度君子之腹。这套"度君腹"招数，安禄山玩得溜溜转。

天宝十四载（755），安禄山做出决定："搬掉最后一批绊脚石，换掉军队里那些汉人将领。"

如果一位一位地找他们麻烦，一位一位地撤换，风险高，麻烦多。有没有办法，将这件大事一次性搞定？他想：不妨再上一次奏章，跟李隆基再玩一次"度君腹"游戏。

连安禄山自己都没有想到，这一次冒险非常成功，李隆基再一次完全答应了他的请求，同意让三十二名胡人将领代替三十二名汉人将领。

接到这道圣旨，安禄山站在客厅里捧着半边西瓜大笑起来："谁说一计不可二用，我这不是用得非常成功吗？"

## 去势招

看到皇帝派太监送出一批又一批任命状,宰相韦见素实在是看不下去了。一天,他找到杨国忠,说:"安禄山是只白眼狼,他要反叛的狼子野心,我们大家都看得出来,现在唯独皇上被蒙在鼓里。"

看到杨国忠低头沉思的样子,韦见素继续说:"我这就去说服圣上,劝他对安禄山再也不能有求必应,而且要加强防范。"顿一顿,他又说:"如果我的话力量不够,你就一齐上阵,哪怕拼上性命,我们也要劝阻圣上。这绝不是闹着玩的事儿,否则一定要出大事。"

杨国忠抬起头来,望望窗外,点头说:"我们一起发死力,拼一把。"

两人拜见李隆基。韦见素慷慨陈词:"安禄山造反种种迹象已经完全表露出来,基本是路人皆知,皇帝也一定是欲擒故纵。但是现在看来,到了必须收网的时候。"

"都说安禄山要造反,证据呢?不能凭感觉做事吧?都说要制止,方案呢?总不能叫我拿方案吧?你要这样做,他要那样做,最后出纰漏,不是还得我来擦屁股?"

李隆基几句话,说得两人脸上青一阵,白一阵。

两人手中的确没有预案,只得败下阵来。退下来后,两人不约而同说:"这事才刚刚开个头。"

经过三天研究,两人终于策划出一套方案,一套堪称割草不惊蛇的方案。

第四天,两人一起晋见皇帝。韦见素开门见山说:"我确实没有真凭实据,但是,我有一套阻止安禄山叛乱的方案。"

说完这话,他们看到皇帝脸色凝重,认真听起来。

"这套方案叫明升暗降。陛下任命安禄山为宰相,留他在京城上班,将他管辖的三个重镇全部分割开来,每一个镇分别派一个节度使。他的势力分解弱化,即便想雄起,也被去势了。"

李隆基点点头:"就按这个方案办。"

历史上有些事情就是奇怪,甚至让我们后人难以理解。这事都决定下来了,诏书都草拟好了,可是,到具体执行这一步,到最为关键的时候,李隆基又犹豫起来。这到底是什么原因,他到底是处于一个什么样的心理状态,史家没有记载,我们也无法打开他的心门。

接下来发生的事实,却是清楚的。

## 水果招与黄金计角力

李隆基找来一名亲信宦官,交给他一个特殊任务:"这次名义上派你前去送水果,送去一批交趾国进贡的珍奇水果,赠给安禄山品尝。但你有一项重大的秘密政治任务。运动起你的双眼,仔细瞧瞧,看看他到底在做些什么,能不能找到安禄山叛乱的蛛丝马迹，回来立即向我汇报。"

　　皇帝是这样一个人，绝不相信宰相们的感觉，反而信任宦官的双眼。他要这样做，真是神仙也没有办法。

　　看着皇帝派宦官送来的整车水果，安禄山忍不住暗笑起来：李隆基这点三脚猫功夫，能逃过我眼睛？都不用细细考虑，一套方案迅速在安禄山心中形成：宦官是什么人，一群只认钱财的家伙。他们在皇宫里当牛做马，倒马桶拖地板，今儿个到我安禄山这里，我就把他们当爹，让他们吃喝住乐，全都有当主子的感觉，而且给他们准备亮闪闪的黄金，把他们的灵魂都买来。有钱能使鬼推磨，那些个鬼，不就是这些小鬼吗？

　　在皇宫里，太监从来是低头办事，跪着受令，到安禄山这里，住豪华旅舍，吃人间美味，用高档家具。安禄山安排的服务人员，全都垂手听令，连安禄山自己也低三下四，事事恭恭敬敬。特别是离开时，那一大包金灿灿的黄金，着实令宦官内心狂跳不已。

　　回到宫里，宦官立即向李隆基汇报侦察结果："臣仔仔细细看，看不出一丝一毫叛乱迹象。安禄山对陛下完全忠心，绝对不会叛乱。"

## 制造证据

皇帝没有下发任命安禄山为宰相的圣旨，却也没有将他的辖地一分为三，更没有交给不同节度使管理，只是派一名宦官去送什么水果。眼睁睁看着形势进展，宰相杨国忠坐立不安。大家都能看出安禄山要造反，为什么独独皇帝视而不见？这到底是什么原因？

安禄山在东边地面日夜磨刀，皇帝却在皇宫里要大臣找证据。那好吧，自己来给他找点证据。看来，皇上是一位不见棺材不落泪之人。用不着去范阳，就在京城里，自己也能把安禄山造反的把柄找出来。即使找不出来，也要制造出来。

杨国忠给京兆尹发出一道命令："派人包围安禄山在京城的住处，找个表面上正当的理由，逮捕他一名家客。"

杨国忠发出第二道命令："将那位家客送到御史台监狱，暗中弄死。这件小事，一定不能让皇帝知道是有人暗中做了手脚。"

现在，安禄山在范阳一定如坐针毡。杨国忠拍拍身上灰尘，一边喝酒，一边注意皇帝、安禄山动静。

果然不出杨国忠所料，安禄山很快就从住在京师的儿子安庆宗那里听到京师传来消息："家客被捕入狱，死在狱中。"

想必是给他们抓住了什么把柄。安禄山心里害怕起来。

六月，李隆基给安禄山的儿子赐婚，举办婚庆典礼。李隆基发出诏书，邀请安禄山前来京城，一起观礼。

安禄山回奏李隆基："臣身体生病，不能前往，万望见谅。"

儿子结婚喜宴上，看不到安禄山身影，李隆基心中感觉有些不对劲。

安禄山心想，一边逮捕、杀死他的家客，一边召他进京参加喜宴，皇帝手里，到底有没有捏住他什么把柄？是不是那位家客真做下什么犯罪之事？如果真是家客自己犯事，他岂不是自己吓唬自己？

安禄山从震惊中缓过神来。那就来点硬邦邦的礼品，狠狠地试探一下皇帝反应。

十月，秋高气爽，安禄山给皇帝送上奏章："经过精挑细选，已选出三千匹优等好马，献给朝廷，为照顾这些马饮食起居，已经给每匹好马配备两个马夫，届时将派二十二个番将护送。"

每匹好马配备两个马夫，照料真是精心啊。李隆基立即给沿途负责接待的驿站发出指令："做好接待工作。"

河南尹接到指令，感觉这里面大有文章。三千匹战马，那就是六千位马夫，这将是多大阵容？他立即给皇帝上奏章："建议马夫由官府配备，无需安禄山派军队护送。时间上，选在冬天为宜。"

这个安禄山，送马就送马，还配如此之多的马夫，玩什么名堂？看着这本奏章，李隆基放下手上端着的茶杯，突然想起一个人来。

"立即派人，搜捕、审讯他。"

官员从那位给安禄山送水果的宦官住房里，搜出一包黄金来，摆在李隆基眼前。

"杀掉他，找个别的理由。这事必须瞒住安禄山，千万不能打草惊蛇。"

有没有办法生擒安禄山？方案很快被李隆基想出来。李隆基命令宦官冯神威前去范阳传送圣旨。

"为着爱卿身体，朕特意请来高人，做一道羹汤，请月底来华清宫，朕在那里等着你。"

安禄山躺在床上，听宦官冯神威宣读圣旨。嘴里哼哼唧唧，用力抬抬身子，看样子下不来床，没办法跪地下拜。

"圣人现在可好？既然不用献马，就不献。到十月，我身体一准能好些，到时一定去京师面见圣上。"

"等到十月，那时安禄山会不会来京师？"李隆基拿这个问题来问身边一位高人，"如果他不来，接下来，我该怎么动手？"

现在有请高人高力士闪亮登场。

# 第三章　创造宦官新时代

## 遭此横祸

高力士，潘州（今广东高州）人，原名冯元一，隋朝名将冯盎曾孙。

高力士的曾祖冯盎文武双全、韬略过人，隋朝时官拜汉阳太守，隋文帝杨坚授为金紫光禄大夫，管辖岭南地区。

唐高祖武德五年（622），冯盎归附唐朝。唐高祖李渊封冯盎为越国公，仍旧管理岭南一带，授予他两个儿子刺史官职。

将官之后，为何沦落为太监？

原来唐朝长寿二年（693），有人为博取官职，故意向武则天送上一封诬告信："流放到岭南的一些人，暗地里勾结起来，密谋造反，谋划成立岭南王国。"

武则天立即召见万国俊（唐朝著名的酷吏）："我现在派你去岭南，细细调查，严查细访。发现密谋之人，无论是谁，一查到底，决不姑息。"

万国俊来到岭南，根据诬告信提供的线索大肆搜捕。每捕获一个人，他就动用酷刑，逼他们认罪，之后一个不留，全部杀死。史料记载，在他的刀下，三百多人成了冤死鬼。

流放人员中，有人与冯家有往来，冯家因此受到牵连。此时，冯盎已死，潘州刺史冯君衡（冯元一父亲）被抄家，全家男丁被万国俊斩尽杀绝，仅仅留下儿子冯元一，原因是他只有十岁。

即使如此，十岁小朋友冯元一也没有逃过劫难，他被强行阉割，去姓改名为力士，送入宫做小太监。

力士虽小，却口齿伶俐，能说不少南方小故事。武则天很是喜爱，把他留在身边消遣解闷。

小小年纪，遭受如此惨痛的人间横祸，世间能有几人？酷吏万国俊没有想到，他的无情大刀，将力士突然之间扔进万劫不复的深渊，却也造就了一个历史上留下鼎鼎大名的宦官。

## 破格提拔

青年时，受到一桩案子牵连，力士受到鞭刑，被打得皮开肉绽。随后，他被驱逐出宫。

力士老家无人，无家可归，之前一直深居皇宫，社会上没有人缘，也找不到工作。一个人孤独地在街头流浪。老宦官高延福听到这些消息，觉得他十分可怜，派人找到力士，收他为养子。

进入高延福家后，力士从此有了一个家，也有了自己的姓——高。

一天晚饭后，高延福跟力士说："我与宰相武三思有很深交情。武三思是皇帝武则天的侄子。这些天，我在这条路上努力，想运作运作，让你回宫。三思宰相收下我送的厚礼，这事我看多少有些眉目。"

力士双腿跪在地上，缓缓说："我在街头风餐露宿，饥寒交迫。没有开水喝，没有米饭吃。冰天雪地里，没有房住，没有床睡。我走投无路时，您收留了我。现如今，为我前途，您又花下真金白银为我运作。您是我再生父母。您的大恩情，我一辈子感激不尽。"

一个月后，高延福告诉力士："这事办妥。你做好准备，明天进宫，回到皇帝武则天身边。这是上天赐给你福分，你要好好珍惜。这一次大变故，是你人生经历中第二次大磨难，相信你已经深刻感到宫廷里的险恶。那里宫殿成群，金碧辉煌，富丽堂皇，表面上看人人友好，个个善良，然而处处是陷阱，步步惊心。脚下路，你得看清再走，看准才前行。"

高力士再次踏进皇宫大门，性格大变，待人处事极其谨慎，说话做事三思而后行。不久，武则天看好这个身材高大的青年，提拔他为宫闱丞。

在皇宫里走动，高力士渐渐发现，李隆基有勇有谋，前途不可限量。他暗中下力气，结交李隆基。

李隆基即位后，太平公主策划政变，阴谋被发现，李隆基派王毛仲、高力士率三百精兵追杀太平公主。高力士提前侦察到太平公主隐藏地，与王毛仲一起，指挥追兵，将太平公主堵在小山寺庙中。

太平公主发觉无路可逃，躲藏三天后，走出寺庙。高力士将她押解回家。李隆基赐太平公主全家自尽。

李隆基论功行赏，赐高力士三品官阶，授予右监门将军一职。

李隆基为高力士打破了太宗李世民划定的"内侍不授予三品官"的红线，算是一次破格行为。

从此，唐朝宦官推开从最底层步入政坛最高层的大门。但要真正跨过这道门槛，还有一个巨大石头挡在那里。

## 宦官上位

霍国公王毛仲最瞧不起宦官，着力踩宦官。要是发现某位宦官做错事，王毛仲毫不留情，动手就打，张口就骂。

对王毛仲，宦官们个个怕他，十分仇恨他，但又毫无办法。"这人一定是我前行途中的挡路石，一定要搬掉他。"高力士暗中下定决心。

正睁大眼睛，努力寻找机会，一天，高力士突然发现，机会来到眼前。

王毛仲喜得贵子。听到消息，李隆基喊来高力士："我这里给王毛仲准备了贺喜礼品，授给他儿子五品官职。你来代表我，去王爱卿家跑一趟。"

带着丰厚礼品，前往王家路上，高力士就在想一件事。回来时，皇帝一定会问到王毛仲反应，自己该如何回答？

回来路上，高力士发现，这是一个天赐机会。他很快想好了答案。

看到高力士回来，李隆基问道："接到我送的贺礼，听到我授予的官职，王毛仲一准很高兴吧。"

高力士说："王毛仲抱着襁褓中的孩子，一边向天空努着嘴，一边说：'我宝贝儿子，难道就不能做三品！'"

李隆基勃然大怒："诛灭韦氏时，他就脚踏两只船。赏五品想三品，真是贪心不足蛇吞象。没有感谢的话，也就算了，还居然抱怨我。这不就是好心不得好报，烧香惹得鬼叫吗？"

高力士赶紧把准备好的一句话拿出来："王毛仲和他身边那些人，官职都很高，关键是掌握着京城军权，他们之间又走得那么近。"

李隆基最为害怕的，正是军官们"走得近"。高力士直戳痛点。

李隆基越想越怕，不久，他找到一个理由，将王毛仲和跟他走得近的一批军官，一个接一个贬出京城。后来，他又找来一个理由，将王毛仲赐死。

可怜王毛仲，死到临头，还不知道死在谁手里。

借皇帝之手，高力士将宦官前行路途上的那堵墙彻底推倒。

# "宦官集团"新时代

摘除王毛仲这个隐藏很深的"大毒瘤"后,高力士立下汗马功劳。李隆基对此十分得意。高力士忠心耿耿,有头脑,有眼力,办事讲究方法。他办事,自己放心。

看着身边忙忙碌碌的高力士,李隆基在心中将信任票、能力票一齐投在他身上。

有高力士这样的得力高人做自己左膀右臂,还有什么不放心呢?看着堆成小山的奏章,李隆基轻轻地挥挥手:"力士,我臂膀酸累,你来帮我看看。"

唐朝政务,一步一步落入宦官手里。大唐王朝由此开启了"宦官集团"新时代。

官员们渐渐有了一个相同发现:升迁的大道,在高力士笔下藏着,在高力士嘴里含着。

少府监冯绍正、金吾大将军程伯献迅速行动,在月朗星稀的夜晚,与高力士焚香结拜,义结金兰,称兄道弟。太子李亨也发现了这个秘密,每次见到高力士,总亲切地喊"兄长",李林甫、安禄山、杨国忠显赫一时,暗中都走高力士的路子。

"权力在手,过期作废",高力士给自己娶美貌妻子,过上了幸福的小家庭生活。他一批接一批派出宦官,高举皇室采购大旗,在全国各地掠取财货珠宝。手中拥有雄厚财力,高力士和宦官们在京城大搞开发。京城府第游园，宦官们占据十分之六。全国大批良田，进入宦官们口袋。

高力士邀请圈子里的好友，组成"投资集团"，出资兴建长安宝寿佛寺、兴宁道士祠。他请来名工巧匠，精心设计，精雕细凿。佛寺里香火旺盛，香客络绎不绝，功德箱里日进斗金。高力士从中分利，赚得盆满钵满。

宝寿寺内，高力士亲自动手，设计铸造一口大钟。每撞一下，就发出洪亮响声。大钟落成当日，高力士摆下宴席，大宴宾客。来的都是京城达官贵人、富贾豪商。

看到高大的钟，听着洪亮钟声，宾客们纷纷说："让我一试身手，过过撞钟瘾。"

这些高官富商，人人想显摆自己的高贵身份。高力士看在眼里，早早谋划好赚钱方案。宴席上，高力士高举酒杯，大声说："我提议，每撞击大钟一下，纳钱十万，作为礼佛彩金。"

来参加盛会的达官富商，谁不想讨高力士欢心？听到高力士的话，人人争先恐后，抢着纳钱撞钟。少者撞击十几下，多者撞击二十多下。仅仅这一次，高力士就收得盆满钵满。

高力士还投下资金，拦河筑坝，在河中建起五座水磨，每天磨麦子三百斛，再一次大赚特赚。

高力士每天在政坛行走，从不随便说话。即便最亲近之人受到李隆基斥责处分，他也轻易不出手相救。长期以来，李隆基始终对他高度信任。

这天，李隆基拿安禄山谋反之事来问高力士。看看四周无人，高力士说："如果安禄山造反，只是肢体之患，尚可断臂求生；人最怕是祸在腹心，皇帝要看一看身边宰相。"说完这话，他立即退守一旁。

李隆基听了，默不作声。

高力士不点名的这位，不是别人，正是宰相杨国忠。

# 第四章 玩弄权术，祸国殃民

## 人生第一跃

杨国忠，原名杨钊，蒲州永乐（今山西永济）人。杨国忠的祖父与杨贵妃祖父是亲兄弟，杨国忠与杨贵妃是堂兄妹。

杨国忠从小不学无术，品行不良。长大成人后，他在蜀地当兵，混到新都尉职务。

任职期满，他没有回家，在蜀地找事做。而杨贵妃的父亲、杨国忠的堂叔杨玄琰，此时恰好任蜀州司户。

杨国忠在蜀地结识了大富豪鲜于仲通。鲜于仲通经商为富豪，家累千金。与一般商人不同，他满腹诗书，足智多谋，经常资助杨国忠。

后来，剑南节度使章仇兼琼十分赏识鲜于仲通，推荐他为采访使。

一天晚饭过后，明亮灯光下，章仇兼琼和鲜于仲通就着茶几，嗑着瓜子，喝着香茶。章仇兼琼说："我虽受皇上厚恩，然而在朝中缺少内援。这样一来，我在地方上，做贡献越多，功劳越大，在朝中妒忌我之人也就跟着越来越多，风险因之越来越大。此之谓树大招风。"

看到鲜于仲通低着头认真在听，章仇兼琼喝了一口茶，继续说："相信你也听说，现在，皇上非常宠幸杨贵妃。我听人说，杨贵妃那人，一般人接近不了她。杨贵妃之父在我们蜀地当过官，不知你在这方面可有些门路？"

看到鲜于仲通在低头思考，章仇兼琼抬头望着天花板，缓缓说："我想派你到长安去，活动活动，看能不能找到路子，同杨家拉上关系，那样的话，我以后在四川放开手脚做事，心里也没有什么害怕的了。"

鲜于仲通抬起头，眼睛盯着茶几上一盆紫色蝴蝶花，丝绸一般的花瓣在灯光下发出紫色诱人的光泽。"我是蜀地人，从来没有去过长安，在京城也没有够硬的人脉关系。我去长安，可能反而误大人大事。不过，说到杨家，我身边还真有一个人脉——杨贵妃的堂兄，叫杨钊。"

鲜于仲通发现章仇兼琼眼里发出亮光。

第二天，杨国忠应邀来到章仇兼琼府上。

看到杨国忠，章仇兼琼心中暗暗吃惊。杨家果然厉害，不但出美女，而且出俊男。杨国忠仪表堂堂，说起话来言词敏捷，是个难得的人才。

章仇兼琼当场做出决定，任命杨国忠为推官。(推官，掌推勾狱讼之事。)

## 坐上升官"直升机"

一晃就到向朝廷献春彩的时间,章仇兼琼心中早就有带队人选,为此,他派出人手,四处采购礼物,做着精心准备。(春彩,唐代一种贡赋。)

通往京城路上,杨国忠率领队伍,人数不多,却带着大量蜀中宝物,价值超过三万缗。

看着沿途美丽的田野风光,杨国忠一路兴高采烈。担子里每一件宝物,都是他的起家资本。他谁都不送,单单就送那几个堂姐堂妹。用这么多宝物,在京城,一定能砸出彩来。

翻山越岭,昼夜兼程,杨国忠终于安全到达京城长安。

在长安,一栋栋楼宇高大巍峨,蟠龙大柱又高又粗。

杨国忠一边惊叹,一边分送礼品,在给堂姐堂妹们送出礼物时,他总要送上一句话:"这是章仇公嘱咐我特意送给你的。"

"我们杨家有杨钊这样的人才,得赶紧想办法,推荐到皇帝身边。"办法很快被杨家姐妹们想出来。

在李隆基面前,只要有机会,杨家姐妹就百般称赞章仇兼琼,称赞堂兄弟杨钊有本事,是难得的人才。

李隆基很够意思,任命杨国忠为右金吾卫兵曹参军(皇家卫队军官。)

下朝后,回到后宫,李隆基喜欢跟杨家几个姐妹一起玩樗蒲（一种赌博游戏）。

"杨钊是玩樗蒲的高手。"杨贵妃的姐姐虢国夫人立即把杨国忠引荐给李隆基。

跟着供奉官们，杨国忠天天进入后宫，成为皇帝牌桌边上的常客。

一天，李隆基随手翻看杨国忠做的樗蒲纪录，大吃一惊。这樗蒲纪录做得竟如此清楚、如此细致、如此专业。李隆基随即做出决定："安排杨钊到王珙手下做事，看看他那里，还缺什么人手。"

"这可是皇帝推荐来的人才。"王珙立即找来杨国忠，两人细细聊了一上午。

第二天，王珙宣布提拔杨国忠为闲厩判官。

有堂姐堂妹在皇帝面前不停地美言，杨国忠坐上了升官"直升机"。天宝八载（749），在百官面前，李隆基赏赐杨国忠紫衣金鱼袋。（三品以上穿紫袍，佩金鱼袋。）天宝九载（750），杨国忠请求改掉原名"杨钊"，李隆基又给他赐名杨国忠。能得到皇帝赐名，是古代官员渴望的顶级荣耀。

## 角斗李林甫

当时，叛出李林甫团队的吉温一直在寻找机会。

一天晚上，吉温叩开杨国忠家大门。"你在朝中职位不断上升，明眼人都看得出来，只要挤走李林甫，宰相高位非你莫属。"

杨国忠听着,把眼光扫到吉温手上。

"我这里有两包新茶,特地送你品尝。"吉温说着,将两包"茶叶"递上来。

望着吉温离去的背影,杨国忠缓缓翻开袋子。李林甫集团两个重要人物的黑料,展现在他眼前。

"天上掉馅饼,这次掉我篮子里。"杨国忠大喜。

萧炅和宋浑,李林甫最为重要的两个亲信,在官场横行霸道,混得官声狼藉。

反复翻看吉温暗中收集整理的这两人的材料,杨国忠有一个感觉:贪赃枉法,坐赃巨万,这八个字完全足够。

第三天,带上这两个人的材料,杨国忠面见李隆基。

李隆基下旨:"萧炅和宋浑犯下贪污受贿罪,罪孽深重,削官外放边地。"

眼睁睁看着两个心腹突然被赶出京师,李林甫十分震惊。把柄落在皇帝手里,还能有什么办法呢?啥法子也没有,何况杨国忠是皇帝眼前的大红人,后面还有杨贵妃那样硬实的靠山,真是神仙也没有办法。

李林甫突然有一个非常不好的感觉,杨国忠之所以对他的亲信下毒手,其实是冲宰相职位而来。现在就必须动手,赶紧想出办法来。

李林甫睁大眼睛,寻找机会。有一天,他突然发现,杨国忠自己把一个天大的机会双手捧着送上门来。

手中权力越来越大,地位越来越高,一天傍晚,端着香茶,

## 第四章　玩弄权术，祸国殃民

杨国忠在后花园里溜达，看着水池里粉红的荷花风姿绰约。接下来，自己该在哪个方向上发力呢？

看着几条花色锦鲤在硕大的荷叶下游来游去，一个想法冒出来。说一千，道一万，控制军队才是根本。

天宝九载（750），杨国忠上了一道奏章，推荐鲜于仲通为剑南节度使。毕竟，当年杨国忠能进京献春彩，鲜于仲通是大恩人。

杨国忠没有想到，鲜于仲通这人性格急躁，同南诏打交道缺少耐性，屁股刚坐上剑南节度使职位，就跟南诏来硬仗。南诏被他逼急眼，开始叛乱。

南诏叛乱军队越战越强，接连向唐军发起进攻。

得到消息，李林甫心中立即形成一个方案，一个将杨国忠挤出朝廷的方案。他随即向皇帝捧上奏章，建议李隆基派杨国忠前去四川坐镇，剿灭南诏军队。

然而，李隆基虽听从了他的意思，把杨国忠派去剑南，却私底下偷偷跟杨国忠说："等你回来，就让你当宰相。"

李林甫气闷，一来二去气得生了病。"李林甫病倒在床上，不能上朝理事。"得到消息，李隆基赶紧下旨，召回走到半路的杨国忠。

返回京城路上，杨国忠兴高采烈，望着蓝天白云，心里默默念着一句话："你李林甫不是要算计我吗？哈哈，这就叫人算不如天算。"

## 人事改革"重大"举措

李林甫病死后,李隆基任命杨国忠为宰相。

接到晋升圣旨,杨国忠高兴万分。送走宦官,站在客厅里,杨国忠立即给祖宗牌位上香:"感谢祖宗保佑,我杨国忠今天终于坐到一人之下万人之上的宰相高位了。"看着摇曳烛光,杨国忠嘴里一阵接一阵笑出声来。

突然,他想起一件事。朝中那帮子大臣,给李林甫弄得山头林立。该如何收买这些大臣的心,让他们全都匍匐在自己旗下?看着黑漆漆的祖宗牌位,杨国忠反复思考这个摆在眼前的难题。如果李林甫集团那帮子大臣不听话,处处跟自己唱反调,接下来自己的日子一定不好过。

一只纯白肥猫不紧不慢走过来,发现祖宗牌位前有供品,闻到了供品里散发出来的鱼腥味。白猫慢慢地走着,嘴里不时发出"咪咪"叫声。

杨国忠从供品里捡出一小块鱼片来,扔给它。白猫咬着鱼片,欢喜地走到一个拐角,享受它的美味去了。

就如这只猫,如果要先评定它捕老鼠的才能,评定它是否有过偷腥的劣迹,再决定是否给它鱼片,那一定是两输的局面。猫只能怏怏走开,主人也享受不到养猫的乐趣。沿着这个思路,一个收买大臣的方案,渐渐在杨国忠心中成熟起来。

杨国忠做出决定：评判官员才能，评价官员德行，说他有，他就有；说他没有，他就没有。这种"官员评估"的体制，既费时间又费精力，还不如干脆取消。今后文部选人，干脆以年限为标准。年限够，就提拔他们。直接按资历深浅选拔任用官员，简便实用。

杨国忠亲手制定的官员任免新体制很快实施下去。

看着官员们的笑脸，听着官员们一遍接一遍赞扬新政的声音，杨国忠感觉很好。他想：我这手法虽然简单，却能迎合人心。

至于这么改革选官制度，对国家有什么影响，他是不会去想的。

一天晚上，杨国忠无论如何睡不着觉，一个难题挥之不去。官员选拔速度实在是太慢太慢。辗转反侧中，杨国忠干脆穿衣起床，煮上一壶茶，拿出一包点心，边吃喝边思考解决方案。

唐朝官员选拔速度到底有多慢？提拔一批官员，至少要一年时间。即使选拔官员的体制简化到极致，简化到不能再简，提拔时间也一天都不会少。

为什么呢？

唐朝宰相兼任兵部尚书、吏部尚书，官员选拔的具体工作，一般交给侍郎以下官员办理。侍郎们做事，必须严格按照规定程序，不得违规操作。

按规定，唐朝提拔官员，必须三注三唱。（注：形成书面材料。唱：开会讨论并形成最后决定。）

选拔六品以下官吏具体做法如下：一、集体笔试，人事官员形成笔试意见（始集试，观书判）；二、成功通过笔试的官员，再接受面试，考察长相、交流能力，如果相貌丑陋或说话结巴，这一关就过不了（次面试，观察言貌）。

县级、省级官员乃至六品以下京官，在每一层级都要进行这样的来回笔试、面试，每一个官员过五关斩六将之后，还要进行冬集（职事官员任满后，按规定于冬季集于京师参加铨选）。

冬集官员的名单、考核材料要上报仆射（主管官员），最后由门下省上报皇帝。皇帝批示意见后，各部门依旨授官。这样，又是一个冬去春来。

十天能办完的事，非得要搞一年？灯火下，杨国忠一边将点心往嘴里丢，一边骂人。这么做，除了浪费人力、物力、财力，他看不出有什么作用。

这么长时间，想升官的官员一定急得跺脚骂娘。

要是大刀阔斧砍时间，平常费上一年的事，现在十天内就办定，岂不是又一次赢得官员们高声喝彩？想到这一层，天已大亮。杨国忠推开房门，走进大院，只见远方天际一抹红霞，太阳正从那里露出小半边脸。

一天，杨国忠将胥吏们叫到自己办公之处："拜托各位这几天忙上一阵，将提拔官员的人选名单拟定出来，我这边等着用。"

得到指示，胥吏们精神振奋，几天时间就拿出了杨国忠需要的材料。

看着桌面上摆放得整整齐齐的材料，这一天，杨国忠将左宰相（分管人事任免）、给事中（顾问应对，讨论政事的官员）、诸司长官邀请到尚书都堂（尚书省办公处）来。

接下来，每读完一位将要提拔的官员的资料，大家没有意见，就确定下来。

一天之内，摆在案桌上所有官员的资料全部读完并讨论完毕。

全都确定之后，杨国忠当着所有官员的面说："现在，左相和给事中都在座，那就算经过门下省了。"

这便是传说中的一箭三雕，既提高效率，大大缩短官员任免时间，又充分掌控人事任免大权，还将亲信塞进其中，破格提拔。数桨并划，在官场中，杨国忠形成了自己的亲信圈。

## 狂踩死人坟头

一天下午，下朝回家，看到庭院里摆放着几株新近购进的盆景，杨国忠走过去慢慢欣赏起来。

一株硕大的老树桩，长出了旺盛的新枝条。老树桩似乎早已死去，树皮颜色灰暗，而新枝条翠色欲流，园艺人将它培养得赏心悦目。

李林甫已经死去，就如这棵老树桩，可是他的影响力还在那里，他那帮子人还在那里，而且占据要津。如果不彻底除去泥土里的树根，一定会像这棵老树桩一样，遇到机会，就横生枝条，形成气势。

想到这里，杨国忠突然想到一个人——安禄山。给李林甫安上一个造反罪名，他那帮子人，必定一个也跑不掉。一般大臣说李林甫谋反，皇帝或许不相信；这话从安禄山嘴里说出来，李隆基必信无疑。

杨国忠立即行动，派出人手，跑到范阳，游说安禄山，让他向皇帝揭发李林甫和阿布思合谋造反。阿布思，就是那位听说要去给安禄山卖命，吓得直接叛逃了的李献忠。

听完说客一席话，安禄山笑了："诬陷一个死人，就能在皇帝那里立下一件大功，这样的大好事，这种赚钱的大买卖，我做定了。"

送走说客，安禄山立即召来自己之前收买的阿布思部下："你以最快速度赶到京城，向皇帝报告，说'李林甫生前跟阿布思结为义父义子，谋划造反'，朝中有我的人接应，你去密告，必能成功，必得重奖。"

找对人，办对事，这话又一次在这里灵验。杨国忠抓住李隆基的软肋，用安禄山发力，果然不出所料，一击便中。

接到控告，李隆基发出命令："审查李林甫谋反案，深追细挖，除恶务尽。"

接到皇帝指示，杨国忠将眼光瞄准一个人。李林甫是死人，不可能开口说话，现在只要把这个活人搞定，李林甫案必定做成铁板钉钉。

身为李林甫女婿，得到消息，谏议大夫杨齐宣坐在书房里，感到一头乱麻。既然有人无中生有，翻死人账本，那人必定是要除掉李林甫旗下所有人。此人用心歹毒啊。

自己还有路子逃过这一劫吗？

正在想着，突然有人求见。

送走客人，杨齐宣一颗心定下来。按照杨国忠意思，杨齐宣"勇敢"地站出来，亲自写材料证明李林甫确要谋反。

终于可以不受连累了。他一只手按住隐隐作痛的心口，另一只手掀开茶杯盖子，缓缓地喝下一口茶。

看着李林甫案件审结的报告，李隆基无比气愤，随即发下诏书："李林甫所有官职，全部削去；李林甫子孙中，凡有做官的，全部除名，流放岭南；李家财产全部没收，上缴国库。"

好戏开场，杨国忠十分兴奋，连夜给皇帝写奏章，将李林甫亲信和同党一个不落，全部开列进去。

一幅美景在杨国忠面前出现：这一次，五十多位李林甫旗下高官受到贬官、流放处分。

李隆基命人打开李林甫棺材，剥除他身上穿的紫金朝服，取出他嘴里含的宝珠，用小棺材安葬。

李林甫势力被彻底摧毁，李林甫的阴魂想不散都不行。杨国忠正在家里高兴，太监手持圣旨来到杨府厅堂，高声宣读："杨国忠审理李林甫案立下大功，特加封杨国忠为魏国公。"

杨国忠口喊"万岁"，倒身下拜，心中的兴奋劲儿，都快要喊出口来。谁说死人不能踩，踏平李林甫坟头，自己这还一箭双雕呢，哈哈。

送走太监，站在客厅里，杨国忠突然想起一件事来。现在是杨家独占山头，那就应该是杨家大树遮天蔽日的时候。然而，还有一棵大树也长在那里——安禄山。该如何砍掉安家那棵大树呢？

看着门前地面洒满太阳光，望着阳光下的花圃，几只母鸡在花圃边上跳上跳下，杨国忠突然想起一个人——安禄山的死对头哥舒翰，现在是扶他上场的时间。不用自己动手，哥舒翰就必定让安禄山吃不了兜着走。

第二天，杨国忠向李隆基捧上奏章，推荐哥舒翰为河西节度使。

杨国忠能不能扳倒安禄山？这得看一个更为重要的人物——安禄山的义母杨贵妃。

# 第五章　热恋中老男少妇

## 上帝抢走心爱玩具

从前，李隆基十分宠爱武惠妃，两人感情深厚，爱得浓情蜜意。爱情就如一杯烈酒，越喝越让人陶醉。爱武惠妃爱得如此之深，爱屋及乌，李隆基几乎要立武惠妃的儿子寿王李瑁为太子。

吃得好喝得好，保养也好，调理更好，上帝却跟武惠妃开了一个天大玩笑，开元二十五年（737），武惠妃一命呜呼。

眼看着武惠妃像断线风筝，从自己手中向着天空越飞越远，李隆基就像草地上玩得正热乎的小孩子一样，看着手中那段残线，眼泪汪汪却又无可奈何。

此后，相当长一段时间，李隆基情绪十分低落，对任何事都失去了兴趣。后宫里有数百妃嫔，他却郁郁寡欢，而且脾气变得越来越暴躁，看着手下人做事，他感觉事事都不顺心。

她们之中，有哪一位能赶得上武惠妃？有哪一位能像武惠妃那样理解我？望着蓝蓝天空，李隆基一遍遍发问。虽然身边有近百张美丽笑脸，皇帝却感受着无限孤寂。

有一双眼睛默默注意着他的一举一动。

皇帝情绪越来越坏，已经无心处理朝政。他动不动就让手下人鞭打身边人，这哪是事啊？宫女宦官们一个个提心吊胆，度日如年，这样下去，如何是好？

高力士转动着眼睛，运动起大脑。得赶紧给他找一个合适妃嫔，否则非得闹出人命不可。

高力士睁着眼睛四处寻找。他放出风去，让手下人四处打听。有一天，突然有人传过话来："寿王李瑁的妃子杨玉环，美貌惊人，而且善解人意。"

高力士当即把打听来的消息禀告李隆基。

## 残酷美女炼成记

杨玉环即将进入皇帝的生活，走入大家视野。

还在很小时候，杨玉环就失去父母双亲。父母去世后，杨玉环在叔父杨玄璬屋檐下讨生活。虽然是自己叔叔，毕竟是捧着别人家碗，这样的日子很不好过，失去母爱，没有父爱，更谈不上可以任性。小小年纪，杨玉环就不得不走上察言观色、善解人意的人生路。

上天用几近残酷的手法，终于把杨姑娘炼成一位聪明伶俐的女人。同时，上天还送给她一样非常特殊的宝贝，可以享用一生——上天让她长得体态娇艳，美貌动人。

命运在十六岁时发生大转机，杨玉环成功地嫁给寿王李瑁，这位李隆基最爱的武惠妃的儿子。

自从来到长安，杨玉环就一直稳坐京城第一美女的交椅。

## 美女进宫

听完高力士推荐，李隆基丢下一句话："召进宫中看一看吧，毕竟耳听为虚，眼见为实。"

杨玉环奉旨进宫。

李隆基这辈子看过的漂亮女子数以千计，然而，看着杨玉环款款走来，那风情万种的神韵，一下子就让李隆基醉了。

看她一颦一笑，就能摄人心魄；看她体态丰姿，肌肤如脂就如梦似痴。李隆基每问一句话，玉环的回答句句上心。

"这是上天赐给人间的一件稀世珍宝。"李隆基差不多要从心底里喊出这句话来。

高力士在一边端茶倒水，忙着服务，眼睛一刻也没有闲着，他突然发现，皇帝手指头在桌子边上轻轻地敲动。

"皇帝这就要下决心，册封杨玉环为妃子了。"领悟到这一层，高力士赶紧使眼色。

李隆基皱起眉头，望望高力士。普天之下，莫非王土，率土之滨，莫非王臣。我要封谁当妃子，难道还不成？

就在李隆基心中转这个念头的时候，高力士端着一壶茶，走过来,附在李隆基耳边,悄悄说:"眼下,她身份是陛下儿媳。"

看着茶杯里水位缓缓升高,李隆基点点头。

不久,李隆基发诏,要求杨玉环脱去凡尘,去皇家道观做女道士,给太后祈福。她随即成行,法号太真。过了五年,李隆基让脱掉儿媳身份的女道士杨玉环还俗,派高力士出面,将她接入宫中。

李隆基突然想起一个人来——眼泪汪汪的儿子李瑁,他立即发出诏令:"给瑁儿娶门新媳妇,一定要年轻漂亮啊。"不久,年轻貌美的女子韦氏嫁给李瑁做妻子。李隆基旋即册封杨玉环为贵妃。

这也算是历史上的一件离奇之事。

## 老少恋之歌

下朝回宫,走在路上,望着蓝蓝天空里朵朵白云,李隆基想:贵妃不只是漂亮啊,真是上天赐给人间的宝贝;贵妃不只是善解人意啊,她居然还善于弹奏乐器,而且手法精熟,乐感灵敏,情感充沛,对于我这样的乐器高手来说,真正是遇见知音!

晚上,得好好跟她比拼一把,看看谁手艺更高超,谁才华更出众。想到这里,李隆基不由得加快脚步。

一路上,李隆基策划好晚上的节目单。先由杨贵妃演奏,自己跟大家一起欣赏；然后，自己来演奏，贵妃和大家一起欣赏；接下来，梨园、教坊乐人演奏，众位嫔妃们共同欣赏。

真是一个接一个美丽夜晚，后宫变成了音乐演奏厅、歌舞厅，成为皇帝、杨贵妃、梨园及教坊乐人、众多嫔妃的欢乐殿堂，成为歌舞和音乐的海洋。

时间一长，所有妃嫔突然有一个共同发现：自从来了杨玉环，她们那里就不见皇帝身影。有什么办法呢。她一来，就抢走了所有人那点可怜巴巴的宠幸。

时间一长，宰相们也有一个共同发现：皇帝处理朝政没有心情了，皇帝将朝中大事小情全都丢给他们，天天忙着与年轻的杨贵妃谈情说爱。

正如皇帝身边所有人的感觉一样，李隆基与杨玉环已经双双坠入爱河，正在上演一出老少恋歌。

## 新鲜荔枝是我最爱

高力士每天都在伺候着这对老夫少妻，慢慢地，他有一个发现。在皇帝面前，贵妃虽然喜笑颜开，然而，她那份"少妇忧郁"逃不过身边人的眼睛。

高力士运动起脑细胞，想出各种笑话来，尽可能给杨贵妃解闷。

但高力士这外力怎么努力，也揭不开杨贵妃那口搁在心里的焖烧锅。老夫伴少妻，老牛吃嫩草，看上去老牛嘴里甜美异常，但嫩草内心里却苦闷无比。

一天下午，阳光和煦，屋外大樟树上突然飞落一群小鸟，在枝头叽叽喳喳，餐桌上摆着一盘盘精心挑选的新鲜水果，颜色各异，让人口水欲滴。

高力士发现，杨玉环坐在餐桌边上，对着好看又好吃的水果，没有动一下手。

正在心中疑惑，突然，他听到一声极轻微的叹息。

"娘娘今儿个怎么了？"高力士俯下身来，轻轻问道。

"天天就这几样东西。"杨贵妃玉手抬了抬，指指桌上水果，"没有什么新鲜。"停一下，她又说一句，"看着就让人心烦"。

看着这些美丽水果，突然勾起高力士的记忆。小时候在家里，在这个季节，那些新鲜荔枝，酸酸甜甜，真是美味无比。现在，几十年过去，他都没有再尝过。

高力士说："奴才小时候吃过一种水果，哇，那味道非常鲜美啊。我这辈子永远都忘不了。而且听人说，吃那种水果可以养颜。"

"什么水果？"

"新鲜荔枝，生长在我们老家岭南那边。荔枝一定要鲜着吃，味道才美。岭南离我们长安几千里，怕是运到这里，时间长，味道就不怎么鲜美。"

李隆基就坐在旁边，像往常一样，一边喝茶抽烟，一边兴致勃勃听高力士讲遥远南方家乡的故事。他突然发现，杨玉环脸上的笑容瞬间就消失了，而且还露出一丝无法掩饰的忧郁。

"哈哈，有我在，一定会尝到力士家乡新鲜荔枝。"

说完这话，李隆基看到，杨贵妃脸上，顿时又徜徉着迷人微笑。

李隆基立即喊来一位宦官："日夜兼程，给岭南五管送去命令，每年向朝廷进贡鲜荔枝。"看着这位宦官离去的身影，他又喊来另一位宦官："向岭南到长安沿途各驿站传令，用最快的马，快速运送荔枝。中途各站点，提前安排换乘马匹。所有马匹、运送人员快速转运，日夜不得停留，不得有任何延误。"

从岭南到长安的官道上，一幅新景象出现了。一匹匹驮着荔枝的骏马向北方狂奔，骑手们高举着皮鞭，"啪啪啪"的声音在空中炸响。

在驿站道边，喘着粗气的骏马倒在地上，满身汗水，从此再也没有站起来。

新鲜荔枝运进皇宫大门，荔枝颜色鲜艳，味道纯正，跟刚从树上摘下来几乎没两样。

杨玉环嘴里嚼着鲜荔枝晶莹剔透的果肉，那特有的鲜甜和芬芳香气，溢满齿颊。

李隆基双手剥壳，与她一起享受鲜荔枝的美味，欣赏杨玉环脸上荡起的迷人微笑。

## 升官新路径被发现

不只是高力士看出杨贵妃"少妇忧郁"，渐渐地，阅女无数的李隆基也感到贵妃笑脸下藏着一份欲掩还露的隐忧。

"女为悦己者荣"，李隆基相信这句话。如何让贵妃找到"喜悦"的感觉，而不是逢场作戏？一天晚上，站在庭院里，望着满天繁星，抚着月光下杨贵妃的后背，李隆基说："我要向你赠送一个由七百个织绣工组成的织锦工坊，专门为你做漂亮衣裳。"

"哇，七百人，一个月要开多少工钱？"杨玉环哈哈大笑起来。

"皇帝为贵妃专门开设织锦工坊""皇帝为贵妃千里运荔枝"，消息传到大臣们耳朵里，有人就琢磨起其中隐含的重大意义来。

美女如此年轻，不得不离开相亲相爱四年的年轻小伙子，不得不离开正在热恋的心上人寿王李瑁，一定心如刀绞；老男人必定在想着法子取悦美女。大臣们也是人，细细琢磨之后，不久就窥破这对新夫妻的痛点。

皇帝在急急想办法讨贵妃欢心。这是个大好机会，大臣们心想，只要送礼品过去，只要博得杨贵妃一笑，皇帝那边必定出手大方，厚赐官位。

发现升官抓手，朝廷内外大小官员们争先恐后发力，将玉石雕成茶杯、饭碗，用金丝银缕织成华丽服装。珍珠饰品，翡翠摆件，从全国不同地方，源源不断汇集到杨玉环院子里。

听到杨玉环对某件礼品的称赞，李隆基立即对送礼官员大加提拔。岭南经略使张九章晋升为三品大员，广陵长史王翼入户部做侍郎……"生男勿喜女勿悲，君今看女做门楣"，民谚流传开来。人人羡慕杨家钓到金龟婿。

## 第五章　热恋中老男少妇

## 爱情小波澜

过上天天被人宠，夜夜被人爱的日子，杨玉环的那颗心，从震惊中渐渐恢复过来，从痛苦阴影中渐渐走出来，回归女人天性。

对着身边美女，杨玉环无来由地嫉妒起来。

看到李隆基从别的妃嫔屋里出来，杨玉环的粉脸便刷地变白。

看到李隆基与别的妃嫔在一起聊天，杨玉环原本有说有笑，气场却立刻变冷，招呼也不打一声，扭头就走。

回到屋里，她就醋劲大发，看到什么摔什么，桌上玉器盘子，地上白瓷花瓶，立马摔得四分五裂。

看着眼前景象，李隆基一次忍，两次忍。

到第三次，李隆基拍案而起："不顾礼节，还不讲道理，老虎不发威，当我是病猫？"

李隆基当即向宦官丢下一句话："送她回她哥哥杨铦家去。"

后宫里顿时变得安静下来，听不到瓷瓶破碎的声音，听不到玉器摔到门槛上那撕心裂肺的可怕声响。

"安静，终于安静了。"

下朝回宫路上，李隆基心头有一种轻松畅快的感觉。

一路走来，遇到每一个嫔妃，看到每一张笑脸，李隆基都热情地打招呼。

喝着高力士端过来的茶,他感觉是那么香,但眼睛还是忍不住朝寝宫帐幔那边看去,忍不住往杨玉环坐过的椅子上看去,身边一切突然慢慢地隐去,似乎飘来一团迷雾,那雾中有一个女人的影子,正像杨玉环。

李隆基正准备喊她名字,突然,迷雾散去,人影不见,椅子、帐幔,一切还是老旧样子,没有改变。

"我这是幻觉啊。"李隆基自己跟自己说。

豪华午餐端上来,看着厨师们精心烹制的满桌鱼肉,盯着瓷碟里摆着的山珍海味,李隆基突然发现,自己居然没有动筷子的念头。"今天真是怪啊。"喝着一碗乌鱼汤,李隆基感觉自己的眼泪和着鱼汤在往肚子里流。

高力士就坐在外面,看着一盆盆端上去又撤回来的饭食、菜肴:"皇上今儿个没怎么动筷子?"

一个老男人,丢掉爱情,心里正在哭。高力士看得出来。

来到院子里,看着外面紫色的蝴蝶花、红色的杜鹃花,李隆基觉得心里好不舒服,有一种想哭又哭不出来的感觉。"我这心里是被上天塞进了一块什么东西,这么难受。"摸着石头边上一棵粗大毛竹,对着竹竿,李隆基使劲地拍起来。毛竹哗哗作响,响声震动了旁边樟树上几只八哥,"砰"的一声,从树叶中飞起来。

高力士站在窗户边上,悄悄看着院子里发生的一切。"皇帝被爱情折磨得心力交瘁。"高力士发出一声暗笑。

傍晚时分,月亮还没有升上来,从李隆基那里,传出一道指令:"杨玉环院子里收藏的贵重物品,所有贵重器具,全都装上车,都给杨玉环送过去。"

上百辆车子缓缓驶出后宫,车上装满杨玉环院子里的宝贝。

晚餐时分,又有一道命令传出来:"皇上的御膳分成两份,其中一份打包,送给杨贵妃。"

上灯了,李隆基独自一人坐在那里。没有任何宦官敢进去伺候,因为李隆基看谁不顺眼,就鞭打谁。人人心里都明白,这是最为危险的时刻,任何一件事,稍有不合皇帝心意的,轻则挨打,重则杀头。

皇帝正在坐立不安,正在痛苦,正在思念杨贵妃。是时候帮可怜的皇帝一把了,再不出手,宫里今晚必定闹得天翻地覆、人仰马翻。高力士走进去,趴伏在地上,恳求李隆基:"让老奴出宫,去接杨贵妃回宫。"李隆基点头同意。

深夜时分,后宫张灯结彩,大门打开,杨玉环被隆重地迎回来。

妃嫔们一个个睁大眼睛,看着眼前发生的一切。这一次,大家更加心碎。这种大波浪,居然没有把皇帝的爱情小船弄颠覆,皇帝反而更加宠爱杨贵妃,一门心思全放在她身上,看来她们再难有翻身之时。

## 姐姐们身价炒成天价

后宫里重新热闹起来。李隆基发现,吹拉弹唱,杨玉环的三个姐姐也都是高手，而且她三个姐姐个个貌似天仙。

李隆基立即动手，加封嫁给崔氏的那位为韩国夫人，加封嫁给裴氏的那位为虢国夫人，加封嫁给柳氏的那位为秦国夫人。

"三位姐姐经常来后宫，多陪妹妹玩玩。我们都是一家人，不要拘泥于皇宫礼节，大家应该像普通人家那样，才不生分。"

不久，大臣们有了新发现，杨家三姐妹成为皇宫常客，经常与皇帝在一起吹拉弹唱、打牌娱乐、凑吃喝酒局。贵妃住在后宫，大臣们进不去，找不着她，但她三个姐姐的家门，那可是随时向外人敞开。

自从杨贵妃受到李隆基宠爱，杨氏三姐妹的身价翻着滚往上涨，她们在朝野内外迅速走红，成为官员们钻营的第一选择。三姐妹成为炙手可热的人物。

杨玉环或许没有想到，她这一闹，将三位姐姐的身价炒成了天价。

杨家三姐妹和杨铦、杨锜两哥哥这五家，每天傍晚时分，门前就开始挤满送礼车辆。五家门前街道变得热闹起来，沿街旅馆越来越多，都是供外地来京城送礼的官员们住宿。高档酒楼一座接着一座，酒楼里进出的全是忙着跑官的政府官员。

王公贵族、百官子孙，谁家结婚办喜事，都想得到李隆基亲笔题写的大字。一大笔钱送到韩国夫人、虢国夫人或秦国夫人手上，皇帝亲笔题写的大字，没有要不到的。

李隆基爱屋及乌，在三姐妹面前，有求必应。

我们没有更多时间看皇宫里的老少恋歌，一件件大事要事，正在唐朝地面上发生。

# 第六章　战鼓动地，腥风北起

## 借口工程

场景转到天宝十四载（755）八月的范阳。

华北大地上，天气十分酷热，一个接一个比天气还燥热的消息从京城探报那里传来："杨国忠正在努力刺探，正在想出种种办法侦察，正在尽力寻找安禄山谋反的证据。"

接着更惊人的消息传来："杨国忠正在动手，一个接一个剪除安禄山安插在朝中的亲信。"

听着这些消息，安禄山无论如何坐不住。"刀架到脖子上，箭在弦上了。"

八月十五（中秋节）这天晚上，月明星稀，安禄山的心腹严庄、高尚、阿史那承庆一起来到安禄山府上共赏明月。

庭院里摆着糕点，桌上摆着煮好的香茶。

无关人员已经屏退，大家一边喝茶抽烟，一边望着天上明月想着心事。

"华北、东北、山西都在我们掌控之中,现在,最为关键的是与长安一墙之隔的河北。"阿史那承庆声音不高。

"河北必定传檄而定,那里大部分将领都是我们的人。"严庄稳稳地说。

"战场拉开之后,不出半个月时间,河北官员必定闻风而降。那时,我大军可直取长安,拥京都而定天下。现在手边关键还是两件事,周密准备,犒赏士卒;同时,必须寻找一个切实可行的借口。"高尚声音不紧不慢。

"大家分头加紧准备,秣马厉兵,粮草先行。我正在安排奏事官胡逸前往京城,他返回之时,借口就从天而降。大家等着我的好消息。"月光下,安禄山笑声非常爽朗。

十月,奏事官胡逸从京城回来,不久到达范阳。

安禄山召集将领开会,会上,拿出奏事官胡逸从京城带回的一份"密诏",大声说:"杨国忠把持朝纲,祸及大唐社稷。圣上传来密旨,命令我带兵进京,清君侧,除奸臣,讨伐杨国忠。"

看看众位将领,安禄山继续大声说:"在座各位,都应该立即动手,毫不迟疑。大家跟随我一同前去,事成之时,个个立功,人人受奖。"

安禄山的话,如同一阵阵惊雷,在毫无准备的将领们耳边炸响。人人都知道杨国忠是因为杨贵妃上位,大家谁都没有想到,宰相居然也包藏着祸心。

个别将领对安禄山手中那份密诏有些怀疑。但这样的场合,没有一个人有胆量说出来。将领们清楚安禄山治军极严,他说

## 第六章 战鼓动地，腥风北起

出来的话，别人稍有异议，往往招致杀身之祸。

安禄山没有听到一丁点反对声音。

迎来一个开门红，安禄山底气足，胆子更大，随即做出决定："十一月全军誓师，向西出兵。中原空虚，我军直捣长安。"

十一月转眼就到来，安禄山向所部将领发出集结令。汉人、同罗人、契丹人、奚人、室韦人等各部军队迅速在范阳汇聚，总计十五万人马，号称二十万。

各地汇集到范阳的部队，随即连夜拔营起程，向指定地点蓟城（今北京）出发。

第二天上午，大部队齐聚蓟城城南一处旷野。

平野一望无际，蓝蓝天幕下，军旗猎猎；军队排成方阵，威武整齐。中间临时搭起一座高台。台子上面，坐满各路军队高级将领。

主持之人宣布誓师大会开始。站在高台上，安禄山挺着肥胖身躯，用最高音量向大家喊话："奸臣杨国忠把持朝政，祸及王朝社稷。圣上差人传来密旨，令我带领部队，奔赴京城，锄奸除恶。大家与我一起消灭奸臣，保卫圣上。"

随即，在原野里，"消灭奸臣，保卫圣上""清君侧，除奸臣"的口号声此起彼伏。喊声嘹亮，响彻天际。

听着士卒们一阵接一阵的高呼，安禄山得意地笑出声来，因为部队的战斗激情被他成功点燃。

安禄山当即宣布一条新军规："有怀疑者，有暗里明里煽动军队不听指挥者，斩灭三族。"灭三族，可称得上史上最严军规。

## 拆除后院"炸弹"

安禄山率领这支刚刚誓师、激情四射的军队,直接开赴战场。大军浩浩荡荡向着西边天空、向着长安方向进发。

走在路途中,一个不安稳的直觉反反复复搅扰心绪。安禄山突然想起来,在自己后方,在北京(太原)那里,有杨国忠的死党,他们极有可能从他背后突然戳出一刀。

只要把杨国忠那个死党,把北京(今太原)副留守杨光翙拿掉,太原城守军就成了无头苍蝇,必定失去攻击能力。沿着这个思路,安禄山迅速想出一个四两拨千斤的办法。

将领何千年乘着驿马(注意是驿马,不是战马),带着二十名轻骑兵,奔驰在前往太原的路上。"受圣上之托,安禄山特意送来二十名优等射生手,请副留守杨光翙出城迎接。"

接到消息,杨光翙没有一丝怀疑,带上几名亲信随从,立即出城。

刚刚打个照面,二十名优等射生手瞬间变成擒生军,当场把毫无戒备的杨光翙等人,一个不落,全部捆绑,一股脑儿丢上马背,转身向后跑去。

"副留守杨光翙被劫持",太原城里,这个让许多人一时摸不着头脑的消息迅速传播开来。

## 第六章　战鼓动地，腥风北起

## 渔阳鼙鼓动地来

叛军一路西行，旌旗蔽天；所过之处，尘土飞扬；战鼓声、马蹄声、武器撞击声，震天动地，沿途观望者莫不胆战心惊。

"来得正是时候。"安禄山的笑声在空中飘荡。此时，大唐有不少地方在进行战争，不过都在遥远的北方沙漠、戈壁，内部历经数代和平，战争早已淡出记忆。从百姓到官员，从地方保安力量到军队，都已经习惯和平生活。猛然听到震天动地的战鼓声，所有人都陷入慌乱之中，一时之间，大家都不知所措。"这正是大好机会，天赐良机，哈哈。"安禄山忍不住高兴地手舞足蹈。

安禄山接手河北时间虽然不算长，但也管控了一些年，许多地方郡县太守是他亲手提拔而起的，其中有些人是他的亲信。

安禄山军队所过之处，这些人望风而降，安禄山军队在河北各地势如破竹。个别州县也有抵抗情形，但岂是长年征战的安禄山精锐部队的对手？不在一个等级，根本就没法较量。仅仅十天时间，河北全境就进入安禄山口袋。

一切都在依着计划中的路线图、时间表进行。

## 惊破霓裳羽衣曲

视线移向京都长安。

一道惊人消息,从太原方面传来:"安禄山派人劫持北京副留守杨光翙。"

"我说你们这些人,不诬陷安禄山,日子就过不得吗?为什么一定要制造谣言?"听到消息,李隆基非常生气,当场命人把禀告者赶出大厅。

生活在宫廷里,此类政治游戏,李隆基看得实在太多。"树大招风,现在安禄山这棵树是有些大,就招来狂风。"

三天过去,有受降城镇官员逃出来,跑到京城向皇帝禀报:"安禄山起兵叛乱。"

听到这话,李隆基勃然大怒:"将这些诬陷者,统统给我轰出去。"

安禄山叛乱第七天头上,从不同地方来禀报者越来越多,"安禄山带兵造反"的消息像一阵阵挡不住的狂风,猛烈地吹进皇宫,这时,李隆基才不得不相信安禄山真的叛乱了,然而心里还是极不情愿。

坐实消息后,李隆基立即召集大臣,急忙忙商讨对策。

来参加会议的大臣,突然听到"安禄山造反"这个消息,

## 第六章 战鼓动地，腥风北起

个个大为惊讶。大唐从上到下，从京城到地方政府，没有一丝一毫军事准备、思想准备、政治准备、物资准备，甚至没有人手准备，如何是好？而安禄山，那是经年累月精心准备，有备而来啊。所有人心里，立即生出恐惧感来。

在大臣们震惊的神情面前，杨国忠极力地忍住内心兴奋，然而，无论如何努力，他仍然忍不住面露喜色。哈哈，这一次，我的判断终于被证明是完全正确的，这下，皇帝、大臣，无论是谁，想不佩服我的预测能力都不行。

听到皇帝提问"有何对策"，身为宰相，作为对安禄山叛乱有长期研究的关键人物，杨国忠第一个站出来说话。

"诸位听到这个消息，可能没有思想准备，而我早有思想准备、心理准备，早有预案。"看看周边大臣，又看看皇帝，杨国忠看到了他们期望的眼神："我们要明白一点，整个造反大军，号称二十万人，其实真正造反、真心造反的，只有安禄山一个人。他手下将领，他军队里的士兵，绝没有人愿意叛乱，甚至都不知道这是一场叛乱，完全被安禄山用障眼法蒙在鼓里。"

说到这里，杨国忠停下来。

没有听到大臣中有人提出异议，没有听到反对声音，杨国忠接着说："不出十天，将士们就会全部明白真相，那时，就没有几个人会跟着安禄山造反，安禄山必定势单力孤。用不多久，他们内部就会自动反正，内部自乱。到时，必定有人将安禄山的脑袋砍下来，送到京城，因为这将是一件天大功劳。谁人不争，谁人不抢？"

大臣中，有人点头，有人微笑，有人大惊失色。二十万大军，多年准备，精心组织，长期谋划叛乱，宰相居然当作儿戏，如此轻敌？然而没有一个人敢于提出来。杨国忠在朝中一手遮天，还有谁敢反驳？除非脑袋想搬家。

接下来，朝廷没有做全国军事总动员，没有做全国性政治动员、物资调配、人手动员，没有从边疆调回大军，没有发布京都百姓外迁的紧急避难动员令，皇帝拿出来的，只是几点应急性措施：毕思琛到东都洛阳，布置防守；金吾将军程千里到河东，组织抵抗；地方上领导，允许在当地自行招募数万名士兵，根据形势发展，跟叛乱军队作战。

城池被叛军占领的消息，地方政府"手牵着手"投降安禄山的消息，接连不断传到京城，送到皇帝案头。

现在，听不到杨国忠一丁点声音了。这一次，他大话吹破，预测完全失败了。他在皇帝面前只能赶紧躲着走。

## 拿钱就办事

皇帝身边终于来了一个真正的军事人才，一位重要将领——安西节度使封常清。

看着李隆基满脸忧愁的样子，封常清信心满满："安禄山率领的叛军中，真正能打仗的，也就十万人。现在他气焰嚣张，那是因为中原长期没有战争，百姓害怕，一听到风声就逃跑。"

看到皇帝在点头，封常清用专业口吻说："请陛下现在就派我去东都洛阳，去那里招募勇敢将士。"停一停，看到皇帝认真在听,他继续说:"如果打开东都府库,拿出长年积攒的物资,有资金做本钱,短期内必定能招募到大量人手。到时,臣带领这支募集的大军,渡过黄河,与叛军作战,必定砍下安禄山首级,献给陛下。"

有钱才能办事;专业人才果然有办法;找对人,才能办对事。三个念头瞬间在李隆基心头闪过。

李隆基当场提拔封常清为范阳、平卢节度使。

封常清骑上快马直奔东都洛阳。第二天,洛阳大街小巷到处都是招兵站,站台上摆着黄金白银,吸引市民眼球。十五天时间,封常清募集了六万人马。

封常清发出三大指令,"坚守东都""拆掉黄河上河阳桥""所有新招募士卒,每天必须起早贪黑,加紧训练,在安禄山叛军到来之前,在极短时间内,形成战斗力"。

"在京城东边,我要垒起一道坚固的人肉墙,挡住安禄山叛军。"

叛乱部队向西而来,铁蹄翻滚,大唐处于一片惊慌之中。

# 第七章　横扫河北，攻占洛阳

## 不战而降

安禄山率领大军到达博陵（今河北定州）南边。

何千年带着一千人马从后面追上来。小小队伍里，从太原劫持而来的北京副留守杨光翙最为显眼。

看着杨光翙被押解的士卒踉踉跄跄推过来，安禄山厉声问道："我俩往日无冤近日无仇，你为什么一定要帮着杨国忠来陷害我？我到底是什么事得罪了你？你这种狗仗人势之人，只认得宰相不认得别人，帮着宰相残害别人，真是死有余辜。"

不等杨光翙开口，安禄山当着他的面，高声宣布："立即斩首。如此可恶之人，为我祭旗，我还嫌脏。头颅挂在城楼上，暴晒示众。"

看着杨光翙被手下人拖走砍杀，安禄山大声宣布："张献诚为博陵太守。安忠志带领一支精锐部队，加强城池防守。"

## 第七章 横扫河北，攻占洛阳

主力大军继续西行，到达藁城（今石家庄藁城）。

常山太守（今河北正定）颜杲卿盯着形势，很快得出一个结论，自己手上这点军队，还不够安禄山大军包饺子。他喊上长史袁履谦，带上随从，当即走出城门，一起迎接安禄山。

看到他们远远地走来，安禄山非常高兴，当即赏赐颜杲卿金衣紫带，同时宣布让颜杲卿继续驻守常山。

大家分别的时候，安禄山突然觉得心中不安，立即做出决定："颜杲卿的兄弟、儿子留在军中，一同前去长安，拜见圣上。"明眼人看得出来，这就是把颜杲卿的亲人作为人质，扣留下来。

望着颜杲卿一行人离去的身影，安禄山心中的不安又爬上来。

望着天上白云，安禄山做出第二个决定："将领李钦凑，带领一千人，驻守井陉口。"（井陉口在常山附近。其地四面高，中部低，因称井陉，是太行山内一条狭隘通道。）

"哈哈，这样既能防着可能从西北边来的唐军，又能防着附近的颜杲卿。"

不能不佩服安禄山的直觉。颜杲卿根本就无心归附安禄山，眼下只是权宜之计。

颜杲卿、袁履谦（长史）回到常山，立即行动，策划秘密方案，组织人手，储备物资，训练队伍。

## 招募组建天武军

天宝十四载（755）十一月二十一日，李隆基突然想起一个人——安禄山长子安庆宗。安禄山把他长子留在长安，自己却在北方起兵反叛。难道他连他儿子的命都不要？他要把这条路走到底，那就成全他。想到这里，李隆基下令，将安庆宗斩首示众。

坐在金殿上，看着大臣领命而去，李隆基心情越来越沉重。现在谁才真正有力量能对付安禄山呢？只有朔方军，而朔方军远在西北，远水解不了近渴，安禄山果真是钻了空档。

想到这里，李隆基对着站在身边的高力士说："郭子仪本为朔方右厢兵马使、九原太守，升他为朔方节度使，命他率领朔方军由西北向东南开进，讨伐安禄山。"

看着大臣起草诏令，李隆基心中的不安感觉越来越强烈。中原空虚，没有能挡住安禄山的兵力。安禄山这一刀，真正是砍到他脊背上。自己手边还有没有能挡住这股超大洪流的资源呢？

手中还有牌啊，得把手中牌一一地打出去。或许其中某一张牌能起到作用。

李隆基站起来，望望殿下黑压压的大臣，缓缓说："向全国各路军马发出命令，东征安禄山。"

停一停,他接着说:"为便于统一指挥,任命荣王李琬为元帅,任命金吾大将军高仙芝为副元帅,统一指挥各路兵马。拿出内务府钱财,在京城招募士卒。"

李隆基端起茶杯,猛地喝下一大口,感觉心中舒服了一些。

二十天后,李隆基召见副元帅、金吾大将军高仙芝。李隆基说:"二十天来,我们在京城长安募集到十一万人马。这支军队,我起了一个响亮名称——天武军。名称很响,但我心中清楚,这些人大多是都市里游手好闲之人,是一帮市井无赖,组织纪律性极差,空有其表。眼下,我这手中有且只有这点资源。我将其中一半——五万人配备给你,你率领他们向陕西进发,在那里筑起一道挡住浊流的堤坝。这批人没有来得及进行任何军事训练,要让你勉为其难了。"

"虽然以羊群赴狼群,但我一定发死力把安禄山军队挡在都城外围,拖住敌军,赢取时间,以候大军到来。"高仙芝说。

"好,很好。我们现在需要的正是时间,有时间,朔方军就能赶过来,各地援军也就会源源不断地开赴过来。我派宦官边令诚为监军,协助你管理这支良莠不齐的军队。"

## 渡人工冰桥,攻克陈留

安禄山率领大军,顶着凛冽寒风,马不停蹄,人不下鞍,推进到黄河岸边。

"黄河对岸,关键地段,唐军已经布下防守部队。"站在黄河岸边，听着侦察兵报告，望着正在缓缓封冻的黄河，安禄山向着身边将领说："黄河这么长，唐军不可能全线设防。我们绕过那些唐军重点防御的地段。"

一天后，侦察部队送来一条消息："在灵昌，我们找到一处唐军没有设防的地段。"

安禄山率领大军，赶到灵昌。望着黄河河面，冰凌越来越多，流水越来越慢，安禄山发出命令："大军下马，寻找乱草、树木、破船，统统扔到黄河河道中去。"

成捆草木，整棵大树被投入河中，河水流速延缓下来。寒冬腊月，第二天早晨，安禄山起了一个大早，走到河边，远远望到，那些扔进河的破船、草木全都结成厚厚的冰层了。

看着这座银白、灰暗相间的跨河冰桥，安禄山大声喊道："天助我也！"

大部队从冰浮桥缓缓通过。

灵昌城守军没有做好守城准备，成为叛军的"盘中小餐"。

安禄山指挥军队向陈留城（今河南开封）发起进攻。河南节度使张介然部署军队，防守城池。

安禄山发出攻城令，三万精兵迅速展开队形。三通号角，三通鼓响，攻城部队推着撞车、楼车，抬着云梯，在弓箭手掩护下，向城墙发起进攻。

陈留太守郭纳站在城墙上，仔细观战。敌军高举盾牌，护住身体，冒着箭矢往前推进，前赴后继，没有一丝畏惧。士气如此高昂的军队，一堵城墙如何能抵挡得住？

正在这样想时，郭纳将眼光朝墙头上守军望去。一些士卒看到敌军密集的队形，听到敌军气势汹汹的喊声，手脚都在发抖。有些士卒躲在墙垛后面，拉不开弓弦，手中箭射不出去。

看着看着，郭纳心情越来越沉落。陈留守军有两万多人，有节度使张介然拼死抵抗，但外无援军，凭这样没有经过战阵的孤军，想守住这座城池，绝对不可能。叛军阵容强大整齐，经验丰富，斗志高昂，他们绝不是叛军对手。果然，不久，城池陷落，张介然成为俘虏，被斩杀。

住进河南节度使府，安禄山十分高兴："部队节节挺进，全线捷报频传，晚上一定要多喝上几杯。"

望着府外蓝天，他心中正在高兴，突然接到儿子安庆绪禀报："留在京城的哥哥安庆宗被朝廷斩首。"

这如同一道惊雷。安禄山肥胖的身体晃晃，慢慢地倒在身边椅上，泪水随即流出来。椅子上传出悲惨哭声。

"安庆宗是我最赏识的儿子。"安禄山向着蓝天，大声怒吼，"上天，请你告诉我，我究竟犯下什么大罪，他们竟然如此凶狠，杀死我心爱的儿子。"他一双手拍着椅子两边扶手，大喊："我儿啊，你在天上等着，这个仇，我一定要为你报。"

安禄山当即下令："投降的唐军俘虏，命令他们互相砍杀。"

六七千唐军将士丢了性命，陈留城外尸体累累，地面鲜血横流。

太守郭纳本来还想再抵抗抵抗，见此被吓坏了，投了降。

安禄山余怒未消，随即发出命令："进攻荥阳城。"

## 攻破荥阳

荥阳太守崔无诐早早在城里备足武器、人手、粮食，这段时间，他每天忙着训练军队，与将领反复研讨荥阳城的防守方案。

站在城墙上，望着叛军一波接一波向着城墙涌过来，黑压压的军队将城池围得水泄不通，鸟飞不进。崔无诐十分沉着，站在城墙上，按既定方案，分地段部署军队。

听着叛军猛烈的战鼓声，看着叛军在守军箭幕前冒死冲锋，崔无诐有些担心起来。陈留城守军稍战即降，敌军是得胜之军，兵锋正盛，而荥阳城守军刚刚招募而来，个个都是战场生手，没有一天实战经验。如果没有援军，形不成内外夹击之势，坚守下去，将非常困难。

叛军用盾牌、木板挡住从城墙上射下的箭矢，搭起云梯，攻城兵沿着云梯往城墙上冲锋。

守城士兵拼命跟爬上城墙的叛军搏杀。在如狼似虎的叛军面前，一些守军吓破了胆，丢掉手中武器，往后面就跑。

就在崔无诐眼前，守城士卒们像筛子筛沙子一般，在搏斗中，不停地从城墙上掉下去。

第三天傍晚时分，城墙上挤满爬上来的叛军。

叛军一波接一波向城内冲去。崔无诐和众多守城官军退守街道和巷子。

叛军攻陷一个又一个街道，俘获众多唐军士卒。崔无诐也被叛军俘获。

安禄山派武令珣率部分军队驻守荥阳。

## 洛阳大战

"灵昌、陈留、荥阳，我军三战三捷，所向披靡。唐军虽然有城池保护，仍然不堪一击。"站在荥阳城上，向着围在身边的将领，安禄山大声说，"乘着得胜之风，运作得胜之军，我们迅速进攻东都洛阳城，绝不能给都城长安守军任何准备时间。在援军还在路上时，我们必须已经在长安城里打扫战场。我们赢的就是速度，赌的就是时间差。田承嗣、安忠志、张孝忠为前锋，率领前锋部队，迅速向洛阳城发起进攻。"

洛阳城是唐朝东都，高宗、中宗、睿宗、武则天等帝王将之作为帝都。洛阳城墙又高又厚，防守严密，军用器械充足，物资储藏丰富，军队训练有素。

运用府库储藏物资，短时间内，封常清成功招募到六万大军，每天进行紧张、有序的训练。

得到叛军接近黄河的消息，封常清发出命令："烧毁洛阳北边黄河大桥。叛军不插上翅膀，就休想飞过来。"

一天，突然传来消息："叛军绕道灵昌，攻下陈留，攻陷荥阳。"封常清大惊:"叛军放弃正面进攻,北上灵昌。由北而南,这样一来,洛阳城如裸奔一般,直接暴露在叛军刀锋之下。叛军中还是有高人啊。"

守城对策会议上,封常清对将领们说:"敌军中还是有高人。我们要将防守的战略眼光外移,不能只是专注于守洛阳城。在孤城打守卫战,无论如何努力,都守不住。我们严密防守洛阳城时,得派出大军,进驻武牢关。武牢关与洛阳城互为援应。敌军进攻洛阳时,武牢关大军冲过去,洛阳城内守军冲出来。敌军受到内外夹击,腹背受敌,必定溃败。"

封常清率领六万大军驻扎武牢关。

武牢,通常叫虎牢,唐时避李渊爷爷李虎讳,称武牢。虎牢关在今河南荥阳汜水镇,筑在大伾山上,形势险要,易守难攻。

站在武牢关口,看着眼前险峻高山,封常清对身边将领说:"敌军远道而来,疲惫之师,我军以逸待劳。敌军为叛军,师出无名。我军为大唐军队,平定叛逆,正气凛然。我军在武牢关前,依山傍势,摆下堂堂军阵,与敌军面对面较量。"

"唐军六万人马,抢占武牢关。"听到这个消息,安禄山大为吃惊,对身边将领说:"武牢关军队与洛阳城守军互为犄角,这样看来,封常清还是有军事头脑的。"

正在研究对策,又传来消息:"封常清将大军开出武牢关,在旷野里摆下军阵。"安禄山笑出声来:"封常清丢掉高城厚墙不用,看不起我,是吧。哈哈,天助我也。"

安禄山连着发出几条命令:"同罗、奚、契丹、室韦,组成两万前导骑兵,冲击唐军方阵。""三万铁骑组成中军紧跟其后。""前锋得势,撕开缺口,中军即行发起冲锋,直插敌军腹部。""四万骑军组成后军,待唐军出现溃势,立即发起追击,一举追入洛阳城中。""一支军队埋伏在洛阳城附近,穿着唐军服装。等到唐军逃兵接近时候,混进逃兵队伍。与唐军一起,逃进洛阳城,控制城门。"

震天动地的鼓声突然响起,同罗、奚、契丹、室韦骑兵发起冲锋。在飞驰的马背上,叛军边冲锋,边射利箭。

由新兵组成的唐军士兵,以前没有看到过这样的作战架势,握弓箭的手不停地颤抖,瞄不准目标,拉不开弓弦。有些士兵丢下兵器,转身向阵后跑。

封常清站在阵后,望见往阵后逃命的士兵,大声怒吼,高声叫骂。阵前士兵就像没有听到似的,越来越多的人丢掉器械,往阵后逃跑。

"唐军阵势出现乱象。"安禄山发出命令,"趁着唐军溃乱,中军向唐军阵后猛插。"

望见敌军高声呐喊着像洪水一样扑过来,唐军阵势崩溃,四散奔逃。

站在高高的土堆上,望着眼前乱逃的唐军,封常清无奈地摇头,对着天空,连连叹息。

安禄山指挥大军,紧紧追击唐军。

唐军在前面拼命逃跑,大家都跟约定好了一样,朝着洛阳城跑去。洛阳城墙高城厚,那里才是安全藏身之所。

唐军逃到洛阳城城边时,守城官兵发现唐军往回逃跑,打开城门。

提前埋伏的叛军,穿着唐军服装,混入唐军逃兵队伍,奔到洛阳城门处,这些人堵在城门边上,杀死守门官兵。

叛军控制了城门。后面的追兵跟着唐军队伍,一齐涌入城里。

洛阳城落入安禄山手中。

# 第八章　宦官举刀杀武将

## 重新认识，重新部署

封常清混入残兵中，向陕州（今河南三门峡）方向逃命。

逃到陕州时，封常清得到一个消息："唐军副元帅高仙芝带着大军，正在此地。"封常清急忙去拜见高仙芝。

封常清说："我丢掉东都洛阳，丢失六万大军，当属死罪。我一路都在想这次失败的原因。是我太轻敌了。如果我死守武牢关，与洛阳城遥相呼应，就能跟叛军拖下去，能赢得时间，以待更多援军到来。现在说这些已没用了。然而有一件事我必须说出来，否则大唐就非常危险了。"看看高仙芝认真在听，封常清继续说："叛军作战能力十分强劲。得胜之军，军锋正盛，是一群虎。你手中现有的这支部队，全部由新兵组成，根本挡不住叛军进攻。我丢掉的六万军队全是新兵，是一群羊，你这支部队也是一样。而对手是身经百战的边防军。"

看到高仙芝点头认同。封常清继续说："在旷野里与叛军捉对厮杀，我们无法取胜。但是，我们可以利用关隘抵挡叛军，拖住叛军西进脚步，等待更多援军到来。那么，最终的胜利一定是我们的。现在，保护京城长安的天险，就只有潼关。到现在为止，潼关没有防守部队。如果叛军得到潼关，京城长安就大门敞开，叛军即可长驱直入，京城必不能保。我们目前所在的陕州，没有一处屏障可以与敌军周旋。在这里，只能是以卵击石。我建议你放弃陕州，将军队撤向潼关，以潼关天险为依托，挡住敌人攻势，卡住对手脖子。打不死它，可以暂时拖住它。这就能保住京城安全，为长安防守争取宝贵时间。"

高仙芝听着，从座椅上站起来："我们现在就将军队开赴潼关，做好坚守准备。"

高仙芝随即发出命令："打开陕州大仓，将库中缯布全部分给将士，焚烧仓库，防止资敌，部队全部撤向潼关。"

部队开进潼关，高仙芝、封常清指挥士兵加固防御设施。不久，叛将崔乾祐率领大军从后面追上来。

赶到关前，崔乾祐指挥叛军立即发起进攻。

大批叛军呐喊着，朝着关口冲上来。

唐军用利箭、粗大滚木和大块石头招呼冲到关门前的叛军。

叛军发起五次强攻，每一次都攻到关门前，最后全都被滚木礌石挡在下面。

"这样看来，硬攻不行，得另想办法。"崔乾祐向安禄山报告攻关情况。

安禄山指示崔乾祐："大军暂时退回陕州驻扎，重新寻找机会。"

## 御驾亲征

"安禄山啊安禄山，朕给你如此高的名誉、地位、财富，你却是条白眼狼。我非得要亲手收拾你不可。"得到洛阳失守的消息，李隆基气得破口大骂。"我千想万想，就是想不到安禄山身上果然长着一根反骨。"

"我要御驾亲征，由皇太子李亨监国。"站在庭院，看着树底下叶子筛落的阳光，李隆基拳头捏得格格响。

李隆基喊来宰相杨国忠，缓缓说："朕在位五十年，已经够长了。朕早就感到力不从心，去年秋天的时候，就想把大位传给太子。"

看到杨国忠认真在听，他继续说："看着接连不断的水灾旱灾，我就想，得把这天灾治好，不留后患给子孙，所以才一等再等，想等年景好起来。可是，天灾未了，人祸却忽然而起。昨天夜里，我想了一个晚上，天灾，这是上天事，人力难为；而人祸，安禄山举兵反叛，是人为事，我一定要亲手把它平定。所以，我想，这一次，我要带兵亲征，让太子监国，等我平了乱，就传位给太子。那时高枕无忧，我也享享清福。"

杨国忠一句不漏地细细听着，心中大惊。他不动声色，轻轻说："御驾亲征、太子监国、传位，件件都是大事，尤其是在这样特殊的时期。一切都要制定周全方案。"

回家路上，杨国忠眼看着繁华街景，觉得它们似乎全都变成了灰色。如果太子监国，自己的死期一定会到来。

杨国忠找来韩国夫人、虢国夫人说："皇帝要亲征安禄山，打算任命太子监国。如果太子监国，我们杨家的厄运就必定到来。"

看到姐妹们满脸疑惑，杨国忠说："太子恨我们杨家很久了，他认定安禄山叛乱是贵妃勾引安禄山惹的祸，认定是我杨国忠排挤安禄山造成的。"停一停，他又说："何况安禄山这一次打出的旗号是清君侧，而且高喊要诛杀我杨国忠，这就更让太子坚定他的猜测了。这次，只要皇帝一出京城，太子第一件要做的事，必是杀我杨国忠以谢天下。杀死我后，他一定不会放过我们杨家，必定斩草除根，那时我们杨家的厄运就要来了，诸位姐妹的性命必定难保。"

说完这些话，杨国忠看到，两个姐妹以泪洗面。

杨国忠坐在椅子上，也抱头痛哭。

哭过一阵，杨国忠狠狠地说："上天不会灭我们杨家，我们还有一条路可走，大家立刻赶到兴庆宫，找到贵妃，让贵妃妹妹想办法，阻止皇帝亲征安禄山。"

跪在李隆基面前，杨玉环一字一句说："您已经七十一岁，不是青年。打仗是风餐露宿之事，是青年人之事，更是军人之事，让军人做军人之事吧，您要去亲征，军队还要花大量精力来保护您，千万要收回成命，把战争宝剑交到可信、有能力的年轻将领手里，您就坐在宫里，听他们战报，用财宝奖励他们。"

看着杨玉环跪在地上泪流满面,李隆基喝着香茶,耳朵里细细听着贵妃说出来的每一句话。最终他做出决定:"亲征之事,就到此作罢。"

## 害死人才,祸及国家

监军边令诚斜躺在床上,望着头顶上的围帐,感觉非常郁闷。仓库里财物堆得像山高,没有人手来监管,不都是我的私家财产吗?部队从陕州退回潼关,自己的这些财物如何运回去呢?

第二天,边令诚向高仙芝发出一个小小指令:"派军士保护我的私人钱财,毕竟这次翻山越岭,路途遥远,钱财最容易出问题。"

监军边令诚没有想到,高仙芝居然一口回绝了他的要求。

准备从潼关返回京城时,看着堆得像小山一样高的财物,边令诚再一次向高仙芝下令:"派军队保护我的财物。"

高仙芝怒气冲冲,大声说:"国家危难,朝廷岌岌可危,现在是紧要关头。您不以国事为重,居然要动用这点可怜的国家军队,做这样龌龊之事,对得起圣上吗?"

走在回京城路上,边令诚越想越生气。他一边走一边想,望到京城大门时,终于想好面奏皇帝的台词。

"大会小会上,封常清挂在嘴上的,就是八个字,'叛军强大，不能抵挡'，严重动摇我军军心。我军本来占有陕州，高仙芝却将数百里地面放弃，不战而退，而不是退守有据。高仙芝贪污军粮，克扣士兵粮饷。"

李隆基细细听着，当即大怒起来："封常清损失六万人马，丢掉东都洛阳，高仙芝不战而败，丢掉陕州。这两个人，挡不住叛军，还专门坏我大事，想不斩都不行。快斩此二人，立我军威。"

边令诚带上诏书，立刻返回潼关，执行斩首任务。

边令诚带着刀斧手到达潼关。封常清正在墙边上，指挥士兵做加固墙体的工作。边令诚高举圣旨，大声宣布："奉诏处决封常清。当场立斩。"

封常清正准备搞清楚到底发生了什么事，然而一切已经来不及了。一群刀斧手冲上来，不由分说，举刀就要砍下封常清的脑袋。

封常清当即明白过来，自己死期到了。他立刻高声大喊："我身上带着表章和遗书，请转呈皇帝。"

边令诚收下表章和遗书，随即示意刀斧手赶紧行动。

"你想法还真不少。"只看了一眼，边令诚就将这些表书点上一把火，"败军之将，皇帝会信你吗？你到天上去说吧。"焰火中，表章和遗书变成几缕青烟。

"封常清被边令诚斩首。"高仙芝正从外面巡视回来，刚走进军营，就听到这个骇人消息。"到底是怎么一回事？这事得向边令诚问个明白。"喝下一口茶，高仙芝转身往屋外走。

边令诚正赶过来，他的身后，紧跟着一百名刀斧手。

## 第八章　宦官举刀杀武将

"高将军，你也有圣恩。"边令诚一边走来，一边扬扬得意对高仙芝高声喊着。

他随即拿出圣旨，看着跪在地上的高仙芝，高声宣读起来。

听完圣旨，高仙芝没有谢恩，一下从地上站起来。向着围过来的将官、士卒，大声说："不战而退，是我的责任，但一定是我的过错吗？这也是根据敌情做出决断。如果因为这个原因杀我，我还不喊冤枉。说我贪污军粮，还说我克扣士兵粮饷，这是绝对没有的事啊，这一定是有人在皇帝那里诬陷我。我对天发誓，我没有贪污一分钱，没有克扣一分钱粮饷。"

围拢过来的将官、士卒越来越多，有几个人在人群中大声喊："这是赤裸裸的诬陷，这确是冤枉。"

边令诚扫了一眼人群，心中突然害怕起来。"高仙芝如果闹到皇帝那里去，后果不堪设想。"他立即晃动手中圣旨，嘴里大喊，"圣旨在此，谁敢放肆。"看到周围士卒没有人再敢大声喊叫，他立即向刀斧手下令："处死高仙芝。"

一天下午，安禄山突然得到消息："边令诚手握圣旨，杀死了高仙芝、封常清。"

听着这个消息，安禄山心中无比高兴，高声大喊："天助我也！"他随即从大厅里冲出来，走到大院里，对着蓝天大喊大叫："是我要灭大唐吗？是天在灭大唐。像封常清、高仙芝这样几度出生入死的将领，对李隆基忠心耿耿，却落得这样的下场。如果我不起兵，不也是同样结局吗？"

安禄山做出决定，率领大军，亲自攻打潼关，直捣长安。

就在安禄山做准备工作时，就在唐朝行将走向终点时，安禄山身边，突然传来一系列消息。

一位弱不禁风的文人，在安禄山后背部位，猛烈地挥舞大刀，强力地劈杀过来。

# 第九章　后院燃起冲天大火

## 暗暗发力

安禄山还没有叛乱时，有一双锐利眼睛，早就发现一个秘密："安禄山那人有异志，迟早会谋反。"发现这个惊天大秘密后，平原太守、书法大师颜真卿不动声色，早早地、悄悄地做着战争准备工作。

颜真卿，是王羲之之后书法界成就最高、影响力最大的书法大师，是中国文人书法的重要里程碑。颜真卿转益多师，一变成法，创造出方严正大、朴拙雄浑、大气磅礴的楷书书法。颜真卿的行草传递出沉着痛快、豪迈洒脱的大师气象。他的传世作品有《祭侄文稿》、《争座位帖》及《麻姑碑》等。

颜真卿任平原太守，在安禄山治下担当地方领导。颜真卿心想：依着安禄山那人本性，战争发起之后，大军会直接打向都城长安。到那时，平原这块地方，一定是敌占区。

颜真卿预测，安禄山力量十分强大，隐蔽性强。唐军力量一时还难以发挥作用，皇帝必定被安禄山蒙蔽，认不清真相。那么，这场战争，一定是持久战，不可能是速决战。到那时，大唐军队到达不了平原，平原郡反抗安禄山必定是孤军作战。"我们必须早早启动战争准备工作。"

于是颜真卿早早发布了挖壕筑墙令："这几年，天气连续多雨。现在就必须全体动员，大家动手，挖深挖宽护城河，筑高筑厚城墙，做好应对重大天灾的准备工作。"

颜真卿又发布人口调查令，派出人手，在全郡进行人口普查，将青壮年登记造册。

颜真卿还发布了物资收购令，调拨资金，收购粮食、盐、铁、药材。

当时，有人向安禄山报告："颜真卿收购战略物资，普查全郡青年，挖护城河，垒城墙，在做战争准备。"安禄山听了，哈哈大笑："一个整天坐在书房里磨墨练字的书生，从来没有爬上过马背，从来没有看见过血肉乱飞的战场，哪会做什么战争准备。再说，一个小小的平原郡，就那么点人口，那么点经济实力，他要真有什么动作，完全在可控范围之内，不足为虑。"

## 组建万人军队

"安禄山在范阳起兵，向长安进发。"得到消息，颜真卿立即找来平原司兵参军李平，交给他一份奏折。颜真卿说："安禄山一定穷尽一切手段,向皇帝隐瞒实情。你直奔长安,向朝廷报告范阳发生重大变故,越快越好。不要走大路,防止暴露目标;尽量走小路、抄近道;带上两匹马,沿途换骑,保持马的脚力;星夜兼程,人歇马不歇。"

李隆基看完颜真卿的奏报,向身边大臣说:"朕只听人说颜真卿毛笔字写得漂亮,还没有见过他这人呢,危难之时,看到颜真卿如此忠心,我就看到了大唐的希望。"

颜真卿派出人手,按着花名册登记的年龄、姓名、住址,征召全郡年轻勇敢的青年。

十五天时间,他招集到一万多人。一支颇具实力、有一定规模的队伍建立起来。

一天上午,艳阳高照,万里无云。入伍青年聚集在一起,颜真卿站在高台上,讲述皇帝对安禄山的十大恩德,历数安禄山恩将仇报的十大罪状。

颜真卿痛骂安禄山忘恩负义、见利忘义,号召士卒为正义而战。颜真卿感情涌动,痛哭流涕。士卒们深受感动,高呼口号,决心与叛军血战到底。

## 抗敌大联盟

安禄山派将领段子光,用马车拖着三个殉难官员的人头,在河北各处巡游。"这是三个'宝贝',让河北各地官员睁开眼好好看看,不投降者,就是这个下场。"

段子光带着人头往平原郡方向而来。得到消息，颜真卿派出人手，迎接段子光一行。

"好好'招待'他们，绝不能让段子光溜掉。"

段子光一行人来到平原郡。负责接待的官员，租下高档旅舍，热情迎接段子光。

深夜时分，颜真卿埋伏人手将旅舍围住，一行人全部被扑杀，段子光被腰斩。

看着桌面上三颗鲜血流尽，只剩下皮包骨头的人头，颜真卿捏紧拳头，向身边人大声说："我一定要让他们的操行为世人所知。"

颜真卿派出人手，用蒲苇草给三人制作身子，按照当地最为隆重的葬礼仪式，将三人厚葬。出殡当天，万名将士身穿白衣、头戴白帽，为三位不屈而死的英雄举行祭奠大礼。颜真卿率领全体官员，痛哭祭拜。

河北各地官员，许多人不愿与安禄山同流合污。得到消息，他们接连不断来到平原郡，与颜真卿共同商讨讨伐安禄山的方案。

大家一致同意，成立反安禄山联盟，颜真卿为盟主，军事上的重大行动，行动前要请示，行动后要汇报。同盟内协调互助，统一行动。

河北各地反安禄山的力量，在颜真卿协调下统一起来。各方力量协同对敌，反安禄山的力量空前强大。

就在颜真卿积极进行联络活动时，另一支反安禄山力量，在常山郡行动起来。

## 两郡联手发力

在常山，颜杲卿暗中谋划讨伐安禄山，准备起兵。颜杲卿和颜真卿同为颜师古五代从孙，颜之推七代从孙。

一批人聚拢到颜杲卿周围。在他家里，经常看到参军冯虔、藁城县尉崔安石、前真定县令贾深、内丘县丞张通幽的身影。这些人经常在一起谋划方案。

颜杲卿将眼光瞄上太原尹王承业。"太原是山西最大城市，是大唐起家的地方。王承业是个大户。太原城守军如果与我们这些地方部队联合起来，共同起事，互为犄角，必能成大事。"不久，颜杲卿派出人手，悄悄赶到太原，来到王承业家里。

一天傍晚时分，颜杲卿家里突然进来一个人——他的外甥卢逖，颜真卿从平原郡派来的"联络大使"。

从随身腰带里，卢逖掏出蜡封密信。"平原郡和常山郡，两处一起，联合行动，我们第一个目标，是截断安禄山归路，让他后退不得；第二个目标，是截断他由东往西运送粮食、兵员的通道，让他接济不上，前进无力。这样一来，就延缓了安禄山向西进攻的速度，为大唐集结部队赢得了时间。要打破安禄山速战的美梦，将他拖入持久战的泥潭。"

颜杲卿看完，为颜真卿的联合行动方案拍掌叫好。

## 无影刀法

一天早晨，颜杲卿得到一条消息："安禄山派金吾将军高邈在幽州征兵，眼下，高邈还在幽州。"

颜杲卿随即想到一个地方——井陉，那里驻扎着一支叛军。

颜杲卿跟身边官员袁履谦和冯虔说："我们绝不能让驻扎在井陉的叛军开到前线去。那是一支在战场久混的军队，实战经验富足。我们这支军队，刚刚组成，不是他们的对手，不能硬攻，只能智取，大家看看，有什么办法？"

办法很快想出来。

第二天，五个人骑着高头大马，来到井陉，送上一份标有安禄山大名的诏令："将领李钦凑，率领所部人马到常山城，接受犒赏。"

李钦凑没有丝毫怀疑，带着大队人马立即动身，傍晚时分，赶到常山城。

颜杲卿早就准备了美酒佳肴，袁履谦、冯虔带着欢迎团队，夹道欢迎。

享受着名厨烹饪的满桌鱼肉，李钦凑和同来的叛军将领、士卒，个个喝得酩酊大醉。

等他们醉了，端酒上菜的年轻侍从，全部变成索命鬼，一个个身手敏捷，将所有人全部捆绑起来。

## 第九章 后院燃起冲天大火

当天晚上,李钦凑的头颅被人割下。第二天一大早,被五花大绑的将领们,全部被杀掉。

堡垒最容易从内部攻破,一支能征善战的叛军部队,被颜杲卿消灭在无形之中。一切工作做得悄无声息,安禄山被蒙在鼓里,对常山发生的一切毫不知晓。

不久颜杲卿得到消息:"高邈一行人正从幽州往回赶。"

颜杲卿向袁履谦说:"一计二用。我们设下酒席大宴,热情'接待'高邈。"

袁履谦、冯虔赶到藁城,租下高档酒楼,摆下丰盛酒宴。接下来就是走程序,高邈进到颜杲卿布下的口袋中,还一无所知。高邈率领的一行人马,一个也没有逃掉。

五天后,颜杲卿又得到一个消息:"何千年从东京(洛阳)出发,带着安禄山指令,去范阳征集粮饷、马匹和士卒。一行人马正进入常山境内。"

"来得早不如来得巧,正想抓个舌头,了解安禄山那边情形。"颜杲卿向将领崔安石说,"你带上人手,赶到醴泉驿站,热情'迎接'何千年。一定要抓活人,捕获之后,即刻押解常山。"

醴泉驿站,崔安石提前准备了好酒好肉,热情宴请东京来的高官。一行人喝得烂醉如泥,崔安石轻松得手,将他们全部"打包",带到常山。

何千年酒醒时,才发现眼前站着的,居然是一群刀斧手。

在这个世界上,有条命才有一切。在闪闪发亮的弯刀面前,何千年变成了明白人。

"我倒是想听听你对当下局势的高见。"颜杲卿屏退高大威猛的刀斧手，缓缓说道。

"常山郡这么点力量，凭我感觉，根本就不是安禄山桌上的菜。"何千年第一句话，就扣住了颜杲卿的内心需求。

"你能看出问题，说明你手中有解药。"颜杲卿笑笑，为何千年捧上一杯热气腾腾的香茶。

"你现在招募的这些士卒，摆到安禄山大军面前，就叫乌合之众，根本无法抵抗。"停一停，何千年继续说，"有两条路，可保常山避掉眼前大风险。"

看到颜杲卿放下手中茶杯认真在听，何千年慢慢说："一是挖深沟筑高垒。毕竟安禄山军队是骑兵，攻城战是弱项。你军队住在城墙后面，利用城墙掩护，以逸待劳打持久战。无论对方如何挑战，千万不要出城作战，否则危险万分。一定要避免与安禄山军队直接交锋。二是打配合拳，与朔方军（唐朝边防军）配合作战。即使是配合作战中，常山军仍然不能担当进攻主力，只能在暗中动作，努力割断叛军与大后方之间的联系，只有朔方军才与叛军在一个等级上，知己知彼，百战不殆。我之所以这样分析，是因为我太了解叛军了。以上两点，加在一起，相信你已经听出来，我的观点就是敌强我弱。那么，你会问，眼下常山军应该如何做呢？难道就全部变成挖护城河的工程兵、筑墙的建筑兵，难道就等着朔方军到来？眼下，其实我们还有一件大事可做，那就是虚张声势，派人手到处宣传'李光弼已率领朔方军向河北赶来'。"

喝完颜杲卿亲手递过来的一杯茶，何千年接着说："盘踞饶

## 第九章　后院燃起冲天大火

阳城的叛军将领张献诚，他那里只有一些团练兵，而且武器装备低劣，没有什么战斗力，派出一些人去他那里，宣传'张献诚抵挡不住李光弼部队'，张献诚一旦中计，就有好戏。"

"用子虚乌有的朔方军，攻击张献诚弱项。"颜杲卿望着窗户外面的蓝天，"你这个恐吓招，我们努力地试一试。"

依着何千年方案，颜杲卿立即派出一批鼓吹高手，前往饶阳城。这些人在张献诚耳边不停地吹风："张献诚这点团练军，根本就不是李光弼率领的朔方军的对手，朔方军一万人马从井陉出发，正向着饶阳开过来。"

得到这些消息，张献诚心中害怕起来。他手中这点团练军的斤两，他自己心中有数。不久，他做出决定，带领妻儿老小，偷偷逃出城池。

没有领导，团练兵跟着也就作鸟兽散了。

颜杲卿早就做好准备，发现张献诚逃走，立即派出一批军队，进驻饶阳城。

不费一兵一卒，得到一座城池，果然是用对计谋，办成大事。

"恐吓计如此给力，为何不可一计二用？"站在饶阳城楼，颜杲卿眼光扫到河北全境。

颜杲卿对崔安石说："你带一批鼓吹高手、说客团队赶到其他州郡。"

一大批消息在河北各郡满天飞扬。"朝廷大军已经攻下井陉，朔方军已从井陉出发，赶向我们这里。""唐朝大军如入无兵之境，进军速度很快，要不了多久，就会来到我们这里。""唐朝大军瞄准了安禄山后方,特别是河北各个郡县。""先期反正者个个有赏,顽固到底者全都要处决。"

得到这些消息,十七个郡纷纷宣布反正,重归朝廷。河北各地郡县反正军队,总数达二十多万。安禄山控制的只剩下六个郡(范阳、密云、渔阳等)。

## 范阳大变故

颜杲卿的眼睛盯上范阳。他找来官员马燧,颜杲卿说:"范阳是安禄山老巢。如果在那里放一把大火,一定烧得安禄山不得安生。试试你三寸巧舌,能不能撬动范阳节度留后贾循那块石头。"

马燧直奔范阳,拜见贾循。"我从来不背后说别人坏话,可是安禄山那个人,想不说都不行。他啊,忘恩负义,大逆不道。这一点,你跟我一样,心中有数。"

看到贾循没有反驳,马燧接着说:"别看他打到东都洛阳,势力一时很强,但最终能不能做大呢?能不能笑到最后呢?其实答案大家都晓得,他最终一定会被唐军灭掉。"

看着贾循认真在听,马燧喝一口茶,望望天空,随即把眼光收回来,缓缓说:"你手中,有安禄山的强大资源。你只要轻轻一动,把那些不愿归顺朝廷的将领全都杀死,让范阳在你手上回归朝廷,那时,你为大唐立下超级大功。安禄山丢掉老巢,人心涣散,朝廷的天大奖赏必定落在你身上。"

## 第九章 后院燃起冲天大火

听着马燧一席话,贾循一颗心开始动摇起来。

"马燧一双脚踏进贾循家大门。"将领向润客得到这条消息,觉得这里面大有文章。他暗中派出人手,飞速向安禄山送去报告。

得到消息,安禄山向亲信韩朝阳说:"你以最快速度赶到范阳,召见贾循,见机行事。"

韩朝阳率领队伍向范阳进发。他一路上都在想:范阳必定挤满贾循亲信,即使我成功杀死他,他那帮子人一定不会饶过我,一定跟我拼命,到那时我必定性命难保。

走到渔阳(今北京密云一带)时,他终于想出办法。

在渔阳,韩朝阳布置房间,约请贾循前来谈话,暗中埋伏武士。

贾循到了,被韩朝阳迎进屋子,两人正在说话,突然从埋伏之处跑出来几个人,捉住贾循,将他用弓弦勒死。

韩朝阳宣布:"贾循勾结唐军,灭家灭族。"看着一具具尸体,韩朝阳笑了:"斩草除根,贾氏家族将来想跟我寻仇,也没有后人。"

接到韩朝阳送来的"扑灭贾循"的报告,看到报告里"河北形势一天天恶化"这句话,安禄山心中大惊。第二天,他连着发出三条命令:"别将牛廷玠统率范阳部队,向常山进军。""史思明、李立节带领一万精锐军队,攻打博陵。""蔡希德带领一万人马,向常山发起攻击。"

颜杲卿、颜真卿在河北制造出来的一系列事件,强力地牵制住安禄山向西进军的脚步。

# 第十章　一招不慎，酿成千古恨

## 带病上战场

杀死高仙芝、封长清后，在潼关前线，必须派一员有能力的大将前去指挥，该派谁去呢？李隆基手里捏着一片桂花树叶，突然想起一个人——河西、陇右节度使哥舒翰，他几个月前从北方回京城养病，现在正住在长安。

李隆基立即找来四位胳膊粗壮的宦官："你们几位现在就过去，把哥舒翰抬到皇宫里来。"

看着哥舒翰魁梧的身材，李隆基说："你指挥过许多恶仗、狠仗，大大小小战斗几百次，是一员威震敌胆的猛将。我晋升你为天下兵马副元帅，带领八万军队，平定安禄山叛乱。"

回到家里，坐在桌边喝药，哥舒翰突然想起一件事，皇帝为什么一定要杀死潼关守将？高仙芝、封常清为什么人头落地？一定是有小人喷口水。这个人必定是皇帝身边人。想到这里，哥舒翰不由得打了一个冷战。

## 第十章 一招不慎，酿成千古恨

高仙芝、封常清，忠于朝廷，指挥作战能力高强，这样两位大将都丢掉性命，难道我和他们有什么不同吗？哥舒翰立即提起笔，给皇帝写奏章。

"重病在身，天下兵马副元帅责任重大，坚决请辞，我身体病得实在太严重，马背都爬不上去，没法在前线战场指挥杀敌。"

他连着向皇帝送去两封奏章。皇帝派太监送来两句话："骑不上马，就不用骑马。我已派人为你定制一张特大号的床，我这就派宦官，抬着这张床，一起上战场。"

过两天，皇帝真派宦官送来一张可以抬着走的床。

"三天时间过去，哥舒翰还没有出发？"李隆基突然想到，必定是他有什么担心的地方。

想到这里，李隆基连发指令："田良丘升任御史中丞，到哥舒翰军中，任行军司马。"副手我都给配备了，赶紧动身吧。"火拔归仁等将领及其部队调到哥舒翰部队，归哥舒翰指挥。高仙芝、封常清原有部队，全都归哥舒翰指挥。"人员火力都配齐了，没有不动身的理由吧。

看着太监送来的一道接一道圣旨，哥舒翰突然发现，如果监军边令诚找自己麻烦，那么，那个可以为自己背黑锅的人——田良丘，皇帝已经亲手给他送过来了。想到这里，哥舒翰对身边人说："睡在皇帝送来的移动床上，即日起程。部队驻扎潼关，对外号称二十万，既依靠天险，又吓唬安禄山。"

来到潼关，站在关口，哥舒翰发出命令："我重病缠身，不能亲自处理军务,所有军务全部由行军司马田良丘代我处理。"

田良丘接到命令,心中想:高仙芝、封常清在潼关成功阻断敌军,得不到奖赏,反而命丧潼关,这里风险要多大有多大。连哥舒翰都害怕担此重责,自己这点斤两如何能扛得住?哥舒翰找自己垫背,难道自己就不能找更多人来背锅?

想到这里,田良丘发出命令:"任命王思礼统领骑兵,任命李承光统领步兵。"天大的黑锅,就请你们两人背吧。

## 后院大战

朔方节度使郭子仪率领朔方军向叛军靠近。他一边行军一边想安禄山破绽在哪里,从哪里切入才能有力地遏制叛军向都城长安进攻的势头。

快接近叛军时,郭子仪想出办法来:避开敌军前锋,从安禄山背部下刀子。

郭子仪指挥朔方军进入河北地面,向叛军高秀岩部出击。

朔方军一举击败高秀岩部叛军,乘胜追击,成功收复部分地区。

叛将大同兵马使薛忠义盯着眼前局势,发现高秀岩部力不能支,随即率领军队出击,进攻朔方军。发出命令:"一定要将朔方军挡在河北外围。"

郭子仪得到消息:"叛军将领薛忠义,率领大军向朔方军驻地游动过来。"郭子仪派出猛将李光弼、仆固怀恩:"你们俩率领部分队伍，向着薛忠义叛军反扑过去。"

大战随即拉开。朔方军将叛军打得大败，斩杀叛军将领周万顷，将七千名叛军俘虏全部活埋。

唐军士气大振，叛军心理遭受严重打击。

郭子仪发出进军令："得胜之军向马邑（今山西朔州）开进。"朔方军成功打通东陉关（今山西代县峪口村）要道。

得到朔方军胜利的消息，李隆基非常高兴，加封郭子仪为御史大夫。

此时，安禄山在东京称帝，国号大燕。任命张通儒为中书令。高尚、严庄晋升为中书侍郎。

## 长安送表书，中途出变故

该如何处置何千年呢？颜杲卿想来想去，觉得派儿子颜泉明跑一趟长安，向皇上奏请比较合适，同时，他在奏折上向皇帝汇报了河北抗击叛军的形势。

自从得到哥哥张通儒在安禄山新建的大燕朝晋升为中书令的消息后，弟弟张通幽心中十分担心。哥哥是叛军中重要人物，大唐皇帝能放过我家吗？得到颜泉明即将前往长安向皇帝递送奏折的消息后，张通幽立即跑来找颜杲卿。

张通幽跪在地上，一边哭一边说："哥哥张通儒误入叛军。我对皇上是一片忠心。请让我与颜泉明一起入京吧，我要亲口向圣上奏明我的忠心，我们全家等候皇上发落。"

"好吧，你跟泉明一起去京城吧，正好路上有个伴，能互相照应。"颜杲卿没有想到，这个决定，居然断送了自己宝贵无比的性命。

颜泉明、张通幽随即上路，两人不久到达太原城。

站在太原城大街上，张通幽突然有一个想法。相对于颜杲卿而言，太原尹王承业职务更高，权力更大，势力更强。如果自己能依附于太原尹王承业，得到这把超级保护伞，在这里就能保住性命甚至升官发财，何必去遥远的长安向皇帝老头求什么情，表什么忠心？

经过打听，张通幽得到一条消息，太原尹王承业正在想着把河北反正这个超级大功劳据为己有。张通幽立即有了主意。

趁着夜色，张通幽悄悄来到太原尹府上，拜见王承业。

听完张通幽一番话，王承业说："你的方案非常有价值。我这里找个借口扣留颜泉明，另作表书，贬低、诋毁颜杲卿，派使者将替换的表书献给朝廷。"

颜杲卿完全被蒙在鼓里，以为儿子在前往长安的路上，对途中发生的变故一无所知。

## 孤城难守

就在这个时间点上，史思明率领叛军，一批接一批涌到常山城下。

站在城墙上,望着里三层外三层的围城叛军,颜杲卿心中十分着急。凭城里这点军队,根本就不是叛军对手。他早已派出人手,向王承业求援。只要太原援军过来,常山城守军冲出去,里应外合,就能打退围城叛军。孤军守城本就非常危险,可这么长时间过去,为什么望不到援军旗帜?

自从换掉颜杲卿奏表,扣押颜杲卿儿子,王承业就没有睡一个好觉。做贼心虚,这样的日子真不好受。如果被颜杲卿发现,日后向皇帝揭发,后果不堪设想。

他突然接到了颜杲卿派人送来的求援信:"叛军围攻常山城,请发大军救援。内外夹击,打退叛军。"

真是想什么来什么,王承业大喜。他想:借叛军之手,把颜杲卿全家灭掉,将来即使有人跳出来在皇帝那里搬弄是非,到时必定死无对证。

这觉睡得真是想不香都不行。王承业坐在太原城,笑看常山郡杀得血肉横飞,就是拥兵不动。

没有望到援军影子,面对敌军发起的一波接一波攻城战,颜杲卿率领士兵仍在战斗,努力坚持。

战斗到第29天,城门被攻破。叛军一涌而入,大批士卒被俘虏,颜杲卿被抓获。

薛忠义七千士卒,被郭子仪全部活埋。现在到自己报仇雪恨的时候了。史思明发令:"将捕获的一万多降卒,再加上城里那些有战斗力的男性百姓,全部杀死,一个不留。颜杲卿全家押送到洛阳。"

## 巨星陨落

颜杲卿在常山苦战时，王承业的使者到达长安城，见到了皇上。

看完奏表，李隆基非常高兴，随即发布诏令，晋升王承业为羽林大将军。王承业部下中，有一百多人一同加官晋爵。颜杲卿也得到升级，不过只是被封为卫尉卿。

颜杲卿被押到安禄山面前。

看着颜杲卿，安禄山勃然大怒，放声大骂："你颜杲卿，当初只是一个小小户曹，我把你当个人才，提拔你为判官。你心中清楚吧，你并没有做什么太大贡献，又是我再一次提拔你为太守，而且是越级提拔。"停一停，他又说："我有什么地方对不起你吗？恩将仇报，竟然起兵来反对我，而且在我背后下刀子。如果不是你拖住我后腿，怕是长安也已经踩在我脚下了。"

颜杲卿站在那儿，望着天空，高声骂道："你跟我说说，当初，你只是营州放羊的羊倌，而圣上对你一再提拔，提拔你为三道节度使。这在我大唐也是绝无仅有。你位极人臣，圣上对你恩宠有加，而你呢，你为什么还要造反？"

"都是宰相杨国忠，反复地找我麻烦，不停地要杀死我，我不反，在这个世界上，我还能活下去吗？"安禄山回道。

"你这只是造反的借口。"停了一下，颜杲卿说，"我家世

## 第十章 一招不慎，酿成千古恨

世代代，都是大唐臣子，我的官禄都是大唐朝廷赐给的，当然，是你上奏给我升的官。"颜杲卿提高音量，大声骂道："你以为这样我就会跟着你造反？你以为我会跟着你做不忠不孝之人，世世代代背负忘恩负义的骂名？我起兵反你，做的是为国讨贼的大事。我所遗憾的，是不能亲手杀你，赶快杀死我吧，成就我一世英名。"

安禄山吼叫着发出命令："你不是要忠于你的大唐吗？好吧，把你绑在大桥中间的那根柱子上，肢解。"

刽子手明晃晃的大刀落到颜杲卿身上，一股鲜血喷出来，颜杲卿高声惨叫，接着是怒骂的声音。

安禄山搬一把椅子坐在颜杲卿边上，每听到一声惨叫，肥胖的身体就笑得发颤。每听到一阵骂声，就向刽子手吼叫着："给我用力。"

颜杲卿眼睁睁看着自己的手、脚一块接一块被剁下来，看着自己的血流淌一地。颜杲卿力量越来越小，骂声也越来越小。最后，他发不出一丝声音，但双眼还在怒睁着。操刀刽子手吓得心里发悚。

"将颜杲卿全家三十多人全部押来，统统凌迟。"当着颜杲卿面，在他还没有断气时，安禄山大声发出这道残忍无比的命令。

看着被颜家几十口人的鲜血染红的大桥，安禄山放声大笑："看看河北郡县，还有哪位官员，有胆量来反对我？"

接到安禄山命令，带着得胜之军，史思明向其他郡县横扫过去。原来归附唐朝的许多郡县，又纷纷转过身来，投向安禄山。

河北大部分郡县纷纷归服安禄山旗下，只有饶阳城还在坚守。

# 第十一章　常山城强手交锋

## 取常山

"唐军开进马邑，打通东陉关通道。"得到消息，李隆基采纳郭子仪建议，发出诏令，任命李光弼为河东节度使，率领军队，沿东陉关南下，收复河北。

从朔方军中，郭子仪分出一万人马，交到李光弼手上。"能送给你的，就这么多人手，你努力收复河北吧。主力大军，我要带着前去进攻洛阳，以图收复东都。"

站在河北地面上，李光弼想到一个地方——常山城。

带着一万朔方军，带上从太原城征调过来的三千弓箭手，李光弼向常山城发起进攻。

常山城内，除叛军外，还驻扎着三千团练兵。

望着城外黑压压的唐军，威武整齐，气势强大，城内团练兵立即发动起义。

"城墙内，团练兵与叛军正在展开激战。"得到消息，李光弼当即指挥部队发起强攻。

团练兵成功打开其中一个城门，朔方军从城门涌入。

常山城以超乎想象的速度被攻破。李光弼正在高兴，突然看到一群团练兵推着一个被五花大绑的人走过来。

扫过一眼，李光弼突然冒出一个想法。他厉声说："你所犯罪行，按照大唐律，你知道有多大吧。你这犯下的，是斩首大罪。"

安思义低着头，一句话没有说。

李光弼注意到，安思义脸上挂着一丝恐惧。

李光弼缓和口气说："你也是长年在战场上出生入死的人，很有作战经验。用你的眼光看看，我这部队能不能打败史思明？"

看到安思义低头不语，似乎在想什么，李光弼接着说："你来给我出个主意，我要如何做，才有可能打败史思明？"

安思义抬头望望天。李光弼用严肃语调说："你的主意，如果有可取之处，我就不会杀死你。"

安思义从天空收回眼光，看看四周，缓缓说："将军远道而来，士卒疲惫。如果不是团练兵相助，常山城都不一定能攻下，何况是史思明。只能说将军运气好，捡到天上掉下来的馅饼。要是与史思明那样的强敌作战，将军恐怕难以取胜。将军绝不可因为攻下常山城就变得轻敌冒进。"

"我看将军把大部队驻扎在城外，就非常危险。"看到李光弼竖着耳朵在听，安思义继续说，"将军现在就应该将部队驻扎进城内，利用城墙，与史思明大军周旋。切不可丢掉城墙保护，

## 第十一章　常山城强手交锋

在城外与强敌硬搏死拼。史思明部队全部是骑兵，骑兵擅长速决战，奋勇善战，然而也有弱项，不能打持久战，不会打攻城战，利用城墙，把史思明骑军拖入持久战的泥潭，骑兵不能速胜，士气就会变化，变得低落下来，到那时，将军就可以出城作战。"

看到李光弼还没有下令松绑，安思义接着说："史思明大军正在进攻饶阳。那里离这里有二百里路程。昨天，我的紧急求援信已经送出。我估计，明天清早，他的先头部队就会到达这里。主力大军也会随即而至，将军应多加防范。"

李光弼让手下人给安思义松绑，随即发出命令："部队进入常山城驻扎，全城动员，布置防御。"

视线转向饶阳城，时间略往前移。

史思明正在指挥军队向饶阳城发动猛烈进攻。

攻城战已经整整进行了二十七天，城墙还屹立在那里，城里守军还在城墙顶上坚守。"这点城市守军，根本就不是我强大的野战军的对手，为什么这么长时间攻不下来呢？"望着城墙四周沿着云梯努力往上爬的士卒，史思明细细寻思着破城方案。

突然，几匹快马飞奔而来："常山城受到上万朔方军围攻，情况紧急，请求救援。"

## 弓箭手与长枪阵

看到"朔方军"三个字,史思明大为震惊,当即一个方案蹦进脑子里:"朔方军已攻入河北?眼下敌军人数不多,我们里应外合,打他们一个措手不及。"他随即发出命令:"停止进攻饶阳城,大军向常山城连夜进发。"

连续奔跑一整夜,第二天天亮时分,骑兵先头部队跑到常山城下。天已大亮,骑兵大部分相继赶到。大家这才发现,朔方军已经攻下常山城,占据城池。"朔方军攻城战真正是厉害啊,速度真快啊。虽然我们跑得飞快,连夜狂奔,还是落后一步。"

史思明指挥两万骑兵,将常山城铁桶一般包围起来。

站在城楼上,望着城外叛军。不远地方,一条大河蜿蜒着伸向远方。如何破解敌军围城呢?李光弼细想着,发出一道命令,"五千名步兵,冲出东城门,与眼前还不多的叛军展开战斗,打开通向河岸的通道"。

东边城门打开了。

史思明得到这道消息,十分奇怪:"我这里正准备爬墙攻城,只是攻城云梯还没有运到,他们倒是打开城门,莫非欢迎我们入城?"看着身边将领,史思明十分不解,急急问道。

## 第十一章　常山城强手交锋

发现城门突然打开,叛军立即向城门口涌过去。排成几个方阵后,叛军中没有一个人敢往城门里面冲。

"城门里面必定设下埋伏。"大家正在这么想着,突然之间,城里唐军从城门里面向外冲出来。

看到唐军冲出城门,叛军随即反冲过去。在城门口,双方展开厮杀。

官军们冲不开敌阵,打不开冲向城外的道路。叛军摆着阵势,坚定地守在城门口,绝不后退半步。

双方就这样互不让步,相互对上。

"组织五百名特等弓弩手,在城墙上放箭。"李光弼发出命令。

突然间,城墙上箭如雨下。叛军抵抗不住,只得向后退去。

机会到来,李光弼向一千名准备好的弓箭手发出命令:"分成四个纵队,趁着敌军混乱,连番向溃退中的敌军放箭。"

叛军退到道路北边。

向着溃退中的敌军,五千名官兵从后面追上去,一直追到城外道路南边。

官兵背靠大河,在河岸与道路以南地带,摆成长枪阵。

发现官兵没有继续追赶,叛军立即停下来。史思明百思不得其解:李光弼是不是脑子进水了?丢掉城墙不用,跑到城外来挨打?没有怎么细想,他当即指挥骑兵向官军发动冲锋。

看着敌军骑兵往前冲,官兵做好了战斗准备。弓箭手分成四个队列,连续射箭,轮番射箭。

敌军中许多战马中箭,骑兵被摔到地上。有幸躲过箭矢的叛军骑兵，冲到唐军阵前，而唐军长枪手早已排成队列，朝着冲过来的骑兵，远远地投出手中的长枪。许多重甲骑兵被重重的标枪刺中，栽倒马下。

叛军连续发起冲锋，每次结果都一样。

"今天真是奇怪。"望着唐军长枪阵，史思明反复想着：朔方军摆出的两重防御阵，经过反复地训练，经过长期实战运用，犹如铜墙铁壁。而我们的战马没有护甲保护，一旦被射中，战马乱蹦乱跳，骑兵被摔落马背，就成为朔方军弓箭手射箭的活动靶。那我就等一等，等着步兵中的弓箭手到来。到时，我方箭阵压住唐军，骑兵的作用就能得到有效发挥。

史思明发出命令，停止攻击。叛军向后撤退，等待正在路上全速前进的步兵。

"叛军停止进攻。"得到消息，李光弼向身边将领说："史思明一定是在等待步军到来。"他当即发出命令："趁着天黑，派出骑兵侦探小分队，想法子偷偷从敌军包围圈跑出去，搜寻叛军步兵。"

命令刚刚发出，侦察小分队正在做出发前准备，突然有五位村民跑来报告："叛军步兵五千多人正向着南逢壁方向赶过来，估计会在那里休息。南逢壁在九门县附近，离常山已经没有多少路程。"

得到消息，李光弼说："敌军步兵两条腿，一天一夜跑一百七十多里路，估计已经累得东倒西歪。那就打他们的疲惫不堪。我军两千步兵、两千骑兵悄悄出城，用偷袭的方式，突

## 第十一章 常山城强手交锋

然袭击那里正在休息的叛军。"

四千人马偃旗息鼓,沿着河岸树林,悄悄前进,神不知鬼不觉赶到南逢壁。

得到指示,官兵立即行动,步兵分成四队,从四个方向实施包围,防止漏网之鱼。骑兵纵马冲入正在用餐的叛军之中。

官兵骑兵挥舞大刀,往叛军阵里冲,端着饭碗正在吃饭的叛军步兵赶紧扔掉筷子,四下里寻找刀枪,仓促组织起来抵抗。

步兵对付骑兵,需要排成阵列,手握盾牌,向对方放箭。叛军步兵来不及排列成阵,唐军骑兵就已经快速冲到阵前。

抓住机会就是成功。唐军骑兵抓住突袭得来的机会,往叛军阵营猛冲,一边冲锋,一边骑在马背上射箭。

叛军中很多人来不及拿起盾牌,身体已经中箭,倒在地上,哇哇乱叫。

一些人见势不妙,慌忙夺路而逃。叛军阵形混乱,唐军骑兵纵兵冲入叛军军阵。

接下来的场面比较血腥。步兵阵地一旦被骑兵突破,没有骑兵保护的旷野里的步兵,差不多成为一群被对方骑兵随意宰杀的羔羊。

血流满地,尸横遍野。南逢壁成为唐军的屠宰场,成为叛军步兵的坟地。

"步兵五千多人被官军杀得一个不留。"听到消息,史思明坐在马背上几乎要栽下来,他当即发出命令:"全军后撤,退入九门城内。"

此时，常山郡九个县中，叛军只控制着九门、藁城两个县，石邑等六个县城都在唐军控制之下。

## 为粮草而战

李光弼站在城墙上，望着城外的叛军缓缓退去，不久得到消息："叛军退入九门城。"

看着这条消息，李光弼对身边的将领说："我军人数少，就在史思明后面拖着。叛军出兵去打哪个城池，我们就在叛军后背开打。打不死他们，也要拖死他们。拖住叛军，就能给我军保卫长安，拖出宝贵时间。"

四十天时间过去，双方就这样待在各自城池里，面对面地相持着。你打不败我，我也一时赢不了你。

"朔方军才一万多人，必须打败他们，绝不可久拖不决。"一天上午，史思明向身边将领说，"李光弼缩在城里不出来，目的就是拖时间。我们断绝常山城粮道，看他们还能缩在城里守多久。现在，我们立即派出军队，在常山城四周活动。我们的目标是一粒粮食、一束草料，都让唐军运不进城。人没有粮食，马没有草料，我看他们能躲到什么时候。"

"常山城以前储备了足够的粮食，人吃饭没有问题。一时之间，挤进万匹军马，马的草料以前没有储备，现在成为大问题。"看着桌面摆着的军情报告，李光弼心中着急起来。两天后，侦察部队送来一份消息，"石邑县城储备了足够的马料。"

## 第十一章　常山城强手交锋

李光弼发出命令："派五百辆马车，组成车队，前往石邑运取草料，由一千名弓箭手组成护卫队。所有马夫，全都穿上结实铠甲，夜晚出行，避开敌军眼线。"

运草大军悄无声息开进石邑县城。返回路途，运草大军遭遇叛军埋伏。成群叛军骑兵高举火把，向运草车队发起冲锋。

唐军护卫队用密集箭矢挡住叛军骑兵冲锋。叛军骑兵没能突破唐军弓箭兵织成的箭幕矢林。五百车粮草，完好无缺运进常山城。

## 赶紧逃命

看着运草大队运回粮草，站在城楼上，李光弼陷入沉思。拖字诀只能缠住对方一条"大龙"，而不能最终取胜。既然已经缠住对手，那就抓住时机，给它致命一击。

李光弼派人向郭子仪送去一封密信："我已缠住敌军，请速派大军，共商大计。"

叛军不就两万人马吗？那我再派十万大军，这仗想不胜都不行。郭子仪看过密信 当即决定："十万大军，从井陉出发，向常山方向前进。"

两支朔方军汇合，随即包围九门县城。

"朔方军开来十万人马？"站在城楼上，望着城外黑压压的唐军，听到这个消息，史思明心中大惊。县城里储备的粮食快用光了，城墙又薄又矮，一定不是十万朔方军的对手。唐军士气高昂，且人多势众。情急之中，史思明想出一道方案。

史思明立即派人向郭子仪、李光弼送去战书："我们在九门城城南旷野里开战。"

史思明带领所有人马，开出九门县城，向约战地点进发。大军开到城南，摆出一副决战架势。

唐军十万人马摆开阵势需要一定时间。算定这一点，就在唐军摆阵时，史思明率领大军立即逃跑。还在城里时，他已经提前做出详细安排，让一部分军队殿后掩护。

"还真念动遛字诀啊。"郭子仪、李光弼指挥唐军追上去。

史思明早就做好逃跑预案、人手安排。叛军主力军队撤退，垫后军队拼死掩护，大军向赵郡（今河北邯郸）逃去。

丢下一小部分尸体后，叛军主力成功逃到赵郡。

刚到赵郡，史思明得到消息，"博陵城墙又高又厚，有足够粮草"，他立即率领兵马向博陵出发。

博陵已经归附唐朝，驻军不多。史思明指挥叛军发起强攻，不久，他攻下博陵城，叛军住进城去。

"史思明带领叛军缩在博陵城里，再也不敢抛头露面。"消息在河北各地传开。

各地民众乘机集结，少者数千，多者数万，配合郭子仪、李光弼部队，与当地叛军驻军展开战斗。

视线赶紧移向河南，那里早已硝烟四起，炮火连天。

# 第十二章 雍丘龙虎大缠斗

## 抢占战略要地

至德元载（756）二月，李隆基任命李祗为河南（黄河以南）都知兵马使，拉开河南抗击叛军序幕。

皇帝给自己一张金光闪耀的任命状，却没有给自己多少能打大仗、打恶仗的兵马，李祗心中想着，赶紧动身，往河南赶去。

来到河南，李祗随即有一个发现：雍丘是阻止叛军进入河南的军事屏障，我得赶紧派人手去抢占，绝不能让它落入叛军手中。

李祗随即向单父（今山东单县）县尉贾贲发出命令："率领你手中两千人马，赶往河南要地雍丘。"

贾贲得令，立即率领两千人马向雍丘进发。

就在这时，在另一地方，另一个人带着一批人，心急火燎往雍丘赶。

叛军一来，谯郡（今安徽亳州）太守杨万石迅速投降，将全郡和盘献出。

杨万石随即发布新的人事任命，命真源县（今河南鹿邑）县令张巡为长史，带领手下士卒，向西行进，前去迎接叛军。

接到命令，张巡带领手下，走出衙门。

在城中走着走着，张巡遇到了从西边跑过来的一拨又一拨战争难民。

逃难人群里，有人认出张巡："他就是我们真源县县令，是我们父母官。"这些人立即跑过去，拜见父母官，"叛军太可怕了，非常凶残，见到财物就抢，稍有不如意，举刀就杀。连老人都不放过"。

看着担架上抬着受伤的百姓，看着被抢得一文不剩的逃难人群，张巡陷入了沉思。

"有县令在此，有军队在此，我们还怕什么？"这些逃难人哪儿也不去，坚定地跟着张巡，"县令去到哪儿，我们就跟到哪儿。我们无论逃到哪儿，都没有跟在县令身边安全。"

看着这些破衣烂衫的人，看着这些愁苦憔悴的面容，看着这些惊弓之鸟一般的难民，张巡再也控制不住心中怒火：这样的叛军，我去迎接他们做什么？我要带领这些逃难人，与他们一起与叛军战斗。我或许不能拯救这些难民，但是与我一起并肩战斗的也绝不只是这些难民，大唐军队不正在前线与叛军拼得血肉横飞吗？那我就从背后给叛军狠狠地刺上一刀，刺不死他们，也必定让他们深深地受伤。

下定决心，张巡带着手下官员，率领着难民，来到真源县玄元皇帝庙前。

向着庙中老子塑像，张巡跪拜在地，大声痛哭。哭过之后，他站在台阶上，向着身后众人，历数安禄山种种罪行："人人献力，我们组织起军队，配合正在前方浴血奋战的大军，共同讨伐叛军。"

难民群情激愤，人人痛骂叛军犯下的种种罪行。

"把安禄山这只疯狗赶出河南！"一些人带头高声呐喊。

从在场官员、难民中，张巡挑选出一千名身健力壮的青年，现场组建部队。

"我已得到消息，吴王李祗派贾贲带领唐军正在前往雍丘的路上，现在我们就向雍丘进发，与大军汇合。"

## 卖个高价

走在旷野里，张巡时常看见田埂上、山道旁，慌慌张张走着逃难的百姓。有时，他看到难民后面追着一群持刀拿枪的叛军士卒。难民们没命地奔跑，仓皇地逃窜。追兵跑过之后，树林里传来呼儿唤女的哀叫声，田沟地坝下、坟圹里，传来凄惨的哭泣声。

张巡一路走来，一路察看，许多村庄人去屋空，那些空寂的房屋里，大门敞开，早已被叛军士卒翻得遍地狼藉。

走着走着，有时突然出现几具布满刀伤的尸体，大多是被踩躏过的妇女，也有老人和小孩。

张巡心情越走越沉重。没有豪言壮语，大家默默地前行，所有人不由得加快脚步。

有时，遇到小股叛军，正在抢劫、追赶、鞭打哀鸣痛哭的百姓，张巡就指挥士卒们冲过去，与叛军搏杀，从叛军刀枪下抢救出这些悲伤的苦命人。

遇到这样的救命恩人，这些逃难百姓再也不愿离去，一定要跟着张巡的队伍。一路走来，张巡身后队伍像吹气球一样，变得越来越大。几千人就这样跟着，大家一起向雍丘进发。

贾贲率领唐军、张巡率领刚刚组建的民军，都在奔向雍丘的路上，而此时，雍丘城里，正在发生一场大变故。

坐在雍丘县县衙大堂椅子上，县令令狐潮突然得到一个消息："安禄山起兵，大军正向长安方向推进。"

看着这个消息，摸着红漆桌面，令狐潮想：别看我这小小雍丘，和平时期，这是穷山恶水出刁民的地方，到战争年头，那就是重要的战略资源，是控制河南之锁钥。一手捧着香茶，令狐潮缓缓踱出大堂，一股美好的感觉在心头荡漾。

望着蓝蓝天空，令狐潮感觉手中这杯茶今天特别香。这个时节，他手中这个重要无比的战略资源，一定能卖个超高的价格。

令狐潮想：在李隆基眼里，我的身价，也就值个县令。如果我把这个小小县城卖给安禄山，在这样节骨眼上，安禄山想不出高价都不行，哈哈，或许十个县令都不止。过这个村，就没这家店。安禄山一定是个明眼人，在这战争时期，我们这些个山脊梁、河沟沟就是金坨坨。等到和平年头，我这山城小县，就是最不值钱的。凡事要抢早，我这就派人跟安禄山联络，看看对方愿意出多高的价码。

接待令狐潮派来的使者后，安禄山立即有了非常好的感觉。雍丘是一个军事重镇。拿下这个关键性的战略要地，河南不费吹灰之力就能到手，何不出个高价立即把它买下呢？

安禄山十分高兴，当场做出决定，任命令狐潮为将军，带领军队，向东推进，攻击淮阳。

捧着任命状，令狐潮笑出声来。他只是想卖个高价，没有想到安禄山如此大方，给出如此之高价。

令狐潮当即发出命令："全城守军集结，向淮阳城秘密进发。"

## 来得早不如来得巧

淮阳城守军已经得到"安禄山叛乱""叛军向东推进"的消息，却没有想到，叛军会在这么短时间内突然出现在淮阳城四周。

一方精心准备，一方措手不及。令狐潮派一部分人提前混进城中，突然发动袭击，控制城门。淮阳城一天之内就被攻下，一百多名淮阳士卒被俘虏。

"将这些俘虏押回雍丘，关进大牢。"令狐潮率领军队，胜利班师回城。

回到雍丘，令狐潮组建了一支攻心队。

令狐潮告诉他们："对这些俘虏，要反复做情感攻势。"

十天后，攻心队向令狐潮回报工作进展。"我们嘴皮都磨破了，好话说了一箩筐，这些淮阳士卒，就是油盐不进，不肯投降。"

"给肉不吃，要吃板刀。对这样的人，还能有什么办法？那就全部杀死他们，一个不留。留一个都是祸根。"

刚刚做出决定，杀俘虏的命令还没有发出，令狐潮突然接到一份公函，说节度使召见他。令狐潮暂时放下屠刀，前去拜见节度使。

淮阳城保卫战中，兵卒雷万春的脖子被乱箭箭头擦破皮，流血过多，当场就昏迷过去。醒来时，他发现自己躺在雍丘大牢里。

几天过去，雷万春伤口渐渐愈合，精神恢复过来，听着同伴们议论纷纷，"我们现在不投降的话，都要被处死，无一例外"，他心中突然想出一个办法。

与同伴们反复商量后，方案成熟起来。

趁着放风时机，几个人缓缓走到看守士卒身边。几位看守还没有反应过来，就被身强力壮的淮阳兵扑倒在地。

杀死看守，放出所有被关押的淮阳兵后，大家冲出大牢。

淮阳兵没有一哄而散，而是直奔铁匠铺。大刀、钉耙、锄头，每个人手中，都握着一把可以用来作战的铁器家伙。

县城守军刚刚得到消息，来不及组织，淮阳兵已经冲进来。双方立即展开激战。

历史上有些时候真有巧合。贾贲率领两千唐军人马刚走到雍丘县城，正好得到消息："淮阳兵正与叛军在城内激战。"

"来得早不如来得巧。"贾贲指挥人马全速冲进去。

几百名叛军眼看着自己正在得势，突然发现天上掉下来两千名唐军，顿时失去斗志，四散逃亡。

张巡带领组建不久的民团，也正在接近雍丘，猛然得到"唐军正在县城与叛军战斗"的消息，他立即加快脚步。赶到县城时，他发现这里战斗已经结束。

"如此重要的战略要地，叛军绝不会轻易放弃，一定还会返回攻打。"贾贲、张巡两人得出相同结论，立即指挥军队，进入守备状态，"全城防守，防止叛军偷袭。"

## 攻守结合

令狐潮收集逃出来的兵卒，带领叛军中一支精锐部队（一万人马），向雍丘城扑过来。自己的老巢，如此重要的地方，岂能给唐军占领？唐军不就三千来人吗？自己这里是万人精锐大军，不把他们包饺子才怪。

令狐潮信心满满，指挥人马把县城四个城门团团围住。

张巡、贾贲站在城墙上，望着城墙外面黑压压的敌军，贾贲说："我们不能死守孤城，要冲出城去，跟叛军作战，消灭对方有生力量。"看着张巡在点头，贾贲接着说："我带领一支部队，打开城门，冲出城去，与叛军在城外交战；你带领一部分士卒，守定城池。"

两人商定了一个有攻有守、攻守结合的战略部署方案。

站在城墙上，张巡向弓箭手发出命令："瞄准那些拥堵在城门的敌军，狠狠地发射利箭。"发现敌军后退，城门守卫立即打开城门，贾贲率领一队人马从城门冲出，向正在后退的敌军冲过去。

受不住这种地面与天上的双重进攻，叛军向后溃退。唐军得势，高声呐喊着向叛军冲杀，墙头战鼓擂响，气势大增。叛军前阵变后阵，后阵变前阵，转身逃跑。

令狐潮没有阻止叛军溃退，也没有带头逃跑。在一块隆起的土堆上，他指挥着十位神射手："大家认准唐军中首领，不要心急，不要发慌，我在这里陪着大家，所有人稳稳地放箭，就万事大吉。"

神射手中，立即有人认出了骑着高头大马、一直冲在前边的贾贲。

一箭射过去，他们远远望到贾贲应声落马。

最高将领再也没有爬起身，贾贲当场被利箭射死。看着眼前这一幕，唐军所有人惊呆了，没有人再敢往前冲，后面人开始掉头往回跑。

站在城墙上，张巡眼盯着城前战场上发生的每一个变化。发现贾贲倒地，他立即跑下城墙，飞一般跳上马背，带着一批士卒，随即冲出城门。

此刻，唐军阵势已经大乱，全军都在向后溃退。叛军得势，跟着就在后面追上来。

张巡大声呼喊着，阻止那些后退士兵。他一边高声呐喊，一边挥舞着大刀，向着敌军阵地冲过去。

张巡身边士卒，也一边大喊大叫，一边不要命一般伴在张巡两边，向着敌军阵前冲锋。

叛军是在战场上混大的，然而从来没有看到过如此大胆之人，在溃势中居然还敢发起反冲锋。这样的人是"不要命"的。战场上最怕的，不是武力高强的高手，而是这种不要命的人。

叛军猝不及防，追击势头一下子迟缓下来。

看到新将领发起反冲锋，发现叛军追击势头变缓，唐军立即涨起精神，呐喊着又反冲回去。

唐军得势，叛军抵挡不住，开始后撤。

张巡冲到接近贾贲倒下去的地方，不再往前冲。这里距离敌军高级射手只有一箭之地，再往前一步，必定风险万分。张巡就地指挥作战。

令狐潮没有找到下手机会，只好率领叛军退出战场。

"我一定还会回来。"叛军队伍缓缓退走，令狐潮向着城池天空高声大叫着。

## 出其不意，攻其不备

雍丘暂时安全了。张巡做出决定，接管贾贲这支部队，随即宣布："城内淮阳兵、唐军，以及我带来的民军，进行合编，便于统一指挥。"对外，张巡高调宣称："我是吴王派来的先锋官，统领战场指挥权。"

如何夺回雍丘？令狐潮反复寻思。三月份的时候，他终于想出了办法。

那个叫张巡之人，手中不就三千兵马吗？那我带四万人去，不就可以叫张巡哭着回家吗？

令狐潮指挥四万兵马，将雍丘城里三层、外三层围起来。他想：现在是十个人打一个人，我都不用打，吓也要吓死你。我也不用搞什么攻城战，就在城外这么摆着，让你城里水泄不通、鸟飞不进，看你还能撑到什么时候。我就让城池里运不进一粒粮食，饿也要饿死你。到时乖乖出来投降吧。

站在城墙上，望着城外密密麻麻的四万叛军，官兵们一下子失去了信心。敌众我寡，力量悬殊，双方不在一个级别上，这仗还如何打？

"令狐潮耍流氓手法，太无赖。这是要饿死我们。"有士兵站在城墙上大骂。

战场就是战场，骂娘也没有用。

"城池很难守住，我们必须考虑放弃城池，杀出一条血道，撤离这块是非之地。"将官们议论纷纷。

站在城墙上，望着城外叛军，听着身边将官们的议论，看着墙壁上三月天里越变越暖和的阳光，张巡陷入沉思。

召来所有将官，大家一一坐定之后，张巡说："大家都看到了，城外叛军兵强马壮，人数众多。"扫过大家一眼，他又说："他们也有弱点，不知大家看到没有？"张巡发现，有人抬起头来，仔细地听。

## 第十二章　雍丘龙虎大缠斗

"他们人多势众，一定不把我们放在眼里。他们骄横自大，必定十分轻视我们。"张巡看到，有人在点头，几位喝茶的将领，放下茶具，竖起耳朵听起来。"兵法上讲，骄兵必败，他们必定麻痹大意，在作战上，在战斗之前，不会认真做准备。我们就在敌军松散无备这点上做文章，用出其不意的方法，对他们发动突然袭击，敌军就会惊慌失措。叛军一旦溃退，我军必定胜利，我们不求大胜，只求小胜。不贪战，不恋战，每次用胜利来挫伤敌军锐气。打仗，打的就是信心。眼前，敌军信心满满。我们用一次次胜利来一点点削掉他们的信心，当他们知道啃不动我们这座城池时，必定撤退。"

看到更多将官在点头，张巡说："一千人作为守军，坚守在叛军可能进攻的几处薄弱地点；另派一千人外出攻击敌军，分成八个分队，每队由一名将校率领。"

站在城墙上，张巡指挥守军击退了叛军一次又一次的进攻，同时细细观察叛军变化。

一天上午，张巡突然发现，敌军攻势放缓，似乎是在放假休息。张巡立即发出命令："所有城门同时打开，一齐向城外冲去。"

突然听到城墙上战鼓擂响，看到城门大开，唐军一队接一队冲出来，叛军一时失去主意。

完全没有预案，没有人出头组织反抗，有经验的将领在第一时间寻找马匹，往后方逃命。

叛军向后撤退。唐军追杀一阵后，立即返回，扛起缴获的大批粮食和军用物资，回到城里。

叛军返身回来时,城门早已关闭。

## 烟熏战、夜袭战

三天后,张巡发现,在离城墙不远的地方,齐刷刷摆放着一百多台抛石机。叛军将攻城兵改成工程兵,忙着从附近山上往抛石机边上运石头。

叛军运来抛石机,接下来一定是毁坏城墙,随后,攻城兵必定从那些毁损的豁口往上攻。想到这里,张巡突然有了一个方案:你用石头砸,我就用烟火熏,看谁搞得过谁。他当即发出命令:"将全城干青蒿聚拢过来,绑成小捆,淋进桐油,堆放在城墙上。"

两天过后,叛军发起新一轮攻城战,巨大石块从天而降,不断地毁坏城墙。在大石头冲击下,城墙许多地方坍塌。

抛石机停止作业,一群群叛军立即从集结地点冲出来,冲到城墙根下,蜂拥着从城墙豁口处往上爬。

看着城墙边上努力攀登的叛军,张巡发出命令:"点燃干青蒿,从叛军集中爬墙之处往下扔。"

一束束捆起来的青蒿,早已淋进油脂,现在遇火燃烧,发出了浓烈刺鼻的气味。

一捆接一捆燃烧物从天而降,叛军头上、身上,烈焰腾腾,浓烟滚滚。

叛军身上着火,眼泪鼻涕横流,纷纷哭叫着逃走。没有人

## 第十二章 雍丘龙虎大缠斗

有胆量再靠近城墙,纷纷从城墙边上逃跑。

望着叛军逃走的身影,张巡产生了一个感觉:叛军信心满满地开展抛石战,绝没有想到会失败在我的烟熏战之中,此时必定失望至极,斗志全失。这个时候,再给他们狠狠一击,一定有效。一道夜袭方案在他心中生成。

深夜时分,一轮圆月升上天空。城墙外面静悄悄的,能听到微风吹过树梢的声音。夜袭小分队队员们已吃饱喝足,一个个腰系绳索,从城墙上慢慢往下坠。

叛军营盘里,劳累一天的士卒正进入梦乡。

一群接一群黑衣人在草地里爬行,躲过叛军营盘四周的明岗暗哨,偷偷进入叛军营帐。

突然之间,刀影闪动,梦乡里的叛军士卒头颈分离。

第二天早上,许多叛军在惊恐中发现,自己的战友在昨天晚上,睡着睡着把头给睡丢了。

此后,每到夜晚,躺在床上,叛军士卒们个个都在想同一件事:"明天早上醒来时,头还在脖子上吗?"叛军提心吊胆过日子,一到夜晚,人心惶惶,许多士卒整夜不敢入睡。

叛军们身心疲惫,士气越来越低落,战斗力一天天下滑。

六十天时间过去,大大小小战斗三百多次,张巡和兵士们一起,衣不解甲,马不歇鞍,轻伤包扎后不下火线。他们不但将叛军一次又一次的进攻打退,而且主动出城,搞得叛军饭吃不好,觉睡不着。

雍丘久攻不下,这样缠斗下去,估计没有什么好结果。看着一具具死去士兵的尸体,望着眼前并不高大的城墙,想着城墙后面仅仅只有两千名唐军士兵,令狐潮心情郁闷。最终他做出决定:"全军撤走。"

"叛军正在拔帐撤军。"得到消息,张巡发出命令,"展开追击,在他们撤退时,从背后追杀上去。"

唐军紧追不舍,俘获叛军两千多人。

张巡率领两千唐军,成功打败了四万敌军的围攻,打赢了孤城保卫战,创造了古代城市保卫战的奇迹。他不只是保住了军事重镇雍丘,而且提振了唐军军威。河南地面上,张巡声名鹊起,在大唐军民中迅速走红。

# 第十三章　强力说客

颜真卿接到了李隆基的加封喜报，被升为河北采访使。一天中午，一位叫李萼的年轻人求见他。

来人只有二十来岁的样子，自称从清河郡而来。颜真卿一看，此人一副书生模样，似乎还没有脱去稚气。

两人一见面，客气一番后，李萼当即亮明身份："我是代表清河郡太守来向您借兵。"

颜真卿给他递上一杯香茶，听他说下去。

"在我们河北，是颜公您首举大旗，各个郡县这才起而响应。在大家心中，您就是我们的领头雁。"

颜真卿一听，心中暗笑：小伙子还真会说话，一上场，先捧我一番。他只是喝茶，不说话，听他往下说。

"清河郡在平原郡西边，我们唇齿相依。清河郡是一个战略资源的大仓库。朝廷从长江、淮河流域征集而来的粮食、盐铁、药材，首先运到清河，再从我们这里运往北方，供给朔方军。"

停一停，李萼接着说："现在清河积存的白布达三百五十万匹，丝绸有九十二万匹，钱三十八万缗，粮食三十九万斛。"

望望窗户外面，李萼收回眼光，接着说："清河在册户籍七万，能上战场的青壮年有十万，比两个平原郡还多。您借调一些军队到清河郡，那么平原和清河两个郡就都控制在您手里了。有清河这个资源大郡，您还有什么事做不成？"

颜真卿细细听着，心里想道："诱惑我啊。"等青年人讲完，颜真卿说："平原郡军队刚刚组建，没有真正上过战场，没有实战经验。自顾不及，如何保卫邻郡？"

李萼显出一副生气的样子，说："清河郡太守派我到您这里来，难道真是因为清河郡兵力不足？不也是要看一看您是否有贤士之风，是否真的以大义为上？这样看来，下一步计划，我也就不必说了。"

颜真卿看着李萼，一字一句地说："我很佩服你，年轻人，但借兵是大事，我得跟军队将官们商量，之后再给你答复。"

讨论中，将官们意见出奇地一致："李萼太年轻，且十分轻敌，借兵给他，只是分散平原郡兵力，看不到有什么别的好处。"

颜真卿采纳将领们讨论的意见，回绝了李萼借兵的请求。

李萼在旅馆房间里走来走去，心中想着，自己这是给对方送来一个宝库，对方居然还不要？自己得用用激将法，让他们明白放弃物资大仓库的严重后果。

想到这里，李萼在桌子上铺开纸张，坐在椅子上提笔写道："清河郡当初之所以从叛军那里脱离，原因之一就是看中您的能量。我们设想用清河郡储藏的大量粮食、钱财、物资、军用器

## 第十三章　强力说客

械来资助您，让您的军队充分发力。而眼下，您却用怀疑的目光，看着大量物资而不加以利用。我回去之后，会将这里情形细细报告给太守，一切由太守做决定。我想，如果清河郡不能依附于您，又不能独自生存，极有可能再次投降叛军。这样一来，清河郡就会成为平原郡的强敌。这不是您希望看到的结果吧？"

颜真卿收到李萼的信，细细读完，心中十分震惊："花小钱，办大事。这个兵，不管部将怎么反对，我铁定要借给他们。"

颜真卿立刻动身，一口气跑到旅舍："我已做出决定，借给清河郡六千兵马。"

待坐定，颜真卿递给李萼一杯茶，轻声问道："你不是说，还有下一步计划吗？"

"我们已得到消息，程千里带领十万精兵，已开到崞口，目标是开进河北讨伐叛军。大军开进河北的重要通道，已经被叛军占领，我们下一步计划是攻下魏郡（今安阳以北，邯郸以南），从背部给叛军狠狠的打击。由此向北进军，协助唐军打通开进河北的通道。"

"上面讲的是北进路线。我们还有一条南进路线。"略停一下，李萼接着说，"现在，平原郡和清河郡已经联手。还有其他郡，答应跟我们共同出兵，向南开进，攻占孟津，截断叛军退路，给叛军心理上、精神上、物资上、兵力运输补给上的重重打击。"

望一眼天空，李萼收回视线，接着说："朝廷派在河北的军队，前后加起来，不会少于二十万。像我们这样自发组织起来的民间部队，不会少于十万。对付河北地面上的叛军，完全足够了。"

颜真卿竖起大拇指："好，很好。我们首先北进，第一步，打开唐军南下通道。"

## 堂邑伏击战

这几天，颜真卿细细构思进攻魏郡的方案。如果直接进攻魏郡，叛军必定前来救援，那时城内守军冲出来，与城外援军共同夹攻，唐军必会陷入腹背受敌的苦境。如果将叛军引到堂邑，设下埋伏，那必定是另一番景象。

颜真卿发出命令："平原郡部队，移兵堂邑。"接到战争邀请函，清河郡派出四千人马，博平郡派出一千人马，到堂邑以南集结。三支部队，共同设下伏击圈，等着叛军到来。

得到"三郡部队突然移动"的消息，魏郡太守袁知泰发出命令："两万人马迅速出击，打在对手立足未稳之时。"

"叛军两万人马，向堂邑方向开来。"得到消息，颜真卿立即派出三百人马，做出一触即溃样子，将敌军引入伏击圈。

战斗从上午一直打到傍晚，平原、清河、博平三郡人马协力出击，杀死叛军一万多人，俘虏一千多人，缴获大量马匹、军用物资。袁知泰带着残兵趁着夜色逃向汲郡（今河南卫辉西南）。

指挥得胜之军，颜真卿立即向魏郡进发，一举攻下魏郡。平原、清河、博平三郡军威大振，河北形势向着有利于唐军的方向迅猛推进。

# 第十四章　逼出潼关

范阳至洛阳的通道，在河北地面，被唐军狠狠切断了。叛军东、西两方沟通的来往人员，只能在夜间轻装简骑偷偷过境。即使这样，叛军中很多过境人员，仍然被唐军捕获。

坏消息在叛军中迅速传开，人心惶惶，军心动摇。

一系列消息堆在安禄山桌面上。"范阳储藏的大量补给品，运输不到洛阳。""洛阳这里收不到税收。""潼关被唐军堵死，长安过不去，攻不下。"

看着这些消息，安禄山心中想，随着战争时间越拖越长，各地开拔到长安、洛阳附近的唐军越聚越多，如此下去，后果真不堪设想。

安禄山望着屋顶天花板，摸着一面接一面堵在眼前的"墙"，恐惧情绪一步步在心中升腾。

喊来高尚、严庄，看着眼前两个人，安禄山心情不好，破口大骂："都是你们两个，老是在我耳边鼓动我造反。什么河北传檄而定，什么唐军内部空虚，毫不经打。什么拿到长安，绝对万无一失。现在看，我军进到这里，前进进不得，后退退不

## 第十四章 逼出潼关

了。二十万的军队没有粮草供给。而唐军呢，正从四面八方向我围拢过来。"

"我们现在守在这里，过的是什么日子！粮草靠抢，兵员得不到补充。"安禄山阴沉着一张脸，望望屋外天空，嘴里反复嚼着那几句话。屋外阳光照耀，微风轻拂。

"你们两个，再也不要来见我，你们想做什么做什么去，再也不要来拉我下浑水。打不到狐狸，还惹一身骚。都是你们两个，一天到晚吃饱了撑的，跑来忽悠我，害得我现在上天无路、入地无门。"安禄山朝屋外挥挥手，示意他们两个赶紧滚开，滚得越远越好。

痛骂两人一顿，安禄山感觉心中有几分放松，然而，忧郁情绪无论如何挥之不去。

伴君如伴虎，高尚、严庄两人想着，心中十分害怕，赶紧退出来。

这天，高尚突然得到一个消息："形势吃紧，安禄山打算放弃洛阳，返回范阳。"高尚立即跑来告诉严庄。

严庄听了，吓了一大跳，压低声音对高尚说："如果回到范阳，将来想再打回来，几乎不可能。那时，从范阳到洛阳沿途，必定塞满唐军。唐军得势之后，必定进攻范阳。范阳被围之时，我们只有死路一条。"

两人越想越后怕，然而又不能直接去面见安禄山，没有路径向安禄山讲清楚不能撤兵的理由。

就在两人急得跺脚时，得到一个消息："大将田乾真从潼关前线回来，汇报战况。"

两人立即找到田乾真，高尚说："无论如何一定要劝阻皇帝，天塌下来，也不能撤军。"

面见安禄山时，汇报完潼关战况，田乾真说："自古以来，帝王大业，都有挫折，甚至几起几落。一下子便成功，那是哄人的假话。"看看安禄山认真在听，田乾真接着说："现在，我们后方、前方，唐军部队越聚越多，这也是正常的，在我们预料之中。细看对手，在我们河北精锐部队面前，唐军都是一些乌合之众，战斗力不强，没有必要担心。"停一停，他继续说："如果放弃洛阳，返回范阳，我们必定军心涣散、斗志无全；而唐军呢，必定斗志高昂，士气大增。我们只有向前，回头无路。"

安禄山眼睛望着屋顶，耳朵细细听着："你说得很有道理，我不再考虑返回范阳。"

困局摆在那里，突破点在哪里呢？望着田乾真离去的背影，安禄山努力睁开迷茫的眼睛，四处寻找这个难题的答案。

一天早上醒来，安禄山惊喜地发现，开启困局大门的"钥匙"，杨国忠竟亲手送了过来。


想着安禄山高高树起"诛杀杨国忠"的大旗，杨国忠胆战心惊：现如今，朝廷上下个个认为，这场战争是我杨国忠惹来的祸，大臣们恨死了我。天啊，我该怎么办？

想到另一件事，杨国忠更是寝食不安。李隆基加封哥舒翰为左仆射、同平章事，两职加在一个人身上，等同于宰相。为着守潼关、保京师，皇帝这次想必是什么高级职位都可以任命哥舒翰。

这两件事加在一起，自己这宰相职位还能保多久？

正在这样想时，又一道消息传来。

"哥舒翰仅仅上了一道奏章，就借皇帝之手，除掉宿敌安思顺。"看着这条消息，杨国忠感觉脊背生出一股凉意：皇帝现在需要的是哥舒翰早早打败叛军，牺牲个把安思顺算得什么？杀死安思顺，真是连思考都不用。只要哥舒翰提要求，皇帝那是有求必应。某一天，哥舒翰的黑手要是伸向我，我该如何脱身？

皇帝审都不审，就把安思顺的头砍下来，这岂不是对哥舒翰言听计从？看穿这个秘密，哥舒翰部下王思礼立刻有了一个想法。平时要杀杨国忠，还害怕他后面有杨玉环护着，这一次，促动哥舒翰去杀他，岂不是易如反掌？

王思礼构思着这个想法，立即跑来见哥舒翰："您可以上书皇帝，杀掉杨国忠。这样一来，安禄山就失去了造反的理由和借口。即使安禄山想继续造反，他手下那些被蒙在鼓里的将领、官员、士卒，也会纷纷清醒过来，失去战斗意志。"

看到哥舒翰不说话，只是认真在听，王思礼继续说："安禄山不是叫喊着'之所以造反，是因为杨国忠作乱'吗？现在建议皇帝杀杨国忠，理由都是现成的——'不给安禄山以造反口实'。杨国忠一死，他安禄山还有什么理由号召部下向长安进军？"

哥舒翰听着，摇摇头："有杨玉环在那里护着，就别动那个脑子。我这里向皇帝上书，不但杀不掉他，还有可能打草惊蛇，弄不好会引祸上身。"

王思礼想想，说："这样，我带三十名骑兵去京城，黑夜里将他劫持来潼关，我们在这里把他杀掉。我就不信杀不死他。"

"呵呵，真这么办，就不只是他安禄山叛乱，我哥舒翰也算造反了呢。"哥舒翰苦笑着说。

一位大臣用心看着时局变化，大起大落之中，看出一个秘密。一天，这位大臣找到杨国忠，屏退左右后，压低声音说："想必你已经看出来了吧，朝廷重兵，现在都掌握在哥舒翰手中。"

看一眼手中茶杯，他继续说："不怕一万，就怕万一。万一哪天，胡人哥舒翰也跟胡人安禄山一样，以'清君侧'为借口，动员将官士兵，倒戈入京城，拿下长安，号令天下。那时，你就有巨大危险了。他已据有潼关，兵入京城，对他来说易如反掌。不能不防啊，毕竟潼关与长安之间，几乎一马平川，没有什么险阻可依，更没有什么重兵可以用来抵挡。"

杨国忠亲手给来人送上美味小点心："我该怎么办？"杨国忠相信，这位"高人"既然看出病症，他手中一定有治病处方。

听完"高人"指点，杨国忠立即求见李隆基。

"眼下来看，潼关能挡住敌军进攻。不知皇帝注意到没有，在潼关与长安之间，没有部队驻守。"看到李隆基认真在听，杨国忠继续说，"不怕一万，就怕万一，万一潼关失守呢？"

停了一下，看到李隆基用眼睛看着他，杨国忠立即说："我

## 第十四章　逼出潼关

有个想法，给长安系上两根保险带。"

"好想法，继续说下去。"

"一根系在皇宫里，一根系在灞上。在皇宫里，从太监中挑选出三千名年轻有力者，将他们组织起来，抽出时间进行军事训练。招募一万士卒，驻扎灞上。"

李隆基点点头："这两根保险带，有必要迅速系起来，以防不测。"

杨国忠立即动手，在皇宫、灞上组织军队，开展训练，所有军官全都用上自己的亲信，牢牢地控制两支军事力量。

身在潼关，哥舒翰一双眼睛一刻也没有离开过长安。"杨国忠在皇宫、灞上招募民众，组织军队"，看着这些消息，哥舒翰心中想着：杨国忠打出旗号是防备叛军，我在这里守着潼关，长安那边哪来的叛军？

看着身边的将官，一个感觉不停往上冒：他杨国忠这么玩，不是防着我，是防谁呢？一定是防着我兵入长安。我是胡人啊，在杨国忠眼中，就是跟安禄山同一类人。从杨国忠这些行动中可以看出，他对我已经心生歹念。杨国忠手中有军队，只要我回到京城长安，他就有可能像当初对待安禄山一样暗算我、陷害我。

想到这里，哥舒翰手掌中冒出一股冷汗来。

哥舒翰想出一道办法，上表李隆基，试试皇帝心思。"为着便于统一指挥调度，请将灞上军队指挥权，一并归到潼关。"

果然是有求必应，李隆基答应了哥舒翰的请求。

看着自己手中的兵权被皇帝硬生生夺下来，转眼之间送到哥舒翰手上，杨国忠心中充满惆怅。自己辛辛苦苦招募、组织、训练起来的军队，忙活这么长时间，居然白干了，瞬间就被哥舒翰不费吹灰之力抢走。

这个消息还没有消化掉，又一个晴天霹雳从潼关传来。哥舒翰将杨国忠安插在军队中的几位亲信，找不同借口，一位接一位，全赶了出去。

此时，正是六月天气，杨国忠感到四周充满恐怖的寒意：那我就只有一条路可走了——借刀杀人。借安禄山那把利刃，杀掉哥舒翰。

现在就动笔，促动李隆基下令，让哥舒翰出关作战，只要哥舒翰双脚走出潼关，安禄山那把刀就不会饶过他，哈哈。

就在杨国忠寻找机会时，安禄山就如同配合演戏一般，伸出一双黑手，为杨国忠缓缓推开机会之门。

坐在大殿里，安禄山有一个强烈的感觉。依靠强攻手法，潼关肯定攻不下来，那么，有没有别的路子可走呢？摸着手边一把军刀，安禄山站在窗口，看着场院里一处缩微版的山水风景。

那里，一条青蛇正藏身洞口，探头探脑攻击水池边上一只青蛙。

如果我是一只想吃蛇的老鹰，那我就用这只青蛙来钓出藏身洞穴的那条蛇。

想到这里，安禄山迅速想出了破潼关的方案。

## 第十四章 逼出潼关

他随即向崔乾祐发出指令:"放弃潼关,军队撤回,藏身深山。"接着他发出第二条指令:"组建一支老弱病残的部队,人数为四千。让这支部队反复出现在唐军面前,跟唐军交手。不要胜利,只要失败。看到唐军就打,接触唐军就跑。"

"哈哈,我这是念引字诀,我就不信不能引着唐军走出潼关。"

"叛军从关前撤走。"得到消息,哥舒翰有些吃惊。接着,他听到前方部队不停地传来胜利捷报:"叛军部队战斗力不强,特别不经打,一打就败。"

哥舒翰哈哈大笑:"在我面前,安禄山玩这点小花样,还想着用这点伎俩诱惑我出关?也不看看我是谁。"他立即发下指令:"部队加强潼关防守,绝不可出关作战。"

得到同样消息的不只有哥舒翰,唐军高层很多人收到"唐军一胜再胜、叛军一败再败"的捷报。不久,这些重要战报,接二连三传到李隆基案头。报告者分析得有理有据,入情入理:"叛军进攻潼关久攻不下,疲惫不堪,战斗力尽失,经不起唐军打击。"

看着这些胜利战报,李隆基正在思考,又一份捷报从河北传来。"郭子仪、李光弼率领部队,在河北连战连捷,河北不少郡县渐次收复。"

我早就看出来,叛军没有几两重,现在岂不是再一次验证了我这看法?李隆基看着桌面上的捷报,手指头轻轻敲打桌子边缘,发出有节奏的响声,就如正用打击乐器演奏一个美妙华章,响彻耳廓。

李隆基向哥舒翰发出命令:"率领部队,从潼关出击,收复陕州和洛阳。"

接到皇帝指令,哥舒翰拍着桌子大叫:"皇上中安禄山诡计啦。"他立即动笔,回奏李隆基:"安禄山是什么人?一辈子在战场上滚。他这种久经沙场之人,必定谙熟兵法。安禄山起兵叛乱,必定准备充足,信心满满。现在,没有经过大战阵,他军队就烂成这个样子,怎么可能?那就只有一种可能,他是用这样的诡计来引诱我们出关,引诱我们丢掉潼关坚壁,去他们提前占据的有利地方,跟他们战斗。他这是用羸师弱卒设下诱敌计。我们绝不可出关,千万不能上安禄山的当。"

"那么,我们唐军的胜利之路在哪里呢?"奏章中,哥舒翰写道,"叛军部队的确精锐,但也不是没有弱项,他们远道而来,给养必定困难。所以,叛军最大的希望是四个字——速战速决。如果皇帝求胜心切,那便刚好中了他们计谋。我们应该念动拖字诀,凭着潼关这道天险,进行坚守,慢慢地拖死它,拖出时间来。朝廷下令调集的其他部队,眼前正在路上,我们就需要这样宝贵的时间来等着他们汇集过来。所以,我请陛下耐住性子,允许我们再继续坚守潼关,等待各路大军到来。"

看着哥舒翰奏章,李隆基陷入深思:在我军胜利面前,在叛军失败面前,你却说不能发起进攻,要一拖再拖?你叫我念起拖字诀,我心里无论如何感觉怪怪的啊。

就在拿捏不准时,李隆基收到郭子仪、李光弼派专人从河北送来的一份奏疏。

"眼下,我们在渐次收复河北,接下来,我们计划带领部队进攻范阳。我们的目标,是要捣毁叛军老巢,促使叛军军心涣散,内部发生混乱。眼下,唐军守住潼关最为紧要。应把叛军阻隔在潼关外面,保证长安安全,切不可出关作战。"

我的奏章送过去已经一个月时间,唐军在潼关仍然按兵不动?杨国忠暗暗想着:哥舒翰守定潼关,一定是看中我这把宰相椅子,一定是要砍下我的头颅。坐在书桌前,摸着自己脑袋,杨国忠再也坐不住了,连夜动笔,向皇帝写奏章。

"眼前叛军疲惫,是消灭对手的最佳时机。一旦等叛军恢复过来,就会困难重重。过这家村,就没这家店。现在不出击,等于给叛军再生机会。哥舒翰按兵不动,只会坐失良机,不会有第二个结果。"

看着宰相奏章,李隆基刚刚坚定的想法,就像一道泥沙筑成的堤坝,被突然而来的洪水猛烈冲撞,那点还不够硬实的坝体,立即不见了踪影。

"机不可失,时不再来。"看着这几个字,李隆基向哥舒翰再次发出命令,"迅速带兵,出关作战。"

看着皇帝诏令,哥舒翰对身边将官说:"皇帝犯急躁病,一准是被安禄山的诱惑招数蒙住眼睛了。"他当即把皇帝诏令收藏好,"将在外,军令有所不受"。

哥舒翰那里没有出关作战迹象?等了几天,没有任何消息,李隆基心中着急起来。望着屋外天空里突然而起的一阵大风,李隆基迅速有了主意:"那我就接二连三派出宦官,催他出关。"

看着催促出关作战的宦官像六月天的暴风雨，一位接一位赶过来，哥舒翰抚着金黄的圣旨，双手捶胸，号啕大哭，眼前突然之间晃出两个人的身影——被太监砍掉脑壳的封常清、高仙芝。"不出关是死，出关也是死，那就与叛军作战而死吧。"哥舒翰仰望苍天，站在军营门口，大声喊着。

六月初四这天，暴风雨过后，天空放晴，哥舒翰率领大军，走出潼关。

# 第十五章　灵宝大战

向北行军两天，初七日，大军到达灵宝（今河南西部）。

灵宝南依大山，在北边，黄河蜿蜒流过，中间是一条七十多里长的狭窄山道。崔乾祐早已占据这里的天险要道，策划好方案，调集兵马，张开大网，等着唐军到来。

听着侦察兵传来一波又一波消息，哥舒翰摸着手中大刀，望着蓝蓝天空，发出作战指令："原来叛军都挤在这里等着我到来。那我们就不客气了，我们就吃下这顿大餐。攻下灵宝，打通通向洛阳的大道。"

初八日早晨，崔乾祐将精兵一批接一批埋伏在险要地方，然后派出少数部队摆在唐军眼前。

发现叛军人数并不多，哥舒翰做出战斗部署："王思礼率五万精兵作为前军，庞忠率十万大军作为中军，在后面跟进，我率领三万部队，作为后续梯队。我在高处观战，随时调派机动。"

摆在唐军面前的叛军一万人，有的挤成一堆，有的聚成一团。有的向前走，有的向后退，没有章法。整体看上去稀稀拉拉。

看到叛军这样的状况，唐军前锋部队忍不住笑起来："这样的部队，还能打胜仗，鬼都不信。"

这些唐军并非久经战场的边防军，而是在长安市民中招募而来，组建不久。市民组成的军队，吃喝嫖赌倒是高手云集，杀敌战斗，冲锋陷阵，那就完全是另一种状态了，一个个贪生怕死，遇到险情，争着抢着溜之大吉。

带队的将官们，没有实战经验，完全没有想到这是崔乾祐投下的诱饵，更没有料到，叛军精锐部队，早已严严实实藏在后面险要地段。

双方刚一接触，叛军就丢盔弃甲，扔掉战旗、战鼓，向后逃跑。

"叛军这个熊样子，根本就不是我们对手。"唐军从后面追上去。

追击中，唐军阵势渐渐错乱开来。有的跑得快，有的跑得慢；跑在前边的士卒，捡拾地面上叛军丢下的物品，身后部队又冲到前面去了。

唐军追到一处险要地段，突然，从两边山顶上，滚木礌石呼啸而下。唐军士卒无处藏身，被山顶上飞落的石头、大树段活活砸死。一些比较宽阔的地方，官军们全都胡乱拥挤在一起，面对叛军进攻，无法展开队形。

得到消息，哥舒翰立即发出命令，停止追击。他早就为叛军的滚木礌石准备了应对方案："将那些准备好的毡车，用马拉到阵前。人都藏身在蒙着厚厚毡布的战车里,向叛军阵地发起冲击。"

望着唐军推到阵前的一辆接一辆画满龙虎、又高又大的毡车,崔乾祐急中生智,突然想出一个办法来:"将几十辆给马供料的草车赶紧拖过来,挡住唐军横冲直撞的毡车。"

双方发起车战的时候,已经是下午,突然,天空中刮起东风。

"天助我也,点燃草车。"崔乾祐一声令下,几十辆草车同时着火。

火借风势,风助火威,唐军毡车也跟着被点燃。毡布用动物毛料织成,织料紧密,被火点燃,迅速冒起滚滚浓烟,刺鼻呛人。

大风越刮越强,浓黑烟雾顺着风势,向着唐军方向扑面而来。

被阵阵浓烟包围,唐军士卒睁不开眼睛。从叛军那边,喊杀声一阵接一阵传来。唐军以为叛军杀进阵来,一个个挥舞兵器,在浓烟之中乱砍乱杀。

远处唐军,没有烟雾蒙住眼睛。听着烟焰之中杀声阵阵,惨叫声连连,以为是叛军追上来,个个拿起箭,向着浓烟之中乱射。

太阳落山,浓烟散去,唐军这才发现,浓烟之中,没有叛军,被利箭射死的,全是唐军。

一支没有作战经验的市民大军,惊慌之中,自己把自己打成了残废。

唐军正在努力地自相残杀，此时，崔乾祐指挥同罗精骑，已经从南面山谷，悄悄迂回，绕到唐军背后。

突然之间，大批叛军从唐军背后杀出。

唐军完全没有预料。一时之间，大军乱作一团，士卒们不听长官指挥，争相逃命，有的长官听到同罗军喊杀的声音，第一时间脱离队形往边上树林里钻。

很多士卒脱掉战袍，丢掉手中的武器，仓促之中逃往山谷。没有来得及逃跑的唐军，很多人成为同罗军的刀下鬼。

一些士卒向黄河边上涌过去，大量人被挤进河道，活活淹死。唐军逃亡的路途，死伤累累，绝望的号叫声不断，凄惨恐怖。

看到前面部队大败而逃，后面的队伍被一种恐慌情绪感染，不战自溃。

在高处观战的唐军后续梯队，看到形势越来越危险，也跟着四散奔逃。

太阳落山时候，唐军全都逃得无影无踪。哥舒翰身边，只剩下一百多名骑兵。

望着眼前的景象，哥舒翰也只能哭笑不得。没有潼关的保护，这些没有经过战阵的市民大军，做出今天这样的表现，早已在预料之中。这能怪谁？只能怪一再催促出关的皇帝，只能怪那些手持圣旨的太监。

哥舒翰或许不知道，最应该责怪的是宰相杨国忠。

潼关外边，三条大壕沟，每条沟宽三丈，深三丈。无论

## 第十五章　灵宝大战

人或马，一旦跳进去，只能摔得筋断骨裂，无论如何再也跳不上来。

身后就是追兵亮闪闪的大刀，挥舞的狼牙棒，耳朵里全是跑得慢的唐军士卒死亡前凄厉的惨叫声，唐军中跑得快的士兵和战马，跑回壕沟的边上，带着对死亡的恐惧，带着求生渴望，毫不犹豫往深沟里跳。

仅仅半天的时间，壕沟就被人和马的尸体填满。后面人踩着前边人尸体，发疯一般，逃进潼关大门。

逃回潼关的仅有八千人马。（当初出关作战的唐军有二十万。）

战斗还没有开始以前，崔乾祐早已安排一支军队，穿着唐军的服装，悄悄埋伏在潼关附近的山林里。

这会儿这支军队跑出来，冒充逃跑的唐军，混进逃兵队伍，一起跑进潼关。

叛军紧随唐军的身后，追到潼关前面。

望到关前的叛军，已经逃进潼关的叛军，集结在一起，杀死大门的守卫，迅速控制大门。

潼关大门被打开，崔乾祐指挥大军，向着潼关大门，踩着壕沟里面唐军的尸体，像破堤的洪水一样涌进潼关。

潼关里的唐军，已经变成惊弓之鸟。望着眼前涌进来的叛军，立即撒开双腿，四散奔逃。

只用大半天时间，叛军胜利攻下潼关，时间在六月初九。

潼关被叛军攻下，潼关与京城长安之间，再也没有大关隘阻隔，长安就如裸奔一般，无遮拦地暴露在叛军刀锋之下。

趁着黑夜，哥舒翰逃进潼关西边一个驿站。他连夜动笔，起草收兵通告。天亮时分，他派出身边的士卒，在各处驿站墙壁上，张贴告示，收集逃散士卒。

大家正在忙着吃早饭，突然，唐军将领火拔归仁，带着手下一百多骑兵逃到驿站。

看着正在往嘴里扒饭的哥舒翰，火拔归仁大声喊："叛军就在我们后面不远地方，正朝着驿站方向追来，请您快快上马。"

哥舒翰丢掉饭碗，飞身跳上马背，随着马蹄的得得声，走出驿站大门。

火拔归仁的一百多位手下，紧紧围住哥舒翰，随即全体跪下。火拔归仁说："元帅率领二十万大军出关作战，现在，所有将士全部逃光。只要您回去，封常清、高仙芝的下场，必定成为您的下场。请元帅投奔安禄山。"

哥舒翰一听，心中猛地一怔，正准备下马理论，火拔归仁手下一拥而上，用一根长长绳索，将哥舒翰结结实实就着马背捆绑起来。

"天下最值钱的金坨坨抢在我手里，在安禄山那里，一准能卖个高价。"火拔归仁向着身边的士卒们喊道。

正在这时，叛军将领田乾真带领一支军队，追到驿站。

"大势已去。"哥舒翰心中叫苦，一片暗淡的愁云，遮天蔽地而来。与其他投降的人一起，哥舒翰被押送到洛阳。

# 中篇

# 第十六章　弃都而逃

"哥舒大元帅，你一直看我不顺眼，今天怎么也来到这里？"安禄山肥胖的身体挤满屁股下面的躺椅。

哥舒翰伏在地上："还是你手段厉害，这一仗，我确实是输掉了。不过，我带的这支军队全是市民，唐军真正强大的力量，你的军队还没有碰上。"

"这正是我需要你的地方，这正是我把你看作至宝的原因。运动起你那宝贵的手，拿起笔和纸，给你原来的部下写信。我们共创大业，共享富贵荣华。"

安禄山当场封哥舒翰为宰相，随即喊来火拔归仁。

火拔归仁满心欢喜跑进屋来。

看到火拔归仁兴冲冲的样子，安禄山绿着一双眼，破口大骂："火拔归仁，你卖主求荣，不忠不义。送你两个字——斩首。"

火拔归仁跪在地上苦苦哀求。两边将领一拥而上，刀斧手随即走进来，将他拖出去，咔咔两刀砍下他宝贵的头颅。

初九这天，留守潼关的将领飞马到京城告急。

"安禄山手下那些叛军，全是些老弱士卒，他们哪里是哥舒翰对手。"没有细看告急奏报，李隆基随手就扔掉。

坐下来想一想，李隆基觉得还是稳妥一点好，毕竟潼关大军已经派出关外，那里可能遭遇敌军偷袭，于是他发出命令："三千名太监组成的队伍，现在出发，赶往潼关。"

窗户外面的天一点一点黑下来，李隆基走到庭院，就着院子里的灯光，与杨玉环调笑。两人正在讲话时，李隆基突然发现，平时能望到的城外的平安火，今晚居然没有点起来。

好像有些不对劲啊。李隆基在心里暗暗琢磨着。

六月十日，傍晚时分，李隆基突然接到军情急报，潼关失守。

看着这道消息，李隆基一下子跌坐在椅子里。

在兴庆宫，李隆基连夜召见宰相杨国忠，两人商讨接下来的应对之策。

还在去兴庆宫路上，杨国忠已经想好了方案：身兼剑南节度使，我已掌握四川军政大权，早已暗中修理城池，早早储备了足够的器材、粮食、药材等军用物资，此时不用，还等何时？

面对皇帝"下一步我们该怎么办"的提问，杨国忠胸有成竹地说："请皇帝去四川巡游一趟。"看着皇帝在听，他继续说："那里离叛军远，自是安全；那里地势险要，易守难攻。"

李隆基想了想，点头同意："我这辈子还没有去过贵妃小时候住的地方，只是听贵妃说过，那里有别样的风土人情。这次是个机会，那就去蜀地，欣赏那里美景，领略蜀地特有的风俗。"

六月十一日开始，一切都在匆忙准备之中。前方传来的战报越来越多，消息越来越坏。"叛军向前推进的速度越来越快，离京城越来越近。"朝堂上，杨国忠急忙忙召集百官开会，安排京城撤退事宜，安排保卫人员、将物资打包运输，讨论撤退的具体细节。

"立即招募兵马，利用京城高大厚实的城墙，阻挡叛军进攻。"监察御史高适站出来说话。

"潼关已破，叛军已经入关，招兵买马还来得及吗？就不说训练人手，仅仅是招募，就已经来不及了。"杨国忠说完这句话，两眼望着头顶上的天花板。

再也没有人说话，会议在冷寂中散场。

大臣们心中个个就像着了火，离开会议大厅时，人人脚步匆匆，火急火燎："赶紧回家，赶紧将细软打包，逃离这个是非之地，逃离这个恐怖的屠宰场。"

六月十二日，仍然有大臣来上朝，不过人数少了许多，不到平时十分之二。李隆基来到勤政楼，布置京城留守人员，将宫门、府库的钥匙一股脑儿全都交到太监边令诚手里。

六月十三日一大早，皇帝、皇子、皇孙，以及杨国忠等重要大臣，高力士等太监，所有嫔妃宫女，全部向四川方向进发。

皇帝带着文武百官、全部家人向西方远去。望着大街上的人马越走越远，太监边令诚立即转身，驾起车马，向潼关方向奔跑，找到叛军最高领导，亲手将宫门、府库钥匙，双手捧着奉献上去。

# 第十七章　寻找背黑锅的人

李隆基派宦官王洛卿带上金银财宝，提前出发："你在前头打前站。人马众多，你为大家提前购置沿途吃喝食物，睡觉床铺、被褥，租下晚上歇息的房间。"

大家走了整整一上午，到中午吃饭时候，大队人马匆匆赶到咸阳望贤宫。该吃饭了，大家一个个已经饿得饥肠辘辘，独独不见王洛卿。

李隆基派人去打听，消息很快传回来："王洛卿带着大量金银财宝，人间蒸发一般，逃得不见影了。咸阳县令、县城官员，担心叛军追杀，家家户户早已远远四散逃亡。"

既没有当地官员前来迎接，也没有王洛卿派人手前来送饭，所有人都七歪八倒坐在路边树荫里、屋檐下，听着肚子发出的咕咕叫声。没有饭吃，没有水喝，没有桌椅板凳坐下来休息，身后就是追兵翻滚的铁蹄。

发现这里突然冒出一群穿金戴银、锦缎满身、涂脂抹粉的人，跑来围观的百姓越聚越多。一些人对着李隆基、杨玉环指指点点，似乎在说着什么。

## 第十七章　寻找背黑锅的人

看着眼前景象，突然想起京城皇宫里的情景，那里装修豪华、金碧辉煌，吃的是山珍海味，手下臣工一呼百应。而眼下，屁股后面就是追兵，县城小官小吏逃得不见踪影。"我这个皇帝当得实在是太窝囊了。"李隆基内心里不禁暗暗感叹起来。

杨国忠当过兵，深知野外长途旅行的艰辛，早早做好准备。"大家最需要的，是干粮和水，最向往的，是热饭热菜。晚上有一张铺着干净棉被的硬板床，再倒上一盆热水，泡上疲惫不堪的脚，那就是人生的极致。"队伍停下来，杨国忠立即派出人手，跑到街上铺子里寻找烧熟的食物。

"有几家卖饼的小摊子还在开张做生意。"得到消息，杨国忠立即派去人手，不久拎回一大堆胡饼。

捏着胡饼蘸着调料，杨国忠边走边吃，忽然发现李隆基还在那里两手空空，立即派人将几个胡饼送过去。

"只有几个人在吃饼子，更多人在饿肚子。"围观百姓立刻有了主意。"生意来了。"有人喊着。大家赶紧回去，拿来烧好的饭、端出炒好的菜，现场叫卖起来。

皇妃皇嫔、皇子皇孙、大臣太监、士卒军官，肚子早已饿得咕咕叫，这会儿，也顾不上粗饭粗菜，抢着买来吃。动作快的，当即狼吞虎咽，动作慢的，两手空空，还没有买到食物。

看到还有许多人没有吃到饭，在那里饿肚子，有的皇孙饿得哭，李隆基向禁军士卒发出命令，"大家分散开来，到附近村落去买饭买菜"。

所有人都不敢停留，手上丢掉饭碗，脚下立即赶路。夜半时分，人马到达金城。

走进城来，大家发现，昔日繁华的城池，两天之间，变成一座空城，县令、官员、百姓早已逃得不知踪影。

杨国忠组织人手清点人马，这才发现，随从队伍里很多人在路途上悄悄溜走，仅仅太监，就逃走五十位。

所有的人迫不及待走进这些城里人家，用木棍撬开一家家房门，用石头砸开一家家门锁。有的人立即走到厨房里，发现烧饭用的锅碗瓢盆还留在那里。

用上这些百姓家留下的餐具，胡乱烧一些饭菜。不会做饭的，草草地吃一些随身带的食物，算是填饱饥饿的肚皮，躺下身子就去休息。

从来没有走过这么长的路，大家都累得快趴下了。有的人走进百姓家里，有的住进馆舍，然而，点灯的香油、蜡烛全被主人早早藏起来。深夜里没有灯火，六月天里没有蚊烟，大家只好将就着躺下。躺在百姓的硬板床上，任蚊子嗡嗡乱叫。黑暗的夜里，没有办法分清高贵、低贱，大家混杂着住在一起。

守将王思礼从潼关拼着性命逃出来，第二天天刚亮，追上了李隆基。

"二十万大军全军覆没，哥舒翰被安禄山俘虏。"李隆基刚刚起床，一边洗脸，一边听他急急汇报战况。听到这里，他两手突然失去力量，透湿的毛巾，无论如何拧不干水。

内侍太监赶紧走过来帮他拧干毛巾。内心里，李隆基后悔至极：当初，我没有听哥舒翰的意见，以致今天潼关失守，

## 第十七章　寻找背黑锅的人

二十万大军人间蒸发；这一切都是我的错，然而，宰相杨国忠呢？当初不是他一而再再而三提出来"抓住时机，出关作战"吗？

望着屋外天空，太阳已经升起来，金色光芒射过屋顶，李隆基突然想起一个问题。现在去追究任何人的责任，都不是时候。这么多人去四川，沿途还需要杨国忠打理，当务之急应该是快速组建部队，挡住叛军追击。这样节骨眼上，首先内部不能乱，外部还必须应对强敌。想到这里，李隆基立即吩咐太监为王思礼送上一杯酒。

"我现在任命你为河西、陇右节度使，即刻上任。目前的工作，是收集那些被打散的部队，挡住追击的叛军，延缓他们追击的速度。拖一天是一天，拖一刻是一刻。"


十四日中午时分，长长队伍走到兴平西郊马嵬坡驿站。驿道边大树上，知了叫个不停。烈日像发疯一样炙烤着大地，空气中没有一丝风。

李隆基和杨玉环走到驿站里面，用凉水洗洗脸，坐下来休息。

随从护驾的禁军将土，散散落落，东倒西歪在驿道两边树荫下休息。有的拿着帽子摇风，有的在喝水。谁也不知道接下来还要走多远路，谁也不知道这六月天里赶路的苦日子何时是个尽头。有人牢骚满腹，有人嘴里骂骂咧咧。

禁军首领龙武大将军陈玄礼坐在一棵大树树荫下，脑子里在想一个问题：我们今天过这样的苦日子，整个国家搞得鸡飞狗跳，原因有且只有一个，就是杨国忠胡乱作为。如果不是他乱政，安禄山不会乱国；如果不是他乱谋，二十万大军不会走出潼关。只有杀掉杨国忠，才能拔除祸乱根由。

沿着杀杨国忠的思路，陈玄礼突然发现一个大问题。杀死杨国忠，必定要杀死杨玉环，否则，自己一定死无葬身之地。杀死杨国忠，必定要杀死杨家所有兄弟姐妹及杨国忠一家妻儿老小，斩草除根，否则，一旦杨家报仇，自己全家全族都必会遭殃。

想到这一层，陈玄礼突然想到一个政治人物——这支队伍、这个国家潜在的一号人物——太子。如果太子支持，以太子名义动手，甚至让太子主持这场杀人大典，那么，所有一切，全都栽在太子头上，自己就能金蝉脱壳了。

陈玄礼立即向太子休息的馆舍走过去。

在太子休息之处外，陈玄礼遇到了太子李亨最宠信的宦官李辅国。"太子太累，一到房里，就倒头睡着了。"

"这样吧，太子醒来时，请你把'杨国忠是祸乱根由'这句话转告太子，请太子迅速做出决断。"陈玄礼说。

李辅国进屋。半个小时过后，李辅国返回来说："太子没有决断，太子犹豫不决。"

太子这把刀，居然借不到手。陈玄礼失落地走出驿站大门。人家不愿意背这口黑锅，自己总不能摁着太子的手让他背锅吧。一边走，他的眼睛一边向着树荫下那些东倒西歪的将士们扫过去。

突然，几个将士的叫骂声传进陈玄礼耳朵里。

## 第十七章　寻找背黑锅的人

杀杨国忠这把刀有了。陈玄礼差不多要笑出声来。那就丢上几句话，火上浇油，激怒禁军。

陈玄礼朝着树荫下走过去，明着阻止将士们叫骂，暗里把杨国忠往死里戳。"杨国忠宰相也是你们得罪得起的吗？你们这样骂他，要是给他听到，他即便有着天大过错，你们怕也是要碎尸万段。"

听话听音，从陈玄礼阴阳怪气的语气里，已经有人听出话音来了。骂杨国忠的声音更加响亮："如果不是杨国忠乱搞，今天我们哪里要过这样的苦日子，皇帝哪里要颠沛流离？平日里这个时候，皇帝正在宫里吃得饱饱的，睡着午觉。"

# 第十八章　比翼鸟折翼，连理枝断枝

杨国忠已经休息好，正骑着高头大马从驿站大门里出来。

刚刚走出门口，还没走几步路，二十多个吐蕃使者跑过来。这些人跟在队伍后面，肚子已饿了几天，没有找到吃的，这会儿看到宰相就在眼前，一窝蜂似的小跑过去。

这些人叫喊着、吵嚷着，一些人用别人听不懂的话，要求杨国忠安排食物，供给他们一路吃喝。

"杨国忠跟吐蕃人谋反！杨国忠和吐蕃人一起谋反！"忽然有人大声喊起来。

几个禁军士卒，当即弯弓搭箭，向着杨国忠和他周边的吐蕃使者们射过去。

当的一声，杨国忠马鞍子中箭。杨国忠吓了一大跳，当即从马背上滚落下来。杨国忠当过兵，富有经验，立即用马身作为掩护，双手抱着头，向着驿站大门里跑去。

发现杨国忠逃跑，军士们拔脚就从后面追。

从驿站大门追到西门口，几个军士追上来。几把白亮亮的马刀一齐向杨国忠砍来，杨国忠略显肥胖的身体当即摔倒在

## 第十八章　比翼鸟折翼，连理枝断枝

地上。

地面上到处是鲜血，杨国忠痛苦得大喊大叫，过了一会儿，他就没有声息了。接着，又一阵乱刀下去，杨国忠的尸体被人大卸八块。

当初杨国忠从四川到京城献春彩，那一路上，春光满面，满心欢喜，他绝不会想到，十多年后，自己会倒在回四川的路上，被人碎尸万段，结局如此悲惨。

一个士卒拿来一杆长矛，将杨国忠血淋淋的脑袋挑起来，用一根绳子拴着，挂在驿站大门外面洁白的墙壁上。

杨国忠的儿子户部侍郎杨暄在外面看风景，刚刚回来，望到白净墙面上挂着一个人头，立刻打马跑过去细看。发现是父亲的头，杨暄吓得当即从马背上掉落下来，随即向驿站大门里拼命地跑。

几位禁军士兵，早就拿着弓箭盯住他。就在他向着大门跑动一刹那，几位射手一起举起手中弓箭。

一阵乱箭射过来，杨暄身体当即多处中箭，瞬间变成一个肉刺猬，流下一地鲜血，痛苦的喊声也越来越小。

目睹这一切的韩国夫人被眼前景象完全惊呆了，两条腿无论如何不听使唤，脑子里想跑，两只脚却无论如何迈不动步子。

几个禁军士卒跑过去，挥动手中大刀，几下就把她砍死。

禁军随即包围驿站，在外边大声叫着、喊着、嚷着。

"外面如此喧哗，是发生了什么事吗？"

立即有人跑出驿站查看情况，过了一会儿，几个人跑回来，战战兢兢跪在地面上，恐慌着说："杨国忠想要谋反，勾结吐蕃作乱，被禁军士兵们发现，乱刀砍死。"

李隆基坐在杨玉环对面一把椅子上，听到这几句话，心里不由得大惊。杨国忠绝不会谋反，一定是他得罪了什么人，有人故意要谋杀他，接下来还不知道要发生什么事。

来人回的那几句话，同时传到杨玉环耳朵里。她呆坐在木椅里，一动也不动，一句话也没有说。

李隆基拿过拐杖，站起来，顾不上杨玉环，在高力士陪同下，走出驿站大门。

"将士们动手，平息一场谋反，辛苦大家了。"他没有责备禁军，而是称赞、夸奖了他们，"大家都累，回去休息吧，接下来还要赶路。"面对着禁军，李隆基提高音量，大声说话。

没有人往回走，没有一个人有撤退意思，大家还是紧紧包围着驿站。

李隆基向身边的高力士小声嘀咕了几句，高力士听了，向前走了几步，走近军士，询问大家："还有什么话要说？"

陈玄礼放高音量，大声说："杨国忠勾结吐蕃谋反，杨贵妃是他堂妹，反将堂妹不能供奉，必须正法，以除后患。请皇帝忍痛割爱吧。"

声音传进李隆基耳朵，李隆基感觉自己双脚突然站立不稳，耳朵嗡嗡作响，眼睛视线越来越模糊。

多年来的宫廷政治搏杀，让李隆基猛然意识到，这一次，双脚已经站在火山口上，形势非常严峻，容不得半点疏忽，否

## 第十八章　比翼鸟折翼，连理枝断枝

则后果不堪设想。李隆基用牙齿咬了一下自己舌尖，一阵剧痛过后，终于强迫自己发热的头脑冷静下来。

李隆基望着远方，目光缓缓收回来，坚定地说："这件事，我知道该如何处理。请大家相信我，现在，你们还是回去吧。"说完这几句话，他头也不回，转身返回驿站，走进一间空置的厢房。

站在房子里，看着墙体里一些隐约可见的污浊黑迹，十七年来与杨玉环一起生活的点点滴滴往上翻滚，李隆基觉得，他和杨玉环已经不是一个皇帝与一个妃子，而是一对生死与共、患难相交的伴侣。"在天愿作比翼鸟，在地愿为连理枝。"曾经说过的誓言，在他耳边嗡嗡作响。

李隆基心在滴血：我这是连一个心爱的女人都保护不了。我那些国君尊严在逃难途中已经一点一滴丢掉了。一个无比痛苦的感觉涌上来：我这是做皇帝难，做决断苦。

外面士兵的呐喊声一阵一阵传进厢房来。李隆基感受着从未有过的孤独无助。

外面喊声越来越大、越来越急。高力士缓缓走过来，慢慢说："贵妃确实无罪，然而，将士们杀死她堂兄。贵妃在陛下身边，他们必定为自己性命担忧。"看着李隆基认真在听，高力士拉慢语速，一字一句说："将士安心，陛下也就安全。"

最后一句话，点到问题核心。

李隆基拖着脚，走出厢房，走到杨玉环身边，一双手颤抖着抚摸杨玉环的头发。杨玉环抬起眼，李隆基看到，那里满是哀怨。

"请陛下多保重。"一句话说出口时，她满眼都是泪水。

高力士请杨玉环走到佛堂，那里已经安排了两位手臂粗壮的宦官，其中一人手中拿着三尺白绫。

"不是很痛苦，忍耐一下子就好了。"高力士跪在地上，满眼泪水，慢慢说道。

三十八岁、能歌善舞、善解人意、倾国倾城的杨贵妃就此走完了人生最后的历程。

杨玉环尸体摆在驿站门庭，陈玄礼等人缓缓走进来，大家一一验看。

将领们解下盔甲，放倒手中刀剑，跪在地上，等皇帝降罪。

"赦免众将，众将无罪。"李隆基走出来，大声说道。

"陛下万岁。""陛下万万岁。"陈玄礼等人高声呼喊起来，对着李隆基一拜再拜，一个接一个退出去。

禁军各自归队，驿站包围解除。

杨国忠的妻子、幼子，以及虢国夫人等人，已成为叛逆家族成员，全部被禁军将士追杀，无一幸免。

至此，安史之乱内部的大祸根，终于被彻底拔除。来得有点晚，但还不算太迟。

# 第十九章　天无绝人之路

第二天清晨时分，李隆基已经起床。一夜过去，乌黑头发全部变白。

拄着拐杖，他来到杨玉环埋葬的墓地，身边站着高力士。

清晨空气里，透着一丝凉意。几只早起小鸟，占据高处树枝，在那里呼朋引伴，卖弄嗓门，拼命叫唤。

坐在坟头边一把椅子上，李隆基老泪纵横。前天还执手相望，爱意满满，今天杨贵妃与他就远隔天涯，以黄土为伴。

时间过得飞快，太阳已经老高。高力士劝李隆基保重身体，以国事为重，提醒他出发时间已到。

李隆基弯下腰，轻轻地抓起坟前一小捧泥土，用一小块黄绸布慢慢包好，塞进衣服口袋里。

在高力士搀扶下，李隆基蹒跚着走到驿站外面，众人都等在那里，早已做好出发前的所有准备。李隆基传令全体出发。

禁军中突然响起一片喧哗声音，所有人都在问同一个问题："我们去哪里？"

"去蜀地呀。"高力士回答道。

"蜀地啊，那里是杨国忠老巢！""蜀地啊，那里塞满杨国忠亲信！""我们杀死杨国忠，到蜀地，会有好果子吃？"军士们声音越来越大。

"去河东！""去陇右！""回京师！"士兵们三个一群五个一伙地高声喊着。

大臣中，有人提出："先去扶风，到那里再想办法。"

李隆基想想，随即拿这个主意询问大家意见。

得到将士们同意，李隆基立即做出决定："去扶风。"

队伍正在往前走着，从远处来的围观百姓越聚越多，一群人堵住了前行道路。一位中年人站出来说话："陛下，您不能走啊！您这一走，舍弃这里一切，我们这些人怎么办？中原这块大地怎么办？"

李隆基听着，眼泪哗哗地流出来，端坐在马背上，久久不动。

最后，李隆基发出一道命令："太子李亨在后面安慰百姓，我带领人马前行。"

人群围住李亨，随即闪开一条道路，让李隆基带着官军出发。

李亨身边，老百姓越围越多，很快就聚集了上千人。

一位年纪略高的人，站在李亨面前，大声说："圣上年纪大，离开这块战争之地，我们理解。太子年纪轻轻，那就留下来吧，率领我们大家，保卫这片家园。"

在那人身后，一个中年人放大音量喊道："殿下与圣上如果

## 第十九章　天无绝人之路

全都去蜀地，中原无主。将来要想再回来，就不容易了。而眼前，我们都愿意听从您指挥。"

李亨听着大家诉说，想一想，回答道："从昨天到今天，陛下正经历着身心的磨难，大家看到了吧，陛下一夜白头。他的年龄那么大，身体又不好，我岂能不待在他身边？"过了一会儿，他又说："我如果留下来跟大家一起战斗，也必须首先向陛下禀报，由陛下做出决定。"

说完这些话，李亨就准备骑马去追赶李隆基。

宦官李辅国拉住李亨马缰，轻声说："我有两条理由恳请太子留下来。叛军入关，国家正在四分五裂。眼下最值钱的就是民心。现在还不着力收拢民心，将来收复江山社稷还有什么凭据？顺应民心，是我请太子留下来的第一大理由。"

看到李亨放松手里缰绳，认真在听，李辅国继续说："进四川，后面一定是烧毁栈道。到那时，中原与四川，必定是两个世界两重天。中原等于拱手让给叛军，人心必定跟着散尽，那时，再来重新聚拢人心，几乎没有可能。而眼下，殿下留下来，就是人心所向，殿下必是中原之主，必能极大地提振士气。"

"那么，留下来，我们成功的凭据是什么？"

"两大资源摆在那里，把河北郭子仪、李光弼的军队，以及西北边防部队调集过来，为我所用。如果眼前去尽儿女孝心，却不从危难中拯救江山社稷，岂不是本末倒置？"

李亨把手中缰绳丢给身边人，当即派出人手，骑快马去向李隆基禀报："太子留下来抗击叛军。"

不得不说，太监中也有高人。唐朝犹如一辆下坡中失控的马车，行将散架，宦官李辅国伸出一只脚，狠狠地将马车刹住。

走过很长一段路，过了很长一段时间，没有看到李亨跟上来，李隆基勒住马缰，等在那儿。

过了一会儿，从后面追上一个人来，细细报告李亨那边发生的情况。

"这是天意啊。"李隆基长叹一声，"大唐有幸。"他当即吩咐道："将两千禁军和一些战马分给太子。"突然，他又想起一件事，当即派人带给李亨一句话："西北各族，我一直待他们很好，作战时，从他们那里，可以得到一些帮助。"

李隆基走到岐山，一个消息在人群中散播开来："叛军先头部队快要追上来了。"来不及证实消息，李隆基带领队伍立即快速向西前进，深夜里赶到扶风郡。

跑了一整天，大家正准备好好洗洗，睡个好觉，突然，队伍变得骚乱起来。一些人出来跟长官吵架，一些不三不四的话，从他们嘴里不停地骂出来。

陈玄礼心中突然有一个不好的感觉。队伍这样下去，一个晚上就有可能失控。万一发生骚乱，后果不堪设想。

听着陈玄礼的汇报，李隆基心中担忧起来。

正在着急上火、无处着手，有人进来报告："成都送的十万匹春彩已经送到。"

"天无绝人之路。"李隆基眼里闪出光来，当即发话，"将所有春彩全部送到大厅上，一一摆放整齐。"

将领、士兵们全部被召集到庭院里，庭院上上下下站满人。

## 第十九章 天无绝人之路

"近些年来，我用错人，信错官员，以致叛乱疯起，现在，我自己逃难，也算是得到报应。"一番类似"罪己诏"的话从李隆基嘴里说出去，闹哄哄的人群顿时安静下来。

"我们这一次走得仓促，大家无法与家人告别，沿途又没有做好准备工作，让大家吃苦受累，对不起大家。大家都听到过一句话，'蜀道难，难于上青天'，接下来的路更加难走。如果害怕走后面路程，如果有什么别的不同想法，如果家里有老母、老父，病在床上，需要照顾，我现在宣布，你们今晚就可以离开队伍。道不同不相为谋，志同道合者，一路走去，才有奔头。你们从这里安全地回家，我也从这里出发安全地到达蜀地。井水不犯河水，双方求得一个安全。你们回家的路上，要有开支花销；回到家里要看望老父老母，也要买点礼品。摆在这里的春彩，我就用来分给要离开的伙伴。带上这些春彩，路上可以买些吃的，回到家里，这些春彩或许能帮你们买点田地。请代我向你们父母道歉，真是对不住他们，让你们的家人受累，让他们一起担惊受怕。"

说完这些话，李隆基老泪涌出来。

将领、士兵中很多人也放声哭了起来。

"我们誓死跟随陛下，绝不有二心。"有人大声喊起来。

喊声越来越大，大家一致坚定了危难时刻跟随皇帝奔向四川的意志和信心。

这天晚上，没有一个人扛起春彩离去。此后，这支部队变得安定下来。

历史有时就是这样偶然，没有人扛走一匹春彩，然而正是这批偶然出现的春彩阻止了一场可能出现的崩盘危机。

不得不佩服李隆基,果然是宫廷政治高手。借着春彩这批资源,运用罪己诏和感情招数,将一场已经露头的危机当场熄灭。

# 第二十章　站稳脚跟，再图发展

看着太阳一点一点向着西边的山顶慢慢沉落，李亨心里拿不定主意。摸着腰上佩刀的刀柄，他向身边人问道："现在，我们去哪里？"

建宁王李倓（李亨的三儿子）说："我们不能待在这里，这里是河西、陇右部队控制的范围。因为战斗失败，河西、陇右的部队都投降了叛军。待在叛军地盘，非常危险。"

看看大家，李倓接着说："殿下（即李亨）曾经是朔方节度使。我还记得，那时，朔方将军、官吏，每年都要专程到京城来向您汇报情况。一些将官的名字，甚至到现在我还记得。至少，殿下跟他们比较熟悉。大家都知道，朔方军十分强大，而且朔方军那里离我们这里虽然有一定距离，但也不算太过于遥远。朔方军领兵将领河西行军司马裴冕是名门之后，世代都是忠臣良将。这样的将领，对朝廷一定没有二心。叛军正在长安抢掠，眼下还顾不上我们，这正是我们穿越危险地带的关键时期。我们必须抢时间，争速度，连夜赶路，尽快脱离危险地带。先期赶到朔方，站稳脚跟，再图发展，必成大业。"

连李俶自己也没有想到,这个"朔方方案"一出台,立即得到大家赞同。

李亨当即做出决定:"连夜出发,以最快速度,脱离眼前危险境地,向朔方军方向行军。"

半夜时分,人马快接近渭河时,突然发现有一支军队正在向着渭河同一方向移动。"对方人马不多,似乎要抢占渭河渡口。"

得到消息,李亨当即发出命令:"两千禁军立即向对方发动攻击,阻止对方向渭河靠近。其余人员,抢时间争速度,赶紧抢在对方的前面,渡过渭河。"

对方发现这边人数不多,鼓起斗志,发动还击。趁着月色,双方在渭河边上展开激战。

第一次来到这个陌生的地方,禁军不熟悉地形,在月光下的地面奔驰,许多人马跌入山涧,摔死摔伤,伤亡惨重。双方停止战斗时才发现,这是一场误会,对方是从潼关败退下来的唐军士卒。

李亨赶紧重新集拢队伍,向前赶路。

天亮时分,他们到达丰天,过了半个上午到达新平,距离出发地已经走过三百里。

由于行军速度太快,大量人马跟不上来,许多人掉队,军用器械丢失大半。过渭河时,步兵无法蹚水过河,夜晚跟着过来的只有几百骑兵。

队伍走到乌氏驿时,彭原太守李遵得到了消息。李遵立即

## 第二十章 站稳脚跟，再图发展

率领官员，在太子一行前进的路途上排成长长的队伍，跪在地上，迎接太子及身边大臣的到来。

看着跪在路边的大批官员，李亨心里感觉非常好："我们终于走出了危险地带，到了安全的地方。"

一行人继续北进，到达平凉。李亨发出命令："我们就在这里安营扎寨。第一项工作是用地方收上来的税收，用我们带过来的金银财宝招兵买马。"

一个半月的时间里，李亨购买到一万匹战马，招募到五千名士卒，部队开始有点模样，军营里一天天热闹起来。

李隆基一行到达河池郡，剑南节度副使崔圆，早已得到消息，早早带着大批官兵前来迎接。见到皇帝，他将早已背得滚瓜烂熟的一番话，不紧不慢、张弛有度地说出来："剑南军队强大，地势易守难攻，叛军绝对进不到剑南；剑南粮食丰足，物资富饶，来到剑南，陛下即可高枕无忧。"

听完崔圆一席话，李隆基十分高兴，当即升崔圆为宰相，率领人马平安有序进入蜀地。

"大军攻占潼关。"得到消息，安禄山非常兴奋。"唐军必定紧守京城长安，而且一定会反扑潼关。"依着这个军事评估，安禄山发出指示："潼关绝不会这么轻易得手，接下来必定有大仗要打，崔乾祐首先将军队驻扎潼关，关键部位布下重兵，守住潼关天险，接下来，才可以向长安进军。"

他真是做梦也没有想到，李隆基根本就没有布置长安的防守，更谈不上反攻潼关，而是逃之夭夭。

潼关布防工作，崔乾祐整整花去了十天的宝贵时间，没有及时追杀皇帝、太子两拨人马。发现没有唐军前来攻关，安禄山这才发出指示："孙孝哲带领军队，攻打长安。"

叛军长驱直入，轻松占领几乎零防守的长安。安禄山命令安忠顺率领大军驻扎皇宫，镇守关中。

住在东都洛阳华美的宫殿里，安禄山的眼光望到长安，望到长安城里的文武百官、宦官宫女。

他想：每一位官员背后，都有一大批人，甚至决定着一方安危。如果得到这些官员支持，天下就一定是我安家的。而那些宦官、宫女呢，绝不要小看这些底层人，他们就是皇帝权威的垫脚石，得到他们，必定顶起我的高高身价，到那时，天下百官将无不拜倒在我脚下。

想到这一层，安禄山向长安驻军发出命令："找寻文武百官、宦官、宫女，不得伤害他们，全部礼送至东都洛阳。"

从长安到洛阳的路上，出现了迁徙的景象，迁徙的人里有文武百官、宦官、宫女。他们都是长安驻军搜寻到的宝贝，由护送卫队送往洛阳，到东都上班。

看着旧日官员们在新朝廷里进进出出，安禄山猛然想到一个问题。这些人是双刃剑，他们中必定有人明一套暗一套，那就要想出办法切断他们与唐政府、唐军队之间的地下联系。

沿着"潜伏的地下联络交通线"思路，安禄山不久发现了一条"地下暗道"。安禄山向长安驻军发出命令，将王侯将相的随从、仆人、为他们赶车之人，包括他们的家人，全部抓起来，制造出各种各样合情合理、合法合规的理由、借口，然后堂而皇之将他们统统杀死。

安禄山版"大棒加胡萝卜"的手法十分"给力"，一批批唐朝高官，在安禄山的朝廷里担任要职。唐朝前宰相陈希烈、李隆基驸马张垍主动来到安禄山府里，为安禄山出谋划策。

坐在皇宫里，安禄山高兴得笑出声来，升陈希烈和张垍为宰相。许多唐朝大臣来到安禄山身边。安禄山势焰如炽。

叛军力量高速扩展，向西，叛军势力直逼甘肃；向南，长江、汉水一带已经笼罩在安禄山力量之下；向北，黄河东边绝大部分土地已经踩在安禄山脚下。

"都城长安我们都打下来了，天下还有哪个郡府州县我们打不下来？地方上那些个州郡县官员，识时务者，就赶紧来投诚吧。"

轻敌的思想，随着大军踏进长安的脚步，在军队将领头脑里像春日阳光下的野草一样，疯长起来。

叛军人马大批大批停留在长安城内；叛军将官住在城里的豪华府第中，日夜狂饮，不醉不归。大家都忙，忙于搜寻金钱宝物，寻欢作乐，赌博嫖娼，唯独不忙于战争。

正是屁股后面没有大军追杀，李隆基才能够带领大臣平平安安进入蜀地；正是屁股后面没有大军追杀，李亨一行北进才不费周折，几乎是无人阻挡。

"叛军消灭 20 万唐军，攻下潼关，占领长安。"这道消息就像惊雷重重地砸在唐军斗志的堤坝上。

河北战场，李光弼正带领唐军围攻博陵。突然传来"潼关失守、长安失守"的消息，围城部队当即失去斗志。

军无斗志，军心涣散，李光弼看着眼前的萧条景象，无奈中发出命令："部队撤离战场，回去休整。"

"唐军撤退了。"得到消息，史思明发出命令，"冲出城池，追击唐军。"

做撤退决定时，李光弼就有一个预感，叛军必定会从后面追杀。那就提前设下埋伏圈，把追击的叛军引入我军埋伏的阵地。

遭到伏击，叛军死伤惨重，不敢继续追杀。

李光弼率领唐军顺利撤出河北战场，撤回原来的驻地休整，等待时机。

郭子仪正在率领军队进攻范阳，得到消息，也撤出战场，从井陉撤离河北，留下部分团练兵守卫常山。

朔方军已经撤出河北地面。史思明率领叛军大展神通，河北大部分郡县相继落入史思明掌控之中。

# 第二十一章　杠杆撬地球

李亨在平凉忙着招兵买马，一天，他收到一封来自灵武地方官的来信。

"平凉地方，地处偏僻，地形散乱，而灵武这边，部队众多，粮食充足。向北，可调集北部各城镇边防驻军；向西，可调动河西、陇右兵马；向南，那里就是平定中原最近的路线，有着如此得天独厚的优势，请太子移师灵武。"信后面签署着一大堆灵武当地要员的姓名，如朔方留后杜鸿渐、节度判官崔漪等。

"现在需要的是什么？不单单是千军万马，更是这样有忠心又有优秀主意的人才。"李亨一边看着来信，一边拍着桌子赞叹。

得到"太子同意移师灵武"的消息，杜鸿渐、崔漪等官员立即忙活起来，到处寻找"装修施工队"，收集装饰材料。

得到太子人马已经动身的消息，杜鸿渐、崔漪等官员立即前往灵武边境，迎接太子。

见到太子，杜鸿渐当即献出精心研究的方案："为什么二十万天武军一触即溃，一溃就败，那都是因为天武军是市民构成的。大唐最精锐的是什么部队，如今又在哪里？大唐最为精锐的部队是边防军，在北方。边防军久经战场，经打经摔，战斗力强。安禄山部队就是其中一支，驻扎在北方各城镇的边防部队，本来是用来对付吐蕃和回纥的，现如今，吐蕃、回纥与大唐，要么请和，要么归附，也就是说，那些周边民族当前完全可以不考虑，到灵武，殿下集拢北方边防军，向全国发出讨伐令，广引人才，广收各地忠臣良将，广收大唐团练军，叛军的日子不会长久。"

听完杜鸿渐的话，太子点头称是："说得很有道理，国家现在正需要像你这样的优秀官员，咱们各方一起努力。"

看着这里新近装修的豪华宫室，宫内装修式样与长安宫殿几乎一模一样，看着自己的住处如同长安皇宫，李亨十分吃惊，当即发出命令："现在是战争时期，国家困难，得节省每一分钱打仗，这些豪华的装饰，能撤走的，全部撤走。"

离开马嵬坡时，李隆基丢下一句重要的话："传位于太子。"

一路上，李亨都在考虑登基这件大事，但风雨飘摇之际，条件还不成熟。

住在灵武，这些天来，一个新感觉涌上来：现在必须登大位，树起大唐皇帝这面大旗，以此召集各路军队，聚集各方人心。

一天，艳阳高照，丽日当空，在百官拥护下，李亨在灵武城南楼即位，裴冕为宰相，改元至德，大赦天下。

## 第二十一章　杠杆撬地球

几个月后,李亨发现,各地前来归附的队伍越来越多。

李亨身边,除宦官李辅国,还有一个日夜相随的女人——张良娣(李亨的一个妃子)。

跟着李亨来到灵武,一路走来,张良娣有一个感觉:"由于一起跟随过来的官兵不多,新近招来的兵马、将领又都是陌生人,而平凉、灵武民风彪悍,李亨整天提心吊胆,害怕被人杀死。"

每到晚上,上床睡觉时,张良娣总抢着睡在李亨外面。

"莫非你也能挡叛军?"

"叛军如果突然来到,我就在前面用身体挡住他们,陛下可以从后面逃走。"

听到这话,李亨心里一阵感动。

到灵武不久,张良娣生下了孩子。第四天,张良娣就从床上爬起来,坚持为士卒们缝制衣服。

"月子里,你得好好保养身体。"

"这个时候,我在床上能躺得住吗?"

听到这话,李亨心中越发疼爱张良娣。

## 第二十二章　此消彼长

李亨在北方登基，重树大旗，苦心经营，大赦天下。安禄山也没有歇着，他的做法，与李亨恰恰相反。

长安城里，一场恐怖的复仇运动正在展开。

根据安禄山命令，孙孝哲派出大军，搜捕那些还没有来得及逃出长安的李家皇室成员。如公主、驸马、王妃等。

这些人全部被押到崇仁坊，绑在一排排立柱上。

在刑场正前方，摆着安庆宗牌位，牌位边上，摆着一个大大的托盘。

"为安庆宗报仇，祭奠安禄山皇帝被杀死的儿子安庆宗。"判官一声令下，几十名刽子手拿着明晃晃的大刀，走上前去。弯刀刀尖插进公主、驸马、王妃们的胸膛。刑场上惨叫声连连，骂声一片。

满地鲜血，一具具倒毙的尸体。渐渐地，刑场上再没有一丁点声音。

安禄山余怒未消，接着发出命令："将杨国忠、高力士同党，将以前与我安禄山有过节的官员，全部捕捉起来，统统押往刑场,一个不留,全部处死。"

八十三位官员就这样被刽子手用残忍手段杀死在大街上。街面上流淌着黏稠血液,空气里充满着血腥味,凄惨哀鸣声彻夜不停,久久不绝。

仅仅过了一天,安禄山又发出命令:"将新近捕捉的二十七个皇子、皇孙、郡主,全部杀死。"

如此疯狂的仇杀,到底有什么作用?有后人评说:"安禄山用政治恐怖政策,亲手把自己推到唐朝官员对立面,为自己建立起一堵抵抗安禄山的人心墙。"

唐朝新皇帝在集拢人心,安禄山在残害人心,双方力量,反向生长。


此时,有一位神秘人物李泌,长途跋涉,来到灵武,来到新皇帝李亨身边。

李泌,长安人。自小才思敏捷,邻居们称他神童。有一天,李隆基听到李泌"神童"的鼎鼎大名,将他召进宫中:"你与忠王李亨一块儿学习,一块儿生活,一块儿成长吧。"

忠王李亨被封为太子时,李泌也已经长大成人。

给太子伴读的那些年,李泌学习用功,又得到全天下最优质的教育资源滋养,从老师那里,李泌学会了观察世界、思考问题的方法。

李泌将自己对社会问题的观察、分析,写成奏疏送给李隆基。李隆基看过后,大为欣赏:"文采飞扬,卓有见地。"

"来朝里做官吧,把你的才华奉献出来,为大唐的繁荣昌盛添砖加瓦。"李隆基盛情发出邀请。

端人家碗，受人家管，李泌想着，对李隆基说："我喜欢自由自在的生活，当一名社会分析家就心满意足。"

"人各有志，我也不勉强你。这样吧，你与太子从小一块儿长大，你们俩之间，就做布衣之交，经常往来，多多交流。"

太子十分尊敬这位儿时伙伴，两人在一起，太子称他为先生。

看到太子身边经常伴着李泌，杨国忠感觉不对劲。李泌那个人，不在官场上混，也从来不上他家门，成天在太子的耳边，叽叽喳喳搬弄是非。这样的人，就叫社会"喷子"，对着天下权贵，对着皇亲国戚，成天狂喷口水。要是某一天，李泌捉住他的把柄，在太子面前乱喷，他就极有可能栽倒在李泌手里。那时，阴沟里翻船，也未可知。

看出这个风险，杨国忠立即动手，找到一个借口，写成一篇奏章，上奏李隆基。

消息传到李泌耳朵里，李泌心中十分害怕。宰相伸出黑手来了，自己这小小胳膊扭不过大腿。李泌越想越怕，不怕贼偷，就怕贼惦记，既然被杨国忠盯上，或迟或早，总有可能栽倒在他手里。

李泌连夜逃出长安，秘密逃到一处深山老林，人间蒸发一般，偷偷隐居起来。

视线转到李亨从平凉赶往灵武的路上。

李亨不停地派出人手，寻找李泌。使者们身上都带着同样

## 第二十二章　此消彼长

一封信："杨国忠已死，威胁解除；国家处于动乱之际，危难之中，赶紧来帮我一把。"

接到李亨来信，李泌毫不犹豫，立即动身赶到灵武。

看到儿时伙伴，李亨非常高兴："先生就是上天送给我的张子房。"

张子房，即张良。得力于张良的有力帮助，刘邦赢得天下。

李亨说："我没有上过战场，没有战场经验，如何指导战争？现在我必须领导这场战争，外行必须指导内行，身为皇帝，这是我的职责所在。我的对手安禄山，长年在战场上混，战场经验丰富，在我的面前就是一座高山。我真的是压力巨大啊。各种事情纷繁复杂，一件事处理失误，就有可能影响大局。大事小事，我都希望先生为我把脉，与我一起做决断。"

看着李泌认真在听，李亨继续说："决断一件事，需要智慧；而实施某一项决策，更需要权威，所以我郑重地提出来，请先生来做我朝宰相。"

李泌端起茶杯，从靠椅上慢慢站起来，踱几步，走到窗前，望着窗外蓝天，缓缓说："陛下，我想享受做皇帝朋友的感觉。这样比当宰相地位更高贵，更重要的是思想更自由，不会受到皇帝雄威的约束，不用看同事脸色，不用瞧别人眼色，这才是人生极致。我志向已定，陛下何必花时间来改变呢？"

唐朝廷高层，一步一步形成内部大团结，与此相反，长安城里，叛军内部中高层，正在发生一场大分裂。

叛将阿史那从礼带着同罗、突厥军五千人住进长安城皇宫。

一天，阿史那从礼发现，在皇宫花园中，养着两千匹好马。

阿史那从礼立即有一个想法：带着手下五千名精锐骑兵，带上这两千匹全天下最优秀的好马，带上藏在皇宫里的黄金白银，在唐朝四分五裂、内部战争打得不可开交之际，建一个自己的王国。他可谓见财起意，见钱眼开，心比天高。

阿史那从礼属于那种有想法就立即动手的人。经过几天准备之后，一天清晨，天刚放亮，阿史那从礼带着队伍、马匹和抢到手的金银财宝，逃出长安城，逃向北方。

阿史那从礼一边跑一边想，到了北方，自己同周边其他民族联起手来，在唐朝边境占下一块地盘，到那时，想不当王都不行。望着蓝天，看着身边队伍和马匹，看着马背上的成堆财宝，阿史那从礼全身充满干劲。

"一支五千人叛军从长安逃出，正在向这里逼近。"听到消息，李亨十分震惊。

看着桌面上的消息，李亨想，这是个危机，也是个机会。阿史那从礼手下那批士卒，是一块已经松动的泥土，如果能打败阿史那从礼，既能拆散他的王国，缓解对唐朝的威胁，又能收编降卒，壮大大唐军队。

想到这一层，李亨命令郭子仪出兵攻打阿史那从礼。郭子仪联合回纥人，向阿史那从礼进攻，果然把他打败。

阿史那从礼率领同罗、突厥队伍逃出长安时，努力做的另一件大事，是制造混乱。他派出一批人手，来到监狱，放出那里被关押的犯人，让犯人四处流窜，自己从中浑水摸鱼，从容出逃。

## 第二十二章　此消彼长

阿史那从礼目标达成，长安城里一片混乱。担心自家性命难保，官吏们立即四处逃亡、四处藏匿。

在这个危机四伏、动荡不安的特殊时候，京兆尹崔光远派兵盯住孙孝哲的府第。孙孝哲觉察到崔光远有向他发难之意，急忙向安禄山报告。

崔光远本想趁机把孙孝哲等叛将抓起来，然后投奔朝廷。发现事情泄露，他心中害怕起来，联络到十几名官员，深夜逃出长安，逃往灵武，投奔李亨。

看着从长安逃出来的崔光远，看着这些一同逃出来的官员，李亨心中有一个良好的感觉：叛军集团高层出现大裂痕，官员队伍乱象丛生。他一边招待大家喝茶、吃点心，一边脑子急速转动起来：那我就利用这些人，将叛军上层的裂痕加宽加深。

李亨迅速做出新人事任命："升崔光远为御史大夫，兼京兆尹，你带领这批官员，回到渭北，一方面极力策反安禄山集团上层官吏，另一方面招集各地百姓，积累反抗安禄山力量。"

崔光远团队的工作十分出色，此后，一批接一批官员从长安逃出，李亨对他们个个封官，给予重用。

不要看不起此消彼长这个词语，虽然消与长都不是那么明显，然而，哲学告诉我们，正是量的积累最终促成质变。

望着这批官员返回渭北平原的身影，李亨想到另一个问题：我不应该只是动手拆散对手的官员团队，我们自己的军队，利用叛军在长安吃喝玩乐的时机，利用这个难得的战争间歇期，也必须尽快形成战斗力。

李亨向河西节度副使李嗣业发出命令："带领你部五千人马，赶到灵武集结。"

看着使者带着调兵令符出城，望着满是乌云的天空，李亨想，只要李嗣业执行命令，带领军队来到灵武来，接下来调动其他军队，就必定容易得多。如果李嗣业持观望态度，其他将领必定跟风效仿，唐军战斗力仍然处于一盘散沙的状态。

看着新皇帝发来的调军令，李嗣业立即发现，这里面有一个大问题。天下形势还没有明朗，谁知道将来李亨会不会做大呢？那自己就再等一等，看看别的将领如何行动，之后再做出决定。

将领段秀实看着使者走进军营，很快就打听到了皇帝调兵的消息。

一段时间过去，李嗣业那里一直不见动静，整个部队连个出发准备的指令都没有。段秀实感觉十分奇怪。

一天上午，段秀实找到李嗣业。"现在大唐处于危急之中，正需要军队出力。如果所有将领都持观望态度，天下还有救吗？如果将军您能振臂一呼，所有军队，必定跟风，大家都向灵武聚集。这是上天给您的机会。这将是个天大的功劳，您不去拿取，必定将这头功拱手送给别人。"

李嗣业听完，当即发出两道命令，一是升段秀实为副手，二是五千精兵，两天之内完成打包任务，后天拔营，以最快的速度，向灵武进发。

看着李嗣业、段秀实率领部队浩浩荡荡来到灵武，李亨立即发出第二个调兵令："安西精锐部队，调往灵武集结。"不久，安西七千精兵来到灵武。

随后，各地开到灵武的部队越集越多，唐朝军队形成团结对敌局面。

这段时间里，李隆基安全到达成都，跟他一同到达成都的官员和部队，只剩下区区一千三百人。

不能不说，安禄山错过了最佳的追杀时机。唐朝最高统治集团，危急之中，安全平稳地缓过一口气来。

# 第二十三章　怪招连连

## 思想战

长安叛军在分裂，灵武唐军在集结，而此时在河南，战争正在打个不歇。

令狐潮选择在五月份这样一个不冷不热的天气，带领叛军向雍丘进发。

一路上，看着五月美景，令狐潮就在想一件事：我跟张巡，以前都是大唐王朝县令，管辖县相距还很近，大家都是老熟人，还一块儿开过会、吃过饭、喝过酒、吹过牛。一句老话摆在那里，识时务者为俊杰。为什么他就那样墨守成规呢？现如今，投降安禄山的唐朝官员成千上万，为什么就他看不懂形势呢？大唐是好，可惜大势已去，连皇帝都不知道跑到哪里去了。他这样死战，都不知道是为谁而战呢。如果他能看清形势就好了。

沿着这条思路，令狐潮想出一道方案。

大军将雍丘城里三层外三层围住之后，令狐潮没有立即指

## 第二十三章 怪招连连

挥军队发起进攻，而是派出信使，约张巡墙头对话。

望到城墙上的张巡，令狐潮骑在马背上，一边作揖，一边高声说："我们曾经忠于大唐王朝，可惜大势已去。成批官员，归顺大燕皇帝。大片土地，已为大燕国所有。雍丘已经是汪洋中一座孤岛，早晚一定会被打下。你何必苦苦坚守？归顺大燕国，皇上绝不会亏待你。"

还没有歇口气，张巡的怒骂声就从城墙上飞下来："无耻啊，无耻！安禄山无耻地骗皇上，你无耻地背叛大唐。曾经在大唐皇帝面前，安禄山，还有你，一遍遍地标榜自己忠心，你的忠心、你的良心现在去哪里了？这样无耻的人，还有脸活在世上，还不给我快滚，有多远滚多远。"

张巡人虽瘦弱，声音却亮如洪钟，传进两军士卒耳朵里，唐军士兵发出阵阵嘲笑。

令狐潮没有指挥军队立即发起攻城战，而是带领围城人马，缓缓回到营地休息。

他一边走一边想：如此看来，张巡是个死脑筋，这种人就是一根筋走到底的人。他要在那条错误的路上往前冲，别人用十头牛也拉不回来。好吧，我承认，做张巡思想工作——这是一个错误路子，但是，张巡的部下呢？不见得他们人人都跟张巡一样吧，那我就从他的部下那里开刀，开挖张巡墙角。

想到这里，令狐潮找来一批文人学士："大家都来写信，发挥你们的才能和智慧吧，用你们神奇的笔，写出一篇篇优秀的政治广告。"

月上三更时，令狐潮安排了一批超级射手，在箭杆上绑上一封封写好的信件，全部射进城去。

"李隆基已经不知去向，大唐王朝已经灭亡，守在这里已经没有任何意义，现在投降还来得及，高官厚禄正在等着大家。"

从地上捡到这些信件后，看着这样的文字，六位将领跑过来找到张巡。

"城外敌军力量那么强大，我们人手这么少，雍丘城即使能守住，也守不长久，圣上生死不明，我们苦守下去，到底是为谁呢？就不说皇帝知不知道我们在这里拼命，估计皇上身边，甚至没有大臣知道我们这些人啊，大势已经这样，我们还是降吧。就不说为我们自己，也要为我们子孙留个后路。"

六员大将坐在那里，七嘴八舌。

张巡耳朵听着，心里默默转动一个想法：先稳住他们。

该说的话都说了，场面冷下来。张巡缓缓说："这是大事，不是小事，给我时间，让我好好考虑，明天给大家一个确切答复。"

看着大家都往回走，张巡没有坐下来考虑，他立即布置人手："你们从后面悄悄追上去，今天晚上，将他们六人分别软禁起来，不要让他们之间互相串联。"

令狐潮这是在跟我打一场政治战。望着窗外漆黑的夜空，看着桌边豆粒大的灯火，张巡陷入深思。六员大将，战场上六把好手啊，然而不杀不行。不杀他们，自己一定会输掉这场政治战，河南锁钥必定落入敌手。只有用他们六颗人头来祭旗，才有可能让全体将士摆脱"投降就是出路"的心魔。

## 第二十三章　怪招连连

第二天上午，县衙大堂，张巡集合起队伍，亲手摆上天子画像。在凝重空气里，他率领众位将士，对着天子画像，行跪拜大礼。

站在大堂上，张巡大声说："我们是大唐人，保卫大唐是我们的神圣职责。绝不可像无耻小人那样随意就背叛大唐，背叛皇帝。"顿一顿，他继续说："外界情况每天都在变化，而我们现在要做的工作，就是誓死保卫雍丘，我们绝不向叛军投降。"

张巡虽然身体瘦弱，然而声音洪亮，说话时情绪激昂。他的冲天斗志、坚毅决心，深深感染着每一位将士。

"誓与雍丘共存亡。"喊声从所有人嘴里发出来，一阵高过一阵。

张巡发令："带人上堂。"六位打算投降的将领被人带到大堂上。

六人跪在天子像前。

"贪生怕死，只顾自己，不顾大义。"张巡严厉斥责，大声宣布，"拖到外面，当场处死。"

用六颗血淋淋的人头，张巡给将士们上了一堂严肃的政治课。大家的思想走向统一，部队的动荡情绪安定了下来。

将士们的心又凝结在一起。

令狐潮做梦也没有想到，他精心策划的政治战，却起到重大的反面作用——帮助张巡纯洁队伍，夯实这支队伍誓死保卫城池的决心。

## 草人借箭

没有人来投降？连一个士兵也没有？

一连等上几天，越等越失望。令狐潮发出命令："政治战看来失败了，那就发起攻城战。张巡不吃软饭，那就给他上点硬菜。"

接下来二十天，叛军连番攻城。

"箭越来越少，再不想办法，箭支这几天就要用光了。"听着下属报告，张巡心中十分着急。天啊，叛军仍旧日日攻城不止，我们士兵手中没有箭，如何挡住叛军进攻？

张巡站在墙头上，看着敌军进攻，苦苦思索着这个难题的解决方案。

成捆箭就在敌军军营里啊，为什么不可以深夜去偷呢？

深夜时分，张巡派出几个人，试探着从城墙上用绳索往下放。

突然，叛军箭矢如雨，狂射不止。

看来叛军对我军一举一动严密监视。看着将士们将士卒迅速拉回墙头，张巡脑子里不停地想着。

诸葛亮能草船借箭，为什么我不可以草人借箭？一个想法迅速在张巡脑子里生成。

第二天，张巡向城里百姓发出动员令："用蒿草扎起一千五百个草人，披上黑衣，带上毡帽，个头大小跟唐军一模一样。"（当地盛产蒿草。）

深夜时分，月光朦胧，张巡发出命令："吹响号角，将草人用绳子拴着，放到城墙半空，做出深夜袭击样子。"

突然听到号角连天，敌军夜袭，正从城墙上将人往下放，得到消息，叛军将领连忙召集士卒，发出命令："用弓箭射击，阻止唐军进攻。"

一时之间，箭如飞蝗一般，狂泻到沿城墙而下的草人身上。

很快，一个个被箭扎得像刺猬一样的草人被拽上城，箭被迅速取下来后，草人又被士卒放下城墙。

这样反反复复折腾了一个晚上，天亮时分，叛军才发现受骗上当了。

这一次，城内守军得到近九万支箭，只比传说中诸葛亮的十万支箭少一万支。

## 夜袭战

站在墙头，发现叛军对放下去的草人不再射击，张巡突然又想出一个破敌方案。

第三天晚上，张巡提前挑出五百名身强力壮的勇士，用绳子将他们放下城墙。

望到张巡又在趁着黑夜从城墙上往下放人，叛军军官哈哈大笑起来："小屁孩都知道一计不可二用，张巡还真是笨到家。"

叛军没有任何心理戒备。

趁着夜色，五百勇士摸进叛军军营，突然高声呐喊，来回冲杀。叛军毫无防备，挨刀者鬼哭狼嚎，跑得快者乱作一团。

"打开城门，杀向敌军。"张巡一声令下，城门大开，唐军士卒冲向城外叛军营中。

顶不住这种突然袭击，叛军慌忙逃跑。张巡带领士卒将叛军追出十里地面，这才返回。扛起敌军丢下的成堆弓箭、粮食、药材凯旋。

# 第二十四章　一支意志顽强的部队

　　一次接一次失败中，令狐潮终于清醒过来。雍丘城没多少唐军，不可怕；唐军手中没什么作战武器，不可怕；雍丘之所以顽强地挺立在那里，全是因为有张巡。杀掉张巡，啥事都能搞定。

　　想到这一点，令狐潮发出命令："挑选杀手，混进城去，刺杀张巡。"

　　雍丘城每天有一个固定的开放时间，便于城里百姓进出。一批杀手趁着开放的机会，成功混入城中，更多杀手被守卫认出，只好逃回来。

　　混进城的杀手们，仔细观察后，有一个共同发现。张巡眼睛真尖，记忆力真强悍，每一个接近他的人，他都认得，都叫得出名字来。

　　只要接近他，我们这些陌生面孔，必定被他发现。杀手们想着，没有找到接近张巡的机会。

　　接到杀手们"无法接近张巡"的报告，令狐潮十分失望。

　　努力运动起脑细胞，令狐潮终于想出一个彻底毁灭张巡的方案。这天，令狐潮派出使者，向张巡送去一封信："请约定时间地点，我们两人再进行一次对话。"

在约定地点，令狐潮预先暗中安排了一百位神射手，在距离约定的位置不到一箭远的地方埋伏下来。"就在我与张巡对话的时候，听到号响，你们当即向站在墙头的那位一齐放箭，把他射成刺猬，就完成了任务。"

看着令狐潮的这封信，张巡心想，这座城池已经被叛军围得鸟飞不进，各方面消息一点都没有。正好从他的嘴里，多少套出一些外面情况，看看能不能探出皇帝现在在哪里。想到这里，张巡对手下人说："答应令狐潮的对话请求。"

第二天上午，对话时间到来。由于作战部署的需要，张巡发现自己无论如何抽不开身。"你来为我跑一趟吧，到城楼上与令狐潮对话，看看他说些什么，看看能不能听到一些外面的消息。"张巡向郎将雷万春说。

我能想出暗算他的办法，他必定能想出办法暗算我。沿着这条思路，令狐潮站在离城墙一箭远以外地方，向着城墙上高声喊话，说的是老一套劝降说辞，没有什么新意。

还没有等他说完，就听到墙头上的雷万春嘴里高声飘出来一阵痛骂。

雷万春骂声震耳。突然，一声号角响起，早就埋伏就位的一百名特等弓箭手朝着楼上一起放箭。

雷万春还没有反应过来，面部瞬间就中了五箭。

千万别让叛军看出我已中箭，千万不能倒下，否则，一定会长敌人士气。雷万春咬紧牙关，忍着剧痛，任鲜血顺着脸颊

## 第二十四章　一支意志顽强的部队

往下流，站在那里，纹丝不动。

难道我们射中的是一个木头做的假人？令狐潮大为吃惊，大感不解。

"我们到底有没有射死张巡？"令狐潮派出人手去打听情况，不久得到一个消息，"我们的确射中了一个人，是张巡手下将领，叫雷万春。"

听到这个消息，令狐潮顿时变得面如死灰：我碰到的，是一支信念坚定、意志顽强、摧不垮砸不烂的军队，岂能战胜？

张巡做完部署工作，赶紧跑到城墙上来看情况，发现眼前血人一般的雷万春一动不动站立在那里，心里十分震撼，立即下令："赶紧抬到城下医治。"

听完士卒们汇报，张巡十分气愤，跑上墙头，大声痛斥令狐潮"行为卑鄙，手段无耻"。

等张巡痛骂的声音停歇下来，令狐潮大声喊道："亲眼看到雷将军中箭之后，岿然不动，我心中佩服。你确实治军有方，你的军队确非一般，纪律之严明，让我甘拜下风。"

他停一停又喊道："然而，大唐王朝已经大势已去。这是上天要灭掉它，是天意，不是人力而为。张将军，我承认你有本事，可是，你能上违天意吗？还是顺从天意，投降大燕吧。"

张巡听着，朗声大笑："你啊，卑鄙小人一个，做人基本道理都不懂，还有什么资格在这里妄谈天意！天意是什么？你知道吗？天意就是民心。看到雷将军了吧，这才是真正的天意，真正的民心，真正的忠心。"

说完这些话,张巡立刻走下城墙,向着义愤填膺的士卒们发出号令:"打开城门,我们一齐杀出城去,为雷将军报仇。"

雷万春的举动已经让叛军们个个吓得胆战心惊,无心打仗。这会儿看到报仇的军队冲出城门,赶紧往后跑。

张巡带领唐军士卒从后面追杀,杀死敌军一千多人,擒获叛军将领十七人。

看着溃散的部队,令狐潮想:我的这支部队已经没有勇气攻城了。张巡这人带领的军队,再怎么努力地打也打不败。想到这两点,令狐潮发出命令:"夜间撤营,离开雍丘,到离雍丘较远的陈留城去。"

之后,令狐潮驻扎在那里,再也不敢轻易出来。

一天,张巡得到一个消息:"白沙涡突然驻扎了一支外地来的河南叛军,大约七千来人。"

白沙涡离雍丘三十里,张巡迅速做出决定:"趁叛军人生地不熟、立足未稳之际,袭击这股敌人。"

趁着夜色,张巡带领两千人的队伍,偃旗息鼓,秘密出发。深夜时分,队伍悄悄接近了叛军营寨。

叛军都在睡梦之中,突然听到外面传来一阵接一阵的喊杀声。"大队唐军攻进来了,只听到杀声震天,不知道到底来了多少人马,也不清楚杀进来的是唐军哪支部队。"

恐怖的消息,在睡得迷迷糊糊的将士中疯传。

听到临近的帐篷里传出来的惨叫声,叛军慌乱起来,骑兵们立即冲向马圈。战马已经被人偷偷解开缰绳,这会儿也不知

## 第二十四章 一支意志顽强的部队

赶到哪里去了。骑兵无论如何努力，就是找不到马匹，很多步兵找不到枪矛。混乱之中，大家四散奔逃。

张巡指挥军队发起追击，一直追到天亮时分，这才收兵。

返回途中，经过桃陵，侦察部队发现了一股增援白沙涡的叛军，立即向张巡报告："只有四百人马。"

"对敌军实施包围战。"张巡发出命令。

没有任何征兆，突然被唐军包围，对手有两千人马。叛军领队弄清楚眼前情况，大声哀叹："连逃跑的机会都没有留给我们。"四百人不战而降。

现场审问俘虏，张巡发现，其中有二百人是当地百姓，他们是被迫加入叛军。

"把这二百人仔细挑出来，晓以大义，然后放他们回家。"军队押着其余二百名俘虏回到雍丘。

十多天过去，突然，一拨又一拨当地人来到雍丘，投奔张巡。张巡派人去打听，原来，那些回到家中之人四处宣传张巡事迹，这些"占领区"百姓听到唐军英勇善战的故事，携老带幼，来到雍丘。

据统计，这一次来到雍丘的老百姓达到一万多户。

这天，张巡正在忙着安顿新来户口，扩军备战，训练新兵，突然得到一个消息："叛军节度使李庭望，带领两万部队，向东进发，准备袭击宁陵、襄邑。"接着又得到消息："叛军路过雍丘附近，在离此处三十里远的地方，安营扎寨，正在休息。"

"夜袭他们。"张巡迅速做出决定。

夜色降临，星光在天空中闪耀，张巡率领三千士卒悄悄出发。

这一夜，唐军杀死近一半叛军，俘虏叛军两千人，其余叛军趁着夜色四散逃命。

叛军袭击宁陵、襄邑的计划，走到雍丘附近，就被张巡硬生生画上句号。

与河南形势相反，此时的河北，形势不容乐观。

# 第二十五章　小心有诈

郭子仪、李光弼率领朔方军相继撤出河北，叛军在这里大展神威，许多郡县纷纷落入叛军掌控之中。

太守王俌留守常山郡。看着河北形势发展，王太守渐渐掂量出一个结论。驻扎在常山城的这点地方团练军，绝不是叛军对手。万事要趁早。如果等叛军到来，再与叛军谈投降条件，那样的话，其他所有人都能活命，唯独自己活不下来。现在就动手，暗中寻找与叛军沟通的渠道，到那时，必定能保住这颗项上人头。

一群人早早盯着王太守的一举一动。发现王太守手下亲信马不停蹄往外面跑着联络，而且总往叛军驻地方向跑，王太守手下这些将领们不久就看出其中端倪。

将领们迅速想出了不显山不露水悄悄除掉王太守的办法。

王太守十分爱好马上击球的游戏，类似于当代马球运动。只要有空闲时间，他就邀上府里同事，邀上军队里的将领们一起打马球。

将领们暗中布置一番后，这天，又像往常一样，组织了一场高水准的骑马击球游戏,盛情邀请王太守参加。

王太守骑着高头大马来到将领们中间,大家一起在游戏场上驰骋。

大家击球正酣时,一位将领故意眼睛望天,胯下大马朝准王太守重重地撞过去。猛烈撞击中,王太守掉落马下。

看到王太守在地面上挣扎,努力地爬起来,其他将领们做出施救样子,胯下马儿朝着王太守冲过去。一匹、两匹、三匹……马蹄从王太守身上直接踩过去。

咽下最后一口气时,王太守还在稀里糊涂之中,不知道自己为何死在将领们"紧急施救"的马蹄之下。

看着王太守闭上眼睛,将领们立即动手,将索命绳扔向王太守那帮子亲信。

除掉王太守这帮人,常山城里变得众志成城,将领们一致做出决定:"守住常山,绝不让军事重镇常山郡落入叛军之手。"

那么,叛军在哪里?在河北的叛军,正在攻打九门县城。

史思明、蔡希德指挥一万多叛军在这里整整攻打了十五天,还是没有打下来。

这么个县城,我就不信打不下来。史思明心里想着,发出命令:"外围没有唐军赶来救援,我们一定能拿下。坚持就是胜利。"

"我军伤亡越来越重,箭支越来越少,仓库里存粮也快见底,该如何办?"面对眼前难题,九门县城唐军将领召开顶层会议,反复讨论后,得出一个一致结论,"这么长时间过去,叛军一定求胜心切,而且十分轻敌。我们就利用叛军这个心理,设下一个陷阱。"

这天上午,叛军吃饱喝足,又开始了一天的活动,整顿队伍,向城墙发动进攻。

队伍还没有攻到城墙下面,突然,城墙上伸出来几面白布做的旗子。

一个声音从城墙顶上白旗下面飘出来:"不要打,不要打,我们投降。"

史思明在阵后观战,一眼就发现了墙上白旗:"去看看,城墙那边是怎么回事?"军官立即跑过去观察,随即回来报告:"城里唐军正高举白旗,叫着喊着要投降。"

"我就知道九门城没有多少粮食,一定支撑不了多久,最多也就是这个样子。"史思明一边高声地说着,一边响亮地挥动马鞭,催马赶到城下。

一个军官立即走过来,拦住他的去路。"小心有诈。"军官急急地喊着。

"谅他们还没有长出这个胆子来。"史思明朝着军官笑着说。说话时,他手上的马缰不由得放松,马的脚步缓慢下来。

"叫他们把武器都扔出来,军队滚出来。"史思明朝那位军官喊道。

军官跑过去喊话,不一会儿,刀、枪、剑、戟纷纷从墙头上扔下来,紧接着,一些瘦弱、伤残的士兵,从城门口缓缓走出来。队伍稀稀拉拉,士兵看上去无精打采。

看着身边围拢过来的军官,史思明大声说:"人都饿成这样了,还能耍出什么花样。走,我们全体进城。"

快接近城门时,忽然,城墙垛口处箭如雨下。

史思明胯下马中箭,战马剧痛难忍,乱蹦乱跳,史思明从马背上重重地摔下来,摔倒在地上一根鹿角上,肋骨被扎伤。(鹿角是一种守城武器,由尖锐而坚固的树枝或树干捆绑在一起而成,或把圆木削尖,交叉固定在一起,以阻止骑兵进攻。)

城内喊声四起,唐军从城门杀出。其中一支人马,直接扑向史思明。

史思明咬着牙,忍着痛,爬上另一匹马的马背,马往后就跑。

叛军毫无作战准备,在唐军的进攻面前,一时之间乱成一团,纷纷掉转身子,向后逃命。唐军早有准备,跟在逃兵后面,玩命死追,直到天黑,这才收兵回城。

史思明连夜逃跑,半夜时分,趁着夜色,带着残兵逃到博陵。


得到"李亨在灵武登基"的消息,颜真卿立即写成一封奏书,放置在蜡丸里,派一位武功高强之人,送到灵武。

从颜真卿奏书里,李亨了解到河北民众开展的反安禄山斗争的情况,十分高兴,做出决定,任命颜真卿为工部尚书兼御史大夫。他当即制成一封诏书,仍然放进蜡丸,由那位武士带回来。

看着诏书,颜真卿大为兴奋,对着身边的官员说:"在这个士气低落的特殊时期,我们最需要的正是提振将士士气。现在，这个宝贝送到了，岂能不大大加以利用？"颜真卿派出小分队，带着这封诏书，到河北各地，展示给当地唐朝官员、军官们观看。

看到这封诏书，大家这才相信，大唐王朝还屹立在那里，没有灭亡，也没有躲进四川，而是与大家一起与敌军战斗。将士们报国的决心变得坚定起来。

此后，颜真卿继续派出人手，带着诏书，深入河南，远到长江、淮河流域，给那里的唐朝政府官员、将领们观看。

这起到了凝聚力量、坚定信心、锤炼斗志的重大作用。

# 第二十六章　匡乱反正

逃到博陵，史思明闭城养伤。一个半月后，他伤势痊愈，逃散的部队也相继回到博陵城中。

"一定要报九门之仇。"望着城外蓝蓝的天空，看着城内越聚越多的军队，史思明拳头捏得咯咯响。

这天，史思明率领两万多叛军，朝着九门城开过来。

来到城下，史思明立即指挥叛军将这座小小县城紧紧包围，接下来不分白天黑夜，向着这个弹丸之地连续不断发起进攻。

九门城里只有两千唐军，吃不住这种车轮战、疲劳战，外无援军，最后，城门被叛军攻破。

摸着身上那根曾经被折断的肋骨，史思明残忍下令："将捕获唐军，全部杀死，一个不留。"

九月，秋高气爽，正是最好的"作战季"，史思明指挥得胜之军，向赵郡发起进攻。

没有费太多时间，赵郡进入史思明口袋。

每拿下一座城池，史思明就有一个良好的感觉：我的力

## 第二十六章 匡乱反正

量越来越大，唐朝这些地方守卫部队，根本就不是我强大的野战部队的对手。不久，史思明的眼光盯上河北重要城镇——常山城。

常山城内守军有五千多人，将领们有着誓死守城的决心，然而，自从王太守被踩死之后，常山城内没有最高指挥官，处于群龙无首之中。

史思明指挥三万大军将常山城围困起来。

从前面几场攻城战与守城战中，我们可以看出，河北各个城市之间缺少联络。叛军攻打九门、赵郡时，没有其他城镇派来援军。

守城战，最需要的是外围救援。若里应外合，围城军队就处于危险境地。若没有援军，则围城大军想怎么打就怎么打。

依着城墙优势，常山城守军顽强地抗击叛军进攻，双方展开一场接一场残酷激烈的战斗，最终，没有外援，又缺少实战经验，坚守二十天后，城墙被叛军攻破。

史思明下令："所有守军，一个不留，全部杀死。"

史思明神威大展，除个别地方还在唐军手里外，几乎控制了整个河北。


阿史那从礼逃回北方后，一同逃走的士卒，大部分又投奔了唐军。

阿史那从礼是一个心怀天下之人，这点小挫折没有放在眼里。阿史那从礼嘴里反复念动一句成功"咒语"，"安禄山都能坐大，我完全可以复制他的成功"，眼睛盯住居住在附近的一群人。

"九姓府、六胡州地区，到处都是胡人，人人会骑马，成年男子个个都是战场上混大的老手。我随手一招，招来的都是英勇善战的勇士。我的四周有着丰富的战争资源，不用白不用，唯一需要的，无非就是一张巧嘴，引诱他们上我这条船，需要的功夫，无非也就是宣传而已。"

阿史那从礼马不停蹄地活动，找到各个部落的首领，四处宣传"联合作战，共同发财，中原动乱，一起去抢金银财宝"的主张。

历时半年游说，他成功组建了一支大军，人数达一万多人。

一天，阿史那从礼暗中集结部队，发出作战动员令："做好向唐朝朔方军发动进攻的准备。"

李亨埋伏在阿史那从礼部队里的侦探，传回这条消息。李亨随即向郭子仪发出命令："调动天德军（驻地位于阴山南麓），讨伐阿史那从礼。"

在郭子仪指挥下，天德军向阿史那从礼聚兵之地进发。

唐军将领仆固怀恩的儿子仆固玢，年纪轻轻，作战十分勇敢，独自率领一支部队，大纵深进入敌军中，与前来围堵的敌人展开惨烈搏杀。

一次猛烈追击中，仆固玢中下敌军埋伏，被俘，投降了敌军。

敌人狂热地庆贺胜利，所有人喝得酩酊大醉。趁着敌人松散无备，仆固玢杀死身边看守，偷到一匹战马，只身一人逃回

## 第二十六章 匡乱反正

唐军军营。

回到大营，第一时间，仆固玚拜见了父亲仆固怀恩。

从逃回的士卒那里，仆固怀恩已经得到消息："仆固玚被俘虏，投降敌人。"

看着跪在地上的儿子，仆固怀恩喝令手下："捆起来。"

身边将官立即过来求情，"胜败乃兵家常事""被俘投降也是万不得已""公子勇猛异常，深入敌后作战""死里逃生才得以回归，给他一个立功赎罪的机会吧"。

听完身边将领几番求情的话，仆固怀恩发出命令："根据唐律，丧失如此之多的军队，作为主要领导，必须立即斩首。"

看着仆固玚那颗被砍下来的血淋淋的人头，将士们非常震惊："连亲生儿子都毫不留情，我们除努力作战外，还能有什么指望？"

仆固怀恩指挥军队向阿史那从礼发动猛烈进攻。将士们无不以一当十，没有人愿意失败当俘虏。

阿史那从礼抵挡不住，彻底失败。

将儿子血淋淋的头颅，用作治军之器，仆固怀恩堪称唐朝最狠辣的将领。这样勇敢的军队，将是安禄山真正的克星。


现在出场的是内侍边令诚，大家应该还记得这位，当年皇帝逃出长安时，将宫门、府库钥匙交给他保管。

皇帝刚刚逃出长安城，边令诚转身就往潼关跑，去迎接叛军。然而，他万万没有想到，虽然奉献给安禄山如此宝贵的钥匙，却没有得到重用。

听说阿史那从礼带着手下队伍、带着盗到手的马匹逃出长安，边令诚产生了一个感觉，"安禄山做不大"。看到长安官员一批接一批逃到灵武，得到新皇帝重用，边令诚做出决定，趁叛军不备，逃出长安，投奔李亨。

看到边令诚，李亨眼里，立即出现两个人的身影，封常清、高仙芝。正是边令诚的谗言，害死两员将领，使得唐军丢失潼关。皇帝撤离长安时，将宫中钥匙交给此人，委以如此重任，他却转身送给安禄山。

一股恨意从李亨心中涌出来。看着边令诚退出去的身影，李亨立即向身边人发话："斩。"


一天，张良娣收到从四川送来的一件宝贝——一个马鞍，镶满金银珠宝，豪华无比，奢侈至极。这是住在四川的皇帝公公送给远方儿媳的赠礼。

张良娣有一匹自己的爱马，立即将这件马鞍配上去。良马配宝鞍，堪称"顶级配置"。

看到张良娣骑着宝马到处炫耀，望着马背上那个镶金嵌玉的马鞍，李泌心中感觉有些不对劲。这天中午，享受过午餐，找到李亨，李泌缓缓说："现在是战争时期，军队需要战争物资，大家应该俭朴生活，得提倡节俭，不能将奢侈豪华的东西到处炫耀。"

看着李亨认真在听，李泌继续说："这几天，看到张良娣乘马时，马背上安着七彩宝鞍，看着那些闪光的金子、珠宝，总感觉有些不对劲，担心引来奢华之风。"

## 第二十六章　匡乱反正

看到李亨在点头，李泌没有多说，起身离开。

隔墙有耳，李泌没有想到，他这些话，完全进到隔壁房间里另一个人耳朵里，此人正是偷听的张良娣。

看着皇帝派来的几个人七手八脚拆卸马鞍上的黄金、宝珠，张良娣心中生出一股恨意。"你李泌拿我做垫脚石，我绝不会让你有好果子吃。"张良娣两手捏紧拳头，恨得牙痒痒。

建宁王李倓听到消息，十分高兴，跑来见李亨，大声说："这几天看着那副到处炫耀的马鞍，我一直担心陛下纵容身边人，渐渐生出安乐之心，现在看来，我之担心完全是多余的。"

在里屋，隔着墙壁，张良娣听到这话，拳头捏得紧紧的。她心里骂着："你也来打我脸，踩着我的面子往上爬，是吧？一定要让你们这些人不得好死。"


这段时间，李亨脑子里反复出现一个人的身影，是一个已经死去的人。这个人缠得李亨日夜不得安宁。"我一定要把李林甫的坟墓扒开，把李林甫尸骨挖出来，锉骨扬灰。"

一天下午，李亨准备了一壶上好香茶，派人把李泌请过来。

听完李亨一席话，李泌说："陛下正在征讨安禄山，这个大仇敌难道还不够？还要跟那个死人过不去，为啥这么折腾？"

"李林甫做宰相时，想尽种种办法害我。我那时日子过得真是朝不保夕。我之所以躲过一难又一难，能够活过来，全仗上天保佑。"

李亨看看李泌，接着说："他不也是一心要害你吗？害得你四处躲藏，隐身民间。"

李泌眼睛望着窗外天空,缓缓说:"如果他只是一个人,这个仇,我们一起报。但我看到,在他身后,站着一批官员。如果把李林甫骨头烧掉,长安城里那些曾经紧跟李林甫的官员,只会死心塌地为叛军效力,绝不会来投奔陛下。"

看看李亨,看到他无动于衷的样子,李泌继续说:"我还看到一个人——上皇。如果你这样做,上皇心里一定充满愧疚。上皇年纪大,剑南那个地方又很温热,容易生病。上皇如果内心惭愧,因此生病,不治而亡,那时,天下人如何看你?你可以不在乎那些为安禄山忙活的官员,但上皇、民心,却不能不顾及。"

李亨从座椅上站起来,缓缓踱着步子:"感谢上天,派先生来帮我,帮我找出我思想中的漏洞,帮我走出困境。"停一停,他又说:"从这件事中,我想到一个问题,做皇帝,不只是要听取正面意见,还要有人来提反对意见。"说完这话,他看着李泌:"如果没有你来向我提出这条反对意见,我又怎么能认识到自己思想中的纰漏呢?"

李泌没有说话,没有打断他的思路,听他慢慢说下去。

"说起李林甫,我想起他曾经做过一件事,正是在他手中,通过了一项规定。"望着天花板,李亨继续说,"正是那项规定,在皇帝耳朵里阻断了所有反对者的声音,以致酿成今天危机四伏、难以收拾的悲惨局面。"

李亨停一停,抬高声调,说:"李林甫规定,谏官向皇帝说事,必须先告诉宰相,待宰相同意之后,才能向皇帝进言,谏官将事情说完,从皇帝那里回来,还必须把向皇帝说过的话,向宰相报告一遍。从宰相角度看，李林甫通过这套措施，实现了对下属官员的控制，而我今天站在皇帝角度看，那就是完全堵塞了皇帝听到反对声音的通路。今天这件事让我明白了反对的意见是多么重要。这项规定从今天起，就必须取消，让高高在上的皇帝，能听到反对的声音。"

"不但要重开言官之路。"李泌跟着说，"我还有个想法，建立宰相轮流值班制度。每位宰相值班十天，这十天里负责处理大事，负责向皇帝汇报事情。这样就避免宰相们什么事都管，什么事都管不好；避免出现问题时，宰相们互相推诿，撒手不管的恐怖局面。"

"说得好，我们要把李林甫、杨国忠的错误做法，一一匡正过来。"李亨望着窗户外面蓝蓝的天空，心中十分兴奋。

# 第二十七章　荒唐牛车阵

李亨反复掂量身边几位宰相，觉得韦见素这人在大臣中影响力大，然而曾经依附过杨国忠。"那我就把他供着，表面看重他，实则不用。"房琯这人呢，李亨发现，称赞他的人还真不少，"那我就多多采纳他的意见，对他加以器重"。

自从当上宰相，房琯就努力向李亨推荐人才。名人、士大夫在他手中，炙手可热。在他推荐下，朝廷中人才济济，逐渐形成一种现象，名士扎堆，文人当道。

一天，北海太守贺兰进明晋见李亨。一番长谈之后，李亨发现贺兰进明这人很有能耐，决定让他担任代理御史大夫、南海太守和岭南节度使。

贺兰进明与宰相房琯关系很差。晋见李亨，向皇帝当面谢恩时，贺兰进明向皇帝说："房琯喜欢和欣赏的人才，都是文人雅士，每日里高谈阔论，是一批纯粹的理论家。"看到皇帝细心在听，贺兰进明接着说："朝廷里确实需要几位理论家，但不能全是理论家，否则空谈误国。西晋时皇帝任用喜欢空谈的王衍，在他周围聚结一群文人雅士，那些大臣每日里空谈玄理，不屑于做'粗事''俗事',结果导致战乱四起,中原沦陷。朝廷里更需要实干家,房琯却只会说大话,不是做宰相的料。何况他忠于的是上皇,不是陛下您,还常常结党营私,在军中安插自己人。"

李亨点点头,不久重新做出决定,任命贺兰进明为河南节度使。

房琯确实是人才,可惜是理论型人才。他在内心深处,非常渴望"干出一番事业来"。一段时间以来,他一直在构想进军中原,收复长安、洛阳的大计。

一天,房琯上奏李亨:"臣要亲自率领部队,进击叛军。"李亨细听房琯的进军方案,觉得很有道理,随即做出决定,房琯任总指挥,率领大军南伐叛军。

房琯指挥大军,向南开进。在咸阳附近的陈涛斜,房琯率领的唐军与安守忠带领的叛军相遇。

一场遭遇战随即展开。

这里的地势,是一片荒野,东高西低、东窄西宽,就如一个扑在地面的放大版簸箕。

叛军在簸箕尾部,傲然睥睨,唐军在簸箕口沿,仰攻叛军。

倾斜荒坡上,长满厚厚野草,现在正值冬季,野草都干枯变黄。

依靠着有利地形,安守忠带领叛军居高临下,等着唐军发起进攻。

发现唐军开始往上爬坡,安守忠轻松下令:"拉弓射箭。"

在如飞蝗般的箭矢面前，唐军丢下一批尸体，缓缓往下退去。

唐军几次发起进攻，每次遭遇的情形都一样。无论如何努力，都攻不破叛军的弓箭阵。

军队还没有出发前，房琯心中就有破解敌军弓箭阵的方案。方案不是房琯拍脑袋想出来的，是从战国时期兵法书上细细查看找出来的。简约地讲，这一古代战法叫"牛车阵"。

房琯发出命令："将早就准备好的两千辆牛车全部赶过来。"

两千辆牛车排列在一起，气势宏大，十分吓人。看着牛车阵排列完毕，房琯发出第二道命令："步兵、骑兵，全部分排排列，排在牛车阵中，一排牛车，一排军士。"

再次排列妥当，房琯发出攻击命令："以牛车打头阵，向叛军阵地碾压过去。"

漫山遍野都是牛拉战车，战车之间，夹杂手持刀枪剑戟的唐军，战车上蒙着生牛皮，箭头射不进去。战车上躲藏着唐军士兵，可以从射击孔往外射箭。叛军大声惊呼着，从来没有看到过这样壮观的场面，一时之间不知如何是好。阵前叛军开始往阵后跑。

"阵势不稳。"安守忠站在一处略高的山坡上，望着眼前景象。向着督察军官，安守忠大声发出命令，"稳住阵势。"

得到指令，几位督军将领当即动手，冲到军阵里面，当场斩杀几名带头向后逃跑的士兵，阵势这才稍稍稳定下来。

远远地望着唐军牛车阵，安守忠脑子飞速地运转起来。

时间一分一秒地过去，唐军牛车阵越来越近，安守忠始终没有想出应对方案。

## 第二十七章　荒唐牛车阵

安守忠正急得猛抓头皮，突然发现，原本静止不动的树梢，此时摇动起来，地面上的草也跟着晃动起来。"起风了。"安守忠嘴里念着。

风越来越大，向着唐军方向，猛烈地吹过去。

安守忠突然想起自己小时候放过牛。"牛最怕的是什么？除了放牛娃手中的鞭子，还有放牛娃的吼叫声。"

想到这里，安守忠立即发出命令："手头有鼓的士卒，用力敲击战鼓，所有人尽力高声呐喊，大家赶紧发出各种动物的怪叫声，发出狮子、老虎、大象的叫声，声音越高越好，越大越好，越尖利、越刺耳越好。"

无比嘈杂的声音，顺着大风，向牛耳朵灌过去。

听到前面猛烈的鼓声、号角声，听到人群疯狂的呐喊声，牛群受到惊吓。牛不听驾车人指挥，有的向左，有的向右，更多的牛向着后面掉头跑起来。牛车阵发生混乱。

安守忠发出第二条命令："将野草扎成草把，淋上油，绑在箭上。点燃火把，向牛车阵后面射过去。"

一团团火把，绑在箭上，从天空飞向牛车阵内部。

火把点燃荒草，大风中，火势蔓延开来。牛车上的蒙布跟着着火。在烈焰、浓烟中，牛狂乱奔跑起来。发疯的牛拉着车，与阵列中的唐军士卒互相撞击。狂乱奔跑的牛车，从士卒身上践踏过去。

"机会来到。"安守忠发出第三条命令，"全军出击，冲向唐军。"

仅仅一个下午，四万唐军伤亡殆尽，只有一千多人逃回去。

陈涛斜原野上，到处是唐军士卒尸体和散乱的牛车，牛车边上，站着喘着粗气的大黄牛，有的在悠闲啃食地面上枯黄的野草。

"房琯大败。"得到消息，李亨大怒，拍着桌子大喊，"毁掉我辛辛苦苦积攒起来的四万精锐部队，我一定要杀死他。"

得到李亨要杀房琯的消息，李泌立即赶过来见李亨。李泌说："胜败乃兵家常事，何况现在正是用人之际。如果带兵将领打败仗就必定杀头的话，接下来，还有谁敢领兵打仗？"

听了李泌的话，李亨决定赦免房琯。

# 第二十八章　伏击援军

金秋十月，天气凉爽，令狐潮接到上级命令，"一定要攻占雍丘"。看到这个命令，令狐潮忍不住笑出声来。"雍丘果真是河南锁钥。自从丢掉雍丘，到目前为止，河南这个大户，还真是无论如何撞不开大门。"

张巡就那么点人马，我咋就撼不动他呢？令狐潮想了想，做出决定，带领一万多人，再去围攻雍丘。

令狐潮率领军队刚刚移动，张巡的哨探就得到消息。

"叛军正在安营扎寨。"看着哨探送来的最新消息，张巡立即发出命令："打他立脚未稳。"张巡率领部队，向着正在手忙脚乱搬运营帐、埋锅造饭的叛军，发起猛烈进攻。

一番激战，叛军丢下几千具尸体，慌忙向后逃走。

"我一定还会再来。"令狐潮一边逃命，一边转过身来，向着蓝蓝的天空大喊大叫。

十一月初，天气凉下来，但还不是太冷，令狐潮再次带着一万多人的队伍，向雍丘城进发："我们先在那里安营扎寨，之后，久困雍丘城。"

得到消息，张巡率领部队向老对手令狐潮再次发起攻击。

在必胜将军张巡面前，反复失败的叛军产生心理阴影。望到唐军发起攻击，叛军丢盔弃甲，仓皇逃跑。

"来一次，打一次。"张巡望着逃命的叛军，向着蓝蓝天空，高声大喊。

河南地面，至目前为止，被张巡这把小锁，牢牢地锁住。此时，河北却已经闹翻天。

## 河北

史思明率领叛军攻打河间城。

河间守将李奂，率领守军，拼力防守。

站在城楼里，望着城池外面的敌军，李奂慢慢想着，城池保卫战，如果只是长时间跟对手耗下去，一定没有出路，因为城里存储的粮食有限，有限的存粮，到了某一天，一定会被耗光。

李奂抬高眼睛，望着远方平原郡，向着身边将官说："我们要派出勇士，向颜真卿送去求救信。只要颜真卿派来足够援军，城内守军与城外援军相互配合，里应外合，必定能打败叛军。"

李奂派出一员骁将，带领勇士，杀开一条血路，杀出重围，向平原郡方向急驰而去。

看着李奂的亲笔求救信，看到"里应外合"四个字，颜真卿捏着拳头，当即做出决定："大将和琳带队，率领一万二千名士兵，救援河间郡。"

## 第二十八章 伏击援军

"城内突然冲出几十人,杀出重重包围,奔平原郡方向而去。"听着将官报告情况,史思明向身边将领说:"这些人是去颜真卿那里搬救兵。我们将计就计。一部人继续围城,虚兵围城,围而不攻。我率领主力大军,在通向河间郡的险要地段,埋伏下来。"

刚刚部署完毕,一道消息传来:"和琳带着平原郡援军,正向这里赶过来。"

援军由骑兵和步兵两部分组成。一路上,和琳都在催促部队加快行军速度。步兵靠两条肉腿,早已跑得精疲力尽,一个个气喘吁吁。

部队前行到一处险要地段。突然,无数支箭从道路两边树林里射出来,跑在前边的骑兵纷纷中箭落马。"前面有埋伏,赶紧回撤。"恐怖的喊声让所有人惊慌。骑兵立即掉转马头,往后面跑。跟在后面的步兵,望到骑兵慌张逃回来,听到喊声"我们中了埋伏,叛军追过来了",立即转过身来,往后面逃命。

史思明发出命令,"从逃兵后面,全力追杀"。叛军全是骑兵,唐军步兵跑得慢,掉入叛军包围圈中。

步兵对付骑兵,必须摆阵,用箭幕挡住骑兵冲锋。可是唐军步兵已经跑得秩序大乱,无法摆开阵势。

在叛军的攻击面前,唐军大败,遭到叛军骑兵疯狂屠杀。除少数骑兵逃回外,唐军大部分士卒,要么被杀死,要么当俘虏,连和琳也没有逃脱。

李奂每天站在城楼上,眼睛望着远方天空,手指头不停地掐算,计算援军可能到来的时间。突然,在通往平原郡方向,一波波尘土高高扬起，隐约中，一支部队快速向城池方向冲来。

"援军来到。"李奂高喊着，立即发出命令，"做好准备，迎接援军。"

刚刚吩咐完毕，只见援军杀开一条血路，冲到城门前。

城门缓缓打开。

李奂带着迎接队伍，向援军走过去。

还没有来得及说上话，只见援军之中突然冲出一个人来，来人二话不说，挺枪就刺，将李奂打下马来。随即冲上来几个士卒，三下五除二，将李奂反绑起来。

援军怎么会是这样？李奂感到莫名其妙。

就在这时，从援军后面，跑出一匹马来，马背上端坐着一个人，李奂一看，此人居然是史思明。

史思明哈哈大笑，李奂顿时明白过来。

唐军还没有完全反应过来，叛军朝着城门一拥而入。

史思明成功占领河间城。李奂及上千名不愿投降的士卒，全部被杀死。

领着得胜之军，史思明向景城发起进攻，迅速得手。

"这个时候，河北郡县的领导，一定在为自己谋出路。"看准形势，史思明派出使者，到乐安郡招降。

接到劝降书，乐安郡太守立即将全郡献出。

"不献出不行吗？"有人问太守。

"形势摆在那里，人家是战场上混大的野战军，兵锋正盛，凭我们乐安郡这点地方守备部队，根本就不在一个级别上，如何较量？"太守回答得很直接。

## 第二十八章　伏击援军

史思明又盯上平原郡。"现在正是拿掉那个肉中刺的时候。"他立即派出部队，向平原郡进军。

颜真卿得到消息，对身边将官说："眼前，平原郡这点兵力，不能与叛军抗衡。我们主动放弃平原郡，南渡黄河，全军撤向河南。"

"平原郡不战而下。"得到消息，史思明十分高兴，"现在是收拾清河郡、博平郡时间。"

真是应了那句话，兵败如山倒。清河、博平两郡虽然抵挡了一阵，但很快就陷落了。

"信都郡有一万多唐军，眼下，真是想不收拾它都不行。"史思明带领三万叛军向信都郡进发。

"漫山遍野的叛军向我们信都郡方向开过来。"得到消息，信都郡太守乌承恩当即做出决定，"赶紧派出使者，求见史思明。"

史思明来到城下，乌承恩亲自打开城门迎接，亲手牵着史思明的马，将他迎进城内，将三千匹战马，一万多将士全部献给史思明。

在洛阳，安禄山召见乌承恩，对他大为赞赏，赏赐他太守官职。

# 第二十九章　心中满是智谋的勇士

　　河北地面上，有一个坚固的地方——饶阳。自从范阳起兵以来，安禄山就一直派军攻打，一年半时间过去，到此时，一直没有攻下来。

　　围城军队将行军帐篷改成简易住房，住在城墙边上。

　　饶阳城之所以能够一直坚守，并非因为城墙超高超厚，并非因为城里粮草、人马超多超强，而是因为这里住着一个狠人——张兴。

　　这让人想起河南的张巡。不过，与张巡身材瘦弱不同，张兴体格魁梧，孔武有力，不但臂力过人，力举千斤，而且有一身好武艺。碰到这样的战场超人，一段时间以来，叛军还真找不到应对方案。

　　张兴手中大刀重十五斤。看到接近身边的叛军，张兴一刀砍过去，往往同时有几个叛军立即皮开肉绽、骨碎筋裂。

　　叛军十分怕他，给他起了一个响亮名字——"张无敌"。

　　渐渐地，叛军摸出一个门道，几个人专门守在张兴出现的地方观望，看到张兴出城门，几个守望的人立即大喊，"张无敌

## 第二十九章 心中满是智谋的勇士

来了",听到喊声,张兴四周叛军立即避让。

张兴不只是勇猛,而且心中满满都是智谋。每当叛军攻城,发现敌军在哪里攻势强劲,张兴就立即赶过去。发现张兴赶来,敌军观察兵立即大声呼喊,敌军的强势当即变成颓势。

饶阳城并不大,兵力也不多,一年半时间过去,饶阳城还屹立在那里。叛军丢下一批接一批尸体,除此之外,几乎没有进展。

随着叛军打下一座接一座城池,饶阳城四周郡县一个接一个进入叛军口袋,饶阳城变成一座敌军包围中的孤岛。再也没有别的城池来接济粮食、草料,危急时刻,也没有别的城池援军前来接应。

城中粮食越来越少,马吃的草料越来越少,能打仗的兵员越来越少。

史思明发现局势有利,从河北各地调集叛军,将饶阳城水泄不通地包围起来。

饶阳城粮草已经完全断绝,将士们已经几天没有吃东西。太守无计可施,悲愤之中,在自家大院放了一把大火,一头钻进熊熊燃烧的大火之中。

叛军再次发起进攻,唐军士卒的双手,已经没有力量握起刀把,没有力量拉开弓弦,敌人趁机爬上城墙。

张兴接连砍倒十几个敌人,刀刃卷口,满身飞溅敌军的鲜血。

刚刚杀死一批,转眼之间,又有一批叛军扑上来。张兴身边的士卒,一个接一个无力地倒下。张兴手臂失去力量,无论如何举不起手中大刀。

几个叛军发现有利势头，一拥而上。

"张兴被抓住了。"得到消息，史思明十分高兴，"把张兴押过来。"

"将军是我见过的将领之中最为勇猛者，极其少见，非常难得。"看着张兴满脸血迹，看着张兴那身鲜血浸透的衣服，史思明继续说，"我十分佩服你。我盛情邀请你加入我们队伍，一起打天下，共享荣华富贵。"

张兴吐出嘴里的血，说："皇帝对待安禄山如何，你是知道的，那叫情同父子。可是安禄山呢，却背叛皇帝。这就叫忘恩负义。这样一个人，你还跟着他，你也不想想看，你会有好结果吗？"

看看史思明，张兴继续说："如果你现在投奔朝廷，带领你的部队，灭掉叛贼，那才是天长地久的荣华富贵。劝你好好地考虑吧。"

史思明听着，大声吼道："你想找死是吧？我成全你。"

两名刽子手走上来，七手八脚将张兴绑在一棵树上，用锯子锯他。

鲜血顺着张兴身体汩汩地流出来。张兴破口大骂，一直到死。

当初进入河北地面时，从安禄山那里，史思明得到三千兵马。

经过一年半战斗，现在，史思明不但控制了整个河北，而且手中兵员数量增长了二十倍。在每个平定的郡城州镇，史思明都安排了三千常驻军。在这些驻军中，有意掺杂胡人将领、士卒。这是承袭安禄山的军队建制模式。

　　控制河北全境后,史思明率领大军,回到博陵驻扎下来,寻找下一个进攻目标。

# 第三十章　持久战打破速决战

看着桌面上河北郡县一个接一个失守的消息，李亨越来越坐不住。这天，他找来李泌，商讨对策。

指着桌上一堆丢城失地的报告，李亨直截了当地说："我们这面大旗，到底能扛多久？"

这段时间，李泌反复构思反击叛军的整体战略，听到李亨说这句话，立即有一个感觉：现在是提出来的时候。

李泌说："眼前看，叛军确实十分强大，气焰也十分嚣张。我们现在就要打败叛军，也不现实。打败他们，需要一个过程。"

看到李亨认真在听，李泌继续说："面对眼前困局，我们首先要有胜利的信心，才能从中找到克服困难、打破困局的出路。河北叛军，占领了不少地方。据我所知，他们每攻克一座城池，就抢夺财物，抢到手之后，就将财物运回范阳。看这，我有一个结论，叛军没有占领天下的大志。由此推论下去，我得出第二个结论，叛军对占领天下没有信心。"

看到李亨在点头，李泌继续说："叛军力量，源于他们的队伍；而他们队伍的力量，又源于他们的主要将领。叛军中的汉人将领，真正为安禄山拼死力的，没有几个，大多是形势所迫。一旦某一天形势反转，这些汉人将领，必定望风而降。从这点出发，我有一个设想，能破解当前困局。"

看到李亨竖着耳朵在听，李泌望望窗户外面，那里阳光灿烂。李泌说："我们派李光弼率领军队从太原出井陉关，则史思明不敢离开河北；派郭子仪率领军队从冯翊入河东，则田乾真不敢离开长安。这样一来，跟着安禄山转悠的将领，就只有阿史那承庆。通过这样分别牵制的战法，对付安禄山就不再是难题。接下来，我的想法，是疲惫敌军。我想，唐军不要攻取河北，要保持长安和范阳之间道路畅通。"

"为什么要这么做呢？"

"我这是为了让郭子仪、李光弼率领部队，在不同时间段，轮换着攻击叛军两头。让叛军两头救援。如果我们强力进攻东头，西头敌军一定会去救援，反过来也是这样。敌军在数千里战线上奔波，必定疲于奔命。而我军却以逸待劳。无论东线战场，还是西线战场，敌军都比我军强大。我们与敌军交战，一定要凭借高墙，进行坚守。敌军攻城无望之下，撤退之时，我们就乘机出击。敌攻我守，敌疲我打，敌退我追。我们不花时间、花精力去攻占敌军已经占领的那些城池，我们不花本钱去切断敌军东西方向的通道。我们在东、西两个战场，搞得敌军两头跑，机会就在我们手中。"

"我们用持久战、疲敌战，打破敌军的速决战。时间拖久，叛军胜利无望，士气必然消沉。到那时，我们各路大军就可以主动出击，四面合围，胜利一定属于我们。"

李亨听完，十分高兴："先生一番话，让我郁闷纠结的心，豁然开朗。"

"方案得到皇帝赞同。"回来路上，李泌十分高兴。刚刚回到住处，突然，建宁王李倓来见。

屏退左右，房间里只剩下两个人时，李倓十分生气地说："据我所知，有两个人每天在皇帝面前说您坏话，日夜想谋害您性命，我非常为您担忧。"

听李倓突然说出这种无来由的可怕话来，李泌有些吃惊，缓缓说："是发生什么事了吗？"

"是两个奸佞小人，妒忌您的权势地位，相互勾结，想着法子要谋害您。我要为社稷除害，为先生除掉张良娣和李辅国这两个小人。"

听到张良娣、李辅国这两个名字，李泌倒吸一口凉气。皇帝身边这两个人要动起手来，真是神仙也挡不住。

李泌头脑立即冷静下来："刚才这些话，你以后千万不能说，再也不要想这件事，不要做任何可能招惹他们的事。"

说到这里，李泌深情地望着这位血气方刚、浑身充满正义感的年轻人。

耳朵里听着李泌的话，对张良娣、李辅国这两人，李倓心里仍然充满着仇恨，他最见不得背后偷偷摸摸陷害他人的小人。

# 下篇

# 第三十一章　一脚踹开自毁之门

此时，安禄山视力越来越差，看东西越来越模糊。那个时代眼科医学不发达。到至德二载（757）正月，安禄山眼睛完全看不清东西了。

自小生下来就是眼盲的人，早已适应黑暗的世界，心情相对坦然。但中年突然致盲，任何人都接受不了这个痛苦现实，都难以适应这个突如其来的大变故。安禄山身体十分肥胖，可能是患上了糖尿病，引发了眼病。

安禄山正在痛心疾首，不知接下来人生路该怎么走，就在这时候，他身上又长出一些大毒疮。

安禄山喝下医生开出的种种草药，不见好转。每到深夜，背上毒疮疼痛难忍，日子过得如炙似烤。

或许是因为身体过度肥胖，加上心理压力不停加大，或许是不适应洛阳气候，加上急火攻心，身边虽然围满医生，仍然解决不了安禄山这两大病痛难题。

双目失明、毒疮疼痛，一下子整垮了安禄山整个身心。安禄山本来性情暴躁，现在更是极容易暴怒。

一旦发怒，安禄山身边任何人，都会成为发泄对象。左右官员、侍从、宦官、宫女，他抄起马鞭就抽，操起木棍就打。看不清眼前人，他往往对着地上下跪的人，乱打一通，乱抽一气，直到他累得实在不行了为止。有时他手边摸到一把刀，触怒他的人，必定遭到他一阵乱砍，活活被他乱刀砍死。

双目失明后，安禄山住在皇宫里，不上朝理事，大事小事交给严庄处理。

往日来往密切的重要将领，现在极难见到安禄山的面。他们手中要处理的大事小事，得首先交到严庄手上，然后再由严庄向安禄山禀报。

在安禄山集团上层，严庄权势变得越来越大，成为叛军实际的掌权者，连安庆绪（安禄山儿子），都称严庄为兄长。

在将领们面前，严庄十分威风。在安禄山面前，他却常常免不了要遭受鞭子毒打。这日子过得，一半是火焰，一半是海水。

严庄现在最为担心的，只有一件事：要是某一天，某一件事出差错，惹怒安禄山，他顺手操起手边刀子，乱刀将我砍死怎么办？毕竟，安禄山手边，总是放着一把用来防身的尖刀。

想来想去，严庄终于想出保命的终极方案——杀死安禄山。

方案的关键，是找到最佳杀手。

正巧，安禄山的次子安庆绪，最近对父亲也很不满。安禄山宠爱小老婆生的儿子安庆恩，安庆绪担心自己不能被立为太子。

一天，严庄悄悄跟安庆绪说："你听说过大义灭亲吗？这种

## 第三十一章　一脚踹开自毁之门

事是不得已而为之，但古时候也是有过的。"安庆绪一下子听出了严庄的话外之音，说："是啊是啊。"两人心照不宣，暗中合谋，决定谋杀安禄山，由安庆绪登基即位。

然而，还有一个大难题摆在安庆绪和严庄面前。安禄山虽然双目失明，但力气还是不小，何况他身边总是放着一把防身尖刀。

安庆绪突然想到一个小人物——宦官李猪儿。

李猪儿负责为父亲穿衣、脱衣，每当碰到父亲毒疮，父亲痛得大叫，随手就对李猪儿一顿毒打。自己找他来做这事，他必定愿意。

安庆绪将自己的想法悄悄告诉严庄。两人一拍即合："这事找李猪儿商量。"

"还记得你挨过多少次打吗？"看着李猪儿，严庄缓缓说，"这样下去，你不是被打死，就是被砍死。"

李猪儿一双眼里，滚出泪来："是啊，我该怎么办？"

放下手中茶杯，严庄压低声音。


夜深人静，严庄、李猪儿、安庆绪悄悄走进安禄山住处。

看到是他们三人，侍卫们没有作声。

来到安禄山睡觉的卧室门前，只见里面还亮着灯，透过帷幕，能听到安禄山鼻子里发出重重的呼噜声。

安禄山已经睡熟。三人互相对视一眼。

李猪儿手中握着一把早就磨得十分锋利的大刀，看到严庄示意，轻手轻脚走进去。

李猪儿一刀砍下去，正中安禄山的大肚子。安禄山的肠子一下子涌出来。

安禄山痛得大喊大叫。

听到声音，安禄山身边几个侍卫急忙跑过来。这些人早已被严庄收买。看到眼前景象，侍卫们一个个吓得哆哆嗦嗦。

安禄山立即伸手，到枕头边摸那把防身尖刀，摸了半晌，没有找到。

安禄山发疯一般，双手抱着床边挂帷幕的木柱，使劲摇晃，一边摇一边喊："这一定是家贼干的啊，这一定是家贼干的啊。"

他越是使劲摇，使劲喊，肠子往外流得越多，鲜血已经流淌一地。

喊声、摇晃声渐渐低下去，房里慢慢沉寂下来。

看着吓傻的侍卫，严庄用低沉的声音缓缓发出命令："把大床移开，床下挖坑，把尸体埋进去。再把床抬回去，保持原来样子。谁要是走漏风声，满门抄斩。"

第二天早朝，向着将领和大臣，严庄说："皇帝病重，不能临朝执政。皇帝亲口交代，立安庆绪为太子，主持朝政。"

第十天头上，严庄假传圣旨："奉皇帝之命，安庆绪继承大位。"登基之时，安庆绪宣布，"尊父亲安禄山为太上皇"。

一个月后，安禄山"病死"的消息传出。尸体从床下土坑里挖出来，穿好衣服，举行隆重葬礼。

杀父登基的新皇帝，在风云变幻之际，能做大做强吗？

# 第三十二章　借皇帝手杀皇帝儿子

看着李泌与皇帝越走越近，李辅国气得牙痒痒：这里是我的地盘，怎容得他李泌一天天侵占？

瞪着一双眼睛反复寻找，一天，李辅国发现，张良娣也恨不得要吞下李泌。两人一拍即合："一定要想出办法，砍下李泌的头。"

他们又合计："首先拿掉李俶这个口无遮拦的家伙，否则，这位皇子一定要坏我们俩大事。"

这天，看看四周无人，李辅国跑到李亨面前，低声说："奴才得知，建宁王担心皇帝立广平王为太子，正在计划谋害广平王。"（广平王李俶是李亨长子。）

"有这回事？"李亨心中怀疑。

这天晚上，李亨跟张良娣谈起这件事，张良娣说："建宁王倚着自己有些才能，对广平王从来不服气。"停一停，见李亨正在仔细听，她接着说，"建宁王心中存下积怨，做出这样的事情来，也不足为奇。"

李辅国、张良娣两人一唱一和，说得有鼻子有眼，两人指鹿为马，配合得天衣无缝。

两天时间过去，看到皇帝除了整天闷闷不乐，还没有做出任何动作，两人决定使出第三刀。

趁着四周无人，这天下午，皇帝的身边走过来一个人。

来者不是别人，正是建宁王一个随从。（这人早已被暗中收买。）

依着早已策划好的方案，这位随从把建宁王要谋害广平王的事，在皇帝耳边，说得"证据确凿"。在什么时候、用什么方法，说得清楚明白。

在李亨脑子里，随从成功塑造了"建宁王蓄谋已久"的形象。

三个人指鹿为马，李亨想不相信都不行。叹出一口气之后，李亨发出命令："建宁王心肠歹毒，蓄谋害死广平王。念其是朕之子，让他自行了断。"

接到父皇诏令，李倓心中悲愤交加。自己没能为朝廷除掉奸佞之人，反为奸佞之人设计陷害。

抚摸着手中长剑，他长叹一声："宝剑啊宝剑，你是用来杀敌的，现在却要我自杀。"

无奈地苦笑一声，他挥起胳膊，锋利宝剑刺向心窝，一腔热血喷涌而出。

"建宁王被赐死。"得到消息，广平王大为吃惊，心想：一定是有人借父皇之手杀死弟弟，接下来，那双黑手，一定会伸向我。

## 第三十二章 借皇帝手杀皇帝儿子

广平王想来想去,想到李泌。"现在,能救我的,就只有他了。"

"我已打听清楚,设计杀死建宁王的,是李辅国和张良娣,我要除掉这两人。"

李泌一听,心中吃惊:"建宁王啥事没做,就招来杀身之祸。如果你要这样做,必定逃不过那两人魔掌。"

"我就在想,他们为什么要杀死建宁王?我猜想,他们是冲你而来。所以,我也在为先生性命担忧。"

"我已为此做好准备,你就放心好了。我与皇帝有个约定,京师收复之日,我就连夜起程,返回山中,过我的隐居生活。"看看广平王李俶,李泌接着说,"到那时,我对他们没有危害,他们就不会日夜想着谋害我。我的祸患就此可以免除。"

听到这里,广平王着急地说:"您这一走,我就更加危险,连个商量的人都没有。"

"你就用'孝心招'和'委曲求全'招吧。张良娣也就是一个妇人,你事事顺她心意,她还能对你怎么样?"

李泌话刚说完,李辅国推门进来:"皇帝请先生过去喝茶。"

看着李泌走进门来,在椅子上坐定,李亨缓缓说:"我最近在思考一个难题的解决方案。郭子仪和李光弼,我已封他们俩为宰相。如果他们俩收复两京,平定天下,我还能拿什么样的官职封赏他们呢?到那时,我该怎么办?"

李泌喝下一口茶,等李亨把话说完,慢慢说:"官职,必须任命给那些有管理能力之人。对立有军功者,不能赏赐官职,可以封赏财物、土地。"

275

看了李亨一眼，李泌继续说："今天之所以有这样的局面，就是太上皇对安禄山封赏的地方行政官职太多的缘故，这样的教训，实在深刻。这样的事，万代都不能做。对立有军功者，一定不能赏给行政官职，可以适当地赏给一些田地，让他们的精力花费在经营他们自己的良田美池上，让他们当富家翁，而不是做高官。他们本身握有军权，如果再赐给行政权、收税权，就容易变成危害朝廷的大毒瘤。因为那样他们就可以用收来的地方税收，悄悄扩充他们手中的军队。"

看着李亨一脸懵懂的样子，李泌继续说："即使用封土来赏赐功臣，也不能太多，最多也就三百里地面。这样的小地方给他们，他们翻不了天，朝廷也容易控制他们。其实他们也乐意，因为这些田地，可以惠及他们的子孙，是真正的宝物。"

"先生说得有道理。"李亨兴奋地说，"一下子解开了这几日缠绕在我心头的那个结。"

# 第三十三章 太原保卫战

驻扎在博陵，史思明心中想着一个地方——山西太原。河北的军事要地全都被一一拿下，现在，攻取山西太原的时候到了。望着窗外天空，史思明静静地想着。

侦探已经传回消息："李光弼将精锐部队交给郭子仪，随郭子仪离开太原奔赴灵武，他自己留守太原。现在太原城里，有且仅有一万人，全部是地方上的团练兵。"

史思明想：东都洛阳、都城长安都已被我军占领，如果再占领北都太原（太原是大唐开国皇帝李渊起兵反隋的地方，唐称北都），对唐军士气必定是重大打击。拿下太原城，我军就可以长驱直入朔方、河西、陇右，李亨大本营就如裸奔一般暴露在我军刀锋之下。

想到这一层，史思明发出命令，调集四路大军，攻打太原。"太原城里不就一万人吗？又都是团练兵，能有什么战斗力？四路大军围攻之下，太原城必定唾手可得。"

山西在二月，天气还十分寒冷。

史思明、蔡希德、高秀岩、牛廷玠率领叛军分别从博陵、太行、大同、范阳出发，向太原城下集结，总兵力达十万。

"十万野战军打一万团练军，不把太原城捏成齑粉才怪。"史思明信心满满。

"十万叛军，分四路向太原涌来。"得到消息，太原城守军将领们全都惊呆了。

脑子转得快的五位将领，迅速想出同一个方案："现在逃还来得及，还能保住一条性命。"五个人悄悄行动，连夜出城逃跑。

刚刚跑出城门，非常不巧，他们跟巡逻队伍撞个正着。五个人全都被捉回来。

第二天上午，留守太原的李光弼召集全城所有将领，当众处决了这五个人："无论是谁，敢临阵脱逃，这就是最后的下场。"

看着五个大活人，瞬间变成五颗血淋淋的人头，将领们一个个收起逃跑的念头。

作战对策研讨会上，几位将领提出相同看法："敌人如此强大，我们应该放弃城池，主动撤离。这就叫避敌锐气，留得青山在，不怕没柴烧。主动撤离不是逃跑，将来我们还会打回来。"

李光弼从座位上站起来，缓缓说："为着保存实力，我们可以主动放弃太原，可是大家考虑过没有，那样的话，朔方就无险可守，皇帝就暴露在叛军刀锋之下。难道我们让皇帝也往四川跑？"看看大家，李光弼大声说："现在，即使有大山钻，我们也不能钻山沟。坚守太原，与敌人血战到底是我们唯一的选择，没有其他选择。"

## 第三十三章 太原保卫战

"既然决定坚守太原,那么,从现在开始,就必须动员城内所有百姓和士卒,不分昼夜,修建城墙,挖深城池,凭着高城厚墙,才有可能抵抗叛军进攻。"一位将领说。

几位将领立即附和,支持这个提议。

"这个办法,现在不可行。"望望大家,李光弼说,"太原城城墙,总长有四十里,修筑城墙,工程不是一般浩大。恐怕敌人还没有到,我们所有人马全都累趴下了。"

"我们一方面要以逸待劳,另一方面要阻敌于城墙之外,让敌人力量在接近城墙的过程中,尽可能多地消耗掉,而我们却能够保存实力。"停一停,李光弼说,"在城墙外面,我们挖一条深深的壕沟,依托壕沟建立第一道防线。壕沟不用太宽,能保护我们身体就行,这样就节省了人力。在壕沟后面,我们动员百姓,就地取材,做几十万块大土块。"

工程刚刚完工,叛军大队人马就一批接一批赶到城前,将太原城重重包围起来。

壕沟里已经摆进成捆箭矢。敌军每冲锋一次,李光弼就指挥弓箭手立即用密集箭矢招呼他们。

叛军用骑兵队连续发起冲锋,每前进一次,就丢下一批尸体,然后不得不退回去。

利用这个时间,城内的士卒和百姓倾巢出动,运输那些已经做好的大土块,将城墙损坏的地方修好。

史思明派出搜寻小分队,到附近农村寻找门板、楼板,同时利用死去士卒的尸体、战马尸体当掩体,推进到与壕沟守军一箭之远的地方。接着,他挑选叛军中优秀的弓箭手,与壕沟里的守军对射。双方密集的箭矢，在天空中交织成一道道箭幕。

花去八天时间，叛军终于拿下壕沟，推进到城墙下面。

叛军从四面八方蜂拥到城墙脚下，随即对城墙发起全面进攻。

站在离城墙一箭远的地方，望着城墙上守军向攻城部队居高临下发射密集箭矢，史思明陷入沉思：我们的攻城部队确实十分英勇，倒下去一批，又一批涌过去。然而，每次前进到城墙下，准备攀登城墙时，守军就用城墙上堆积的大石块，从上往下砸。我军可以用门板、楼板、盾牌、死去士卒的尸体来挡住箭矢，然而，哪里能挡得住大石块？

在从天而降的大石块面前，攻城军不得不一次次后退。

看来我还是小看这点守城军了，那就不妨动用攻城器具。抛石机、云梯、攻城门用的喷火车，都得用上。想到这里，史思明立即安排人手，以最快速度，到崤山以东，将那里所有攻城器具，全部搬运过来。望着远去的搬运队，史思明还是有些不放心，立即加发一条命令："加派三千胡兵，沿途护送。"

在刚得到叛军进攻太原城的消息时，李光弼就派别将慕容溢带领一支骑兵隐藏在城外山林里："交给你们一项非常特殊的任务，专门打击敌军的物资运输队。"

慕容溢眼睛一直盯着敌军外围一举一动，发现有一支运输队伍外出，悄悄跟上去。

在运输队回来路途，慕容溢在广阳提前设下埋伏，一举杀死三千名护卫胡兵，一把大火，烧光了敌军所有攻城器械。

## 第三十三章 太原保卫战

站在城楼上,看着士兵们用石头砸退企图爬墙的敌军,李光弼立即产生了一个想法:"石头的威力不能小看,城墙上这些长年积累的石头,为何不让它们发挥更大作用呢?"

李光弼立即找来一批木匠,迅速动手,制作简易抛石机,将无数石块扔到敌军冲锋前集结的地方。

看着被从天而降的石头砸死砸伤的士兵尸体,叛军们再也不敢随意发起进攻,更不敢随意在城墙的前面集结。

叛军的嚣张气焰,被石头砸了下去。

时间过去四十天,太原城还屹立在那里。史思明站在一处土堆上,望着眼前城墙,慢慢地想出一个办法来。

这天下午,史思明召集将领开作战现场会。"我们要改变全面进攻的打法,改为重点进攻。我们进攻的重点,就是对方守城军队的某一个或某几个薄弱点。从这些薄弱点撕开一两个缺口,我们大军就可以一拥而入。"

看着将领们竖着耳朵在听,史思明喝下一口茶,继续说:"我们要做两项工作,第一项工作是挑选。大家回去后,精心挑选部队里那些骁勇善战、善于爬城精兵,将这些精兵,组成尖刀部队、突破部队,专门攻城。第二项工作是攻城时,我们把佯攻与实攻相结合,让一部分军队佯攻,放大声喊,制造气势,吸引守军眼球;我们的实攻部队、尖刀部队,在敌军守卫部队调离的地方,在守军放松警惕的地段,不声不响地、悄悄地攻城。"

四十多天时间过去,凭着战场上摸爬滚打的经验,李光弼有一个感觉,接下来的日子会越来越难熬。对手一次接一次失败，接下来，史思明一定会想出什么新招。

叛军极有可能寻找我们的薄弱点展开重点进攻。想到这一层，李光弼发出命令，"部队分段防守，各负其责；其他地段无论多么危急，负责守卫的部队，绝不可擅自离开自己防守阵地，危机严重的地段，由预备部队负责支援"。

李光弼向来以军令严厉著称，没有将领敢于违抗。

发出"分段防守"令，李光弼感觉还有些欠缺，想来想去，想出一个办法——分片巡逻。

李光弼立即行动，组建八支巡逻分队，将全城划分为八个片区，不间断巡逻。他命令："发现有防守部队麻痹大意，定斩不饶。"

史思明指挥大军向北城墙发起猛烈进攻，声势浩大，呐喊声震天动地。

北城守军感到强大压力，仍然顽强战斗。

此时，东、西、南城墙守军，紧紧看守自己阵地，没有前去增援。巡逻分队照常巡逻，防止守城部队松懈。

"没能找到太原城软肋，对手没有留下弱项给我们钻。"听到这个消息，望着眼前战斗景象，史思明再一次陷入沉思。

现在较量的是双方实力。接下来，双方拼的，必定是战斗技术。站在城楼上，望着城墙外敌军，李光弼慢慢想着。

拼技术，一定要技术人才，必须把城中能工巧匠寻找出来。沿着这个思路，李光弼发出一道招募令："军队公开招募各种能人，只要你有能耐，有技艺，无论技能大小、地位高低，都来报名。"

## 第三十三章　太原保卫战

吃过晚饭，坐在桌边，翻看"技术人才报名表"，李光弼发现了三个人。这三个人的职业是铸钱工匠，最大能耐是挖掘地道，有全套祖传地下方位测准术，在地下，能精准地测定方位，指到哪儿，地道就能挖到哪儿，还有整套挖地道的专业工具和方法。

"好，很好。"李光弼拍着桌子，叫出声来，"立即为他们三位配备三百位'学生'，先让他们教会士卒们挖地道，到时为作战出力。"

太原城里，只有万把兵力，为何久攻不下呢？望着城墙，史思明突然发现了问题核心。是因为那堵城墙——我们十万大军一直跟城墙作战，对手缩在城墙后面不出来，每日里吃香喝辣。只要把唐军引出城墙，引到这空旷地面上来，问题不就解决了？

史思明发出命令："挑选嗓门大的士卒，组成挑战大队，每日里站在箭射不到的地方，狂骂唐军。把唐军引出城墙，挑战队就能胜利完成任务。"

每天太阳升起来时候，挑战队就站在城前，对着城墙上的守军，按着策划小组提前编好的台词，张口狂骂。

各种恶毒语言实在不堪入耳，守城唐军听得气愤万分。骂声从早听到晚，从唐朝皇帝到唐朝官员，全都被骂个遍。

"我们应该出城，跟叛军实实在在地打上一仗，否则，叛军天天叫骂，实在让人气愤。"

看到将领们请缨作战，李光弼给出四个大字："严禁出城。"

站在城楼上，看到那些挑战士卒，每天站在同一个地方狂骂，李光弼给地道队发出一条命令："将地道挖到那些骂人的叛军脚下。"

三位挖地道高手立即指挥地道队作业，从城里向城外日夜抢挖，地道很快就挖到挑战队脚下。

挑战队队员们正在起劲地叫骂。突然，脚下土里，伸出一双双手来，把骂人者猛地拉进黑咕隆咚的地道。

骂人士卒吓晕了，稀里糊涂中，被弄到城内，稀里糊涂中，被押到城墙上，最后，那些士卒一个接一个在城墙上被杀掉，尸体被扔到城墙外面。

没有人再敢前进到城墙下面去叫骂，谁也不知道，走着走着，脚下泥土里会不会突然伸出一双可怕的手来，把他们拉进黑咕隆咚的地道里去。

现在，就是走在地面上，叛军士卒们也忍不住要看看脚下，人人担心，会不会冷不丁从哪里突然伸出一双可怕的黑手来。

看来挑战的招数不行。史思明望着蓝蓝天空，望着附近山头上翠绿的树林，突然有一个想法。既然攻城器具短时间内无法从远方搬运过来，为什么不可以现场制作呢？四周山头上有大树，而十万大军里必定有很多工匠。

史思明立即下令："一部分军队，改成伐木工，到山里砍伐树木；一部分士卒改成搬运工，从山上往城边搬运木材；军队中，会木工活的，全部挑选出来。全军合力，制作攻城用的云梯。"

人多力量大，十天时间里，一大批攻城云梯打造出来。

## 第三十三章 太原保卫战

站在城楼上,望着叛军们忙着搬动树木,制作云梯,李光弼陷入沉思之中。

叛军有攻城工具,力量又是那样强大,这次,还真是麻烦大啊。看着太阳渐渐落下山去,他脑子里仍然没有破解之策。

从城楼往下走,看到城墙底下一个个地道入口,李光弼突然觉得有办法了。为什么一计不可以二用呢?地道战为什么不可以再用一次?

李光弼立即发出指令,"在城墙外围,挖掘深深地道"。

叛军们推着新近制作的云梯,用木板挡住唐军从城墙顶上发射下来的密集箭矢,向城墙靠近。

云梯推进到地道上方。原本平整的地面,猛然下陷。高声呼喊的叛军,接二连三掉进地道。地道里无数刀光闪动,陷进地道的叛军,无一生还。

叛军忙活十来天,结果云梯战遭遇地道战,不但没有成功,反而伤亡近三成兵力。

看着眼前堆成墙高的尸体,史思明再一次陷入沉思。

该想的办法,都已经想过。还能有什么有效办法吗?既然啥办法都没有,那就啥办法都不用想,就用最原始的办法。

史思明发出指令:"部队撤到离城墙五十米的地方,将太原城紧紧围住。切断太原城通往外界的所有通道。"

望着蓝蓝天空,看着整齐部队,听到士卒们吃喝玩乐的声音,史思明笑出声来:"李光弼,你就缩在城里吧,我打不死你,困也要困死你。这么长时间过去,城里储存的那点粮草也用得差不多了吧。"

叛军后撤，攻城战全部停下来。站在城楼上，望着前方敌军黑压压的兵营帐篷，李光弼看出来，史思明这一次是念起困字诀，想用困字招，困死唐军。

九天时间过去，李光弼坐在城楼上，渐渐想出一条对策——将计就计。他想：你不是要困死我吗？那我就死给你看看。

李光弼挑出一些老弱病残的士卒，让他们分期分批夜晚偷偷从城里往城外"逃"，刚刚逃到敌军兵营，对方很快就发现了这些"逃兵"。

"我们是来投降的。除洞里能捉到老鼠，地下能挖出蚯蚓，城里已经没有任何能吃的东西，再不偷偷跑出来，不会战死，也一定会饿死。"

两天后一个夜晚，一位将军只身来到叛军军营："城内守军，准备投降，我这是来约定好投降日期。"

听到这个消息，叛军们个个高兴，警惕性大大放松，对唐军不怎么戒备。

"赶紧挖地道，挖到叛军营寨。"

叛军们绝没有想到，在他们营地底下，布满了横七竖八的地道。这些地道，上面用木头顶住，防止踏空露馅。

约定的投降日子很快就到来。城门后面，李光弼带领主力部队，早早埋伏起来。

一位副将，带着一千人马，缓缓走出城门，向叛军"投降"。

## 第三十三章 太原保卫战

看到唐军出来，叛军们拥挤在一起，争相观看。士卒们欢呼雀跃，庆祝这一天到来。

突然，叛军感觉脚下地面有些不对劲，有地方开始大面积塌陷，许多人掉进地道。大家立即变得惊慌起来，拥挤的人群四散乱跑，相互踩踏，许多人被踩死踩伤。

叛军们到处乱窜，看到情况，唐军擂鼓呐喊，埋伏已久的唐军士卒，在李光弼带领下，冲出城池，扑向慌乱逃跑的叛军。

叛军立即后撤。战斗中，仍然有数千人丢掉脑袋。

唐军不恋战，追过一阵，扛起敌军丢下的粮食、器械，返回城中。

第二天傍晚时分，史思明接到新皇帝安庆绪发来的命令："大军撤回河北，紧守范阳。"这时，大家才知道，安禄山已经死去，新皇帝安庆绪已经登基。

史思明带领手下三万人马悄悄撤走，留下蔡希德等其他三路兵马，继续围攻太原。

望着人马一批接一批撤走，留在太原城外的叛军，士气变得十分低落。"史思明久经战阵，打过无数胜仗，在这里却打不过李光弼，何况我们这些人。"将领们纷纷议论。

"安禄山已经死去，史思明率领三万人马撤走，保护老巢范阳。"得到消息，李光弼迅速做出判定，"敌人必定士气低落，属于我军的机会来到眼前。"

李光弼发出命令："挑选五百人马，组成敢死队。"

凌晨时分，城门悄悄打开，吃饱喝足的敢死队员扑向叛军大营。

所有人都在鼾睡之中。蔡希德得到消息，立即起床，来不及多穿衣服，迅速跳上马背。连往下发通知的时间都没有，哪里还有什么有效抵抗。

天已微微见亮，李光弼率领主力大军，从城内杀出。

叛军本来已失去斗志，此时，穿衣、找马、逃命，乱成一团，混乱中相互践踏。

叛军无心恋战，所有人都上马逃跑。

李光弼率领吃饱喝足的大军，对着饿肚子的叛军，从背后猛追。见一个杀一个，见两个杀一双。

逃兵只听到背后呼呼风响，有时甚至来不及回头，头上、背上就遭到一顿乱刀、乱棒。

叛军大败，丢掉五万人性命。

一直逃到第二天天亮，蔡希德这才收拾起残余叛军，逃回老巢。

太原保卫战，李光弼不但全胜，而且重创敌军。

为什么在兵力绝对弱势的情况下，他会取得如此骄人战绩？不能不说，远在洛阳的安庆绪，实实在在帮上了大忙。

正是由于安庆绪采取保守、收缩的战略，将重要将领史思明调离战场，去守卫目前还处于安全之中的范阳，才给了李光弼全胜机会。

由此看来，没有经过多少大战的安庆绪，实在无法与战场久混的安禄山相比，两人的战争策划能力、预判能力，不在一个级别上。

## 第三十三章　太原保卫战

安庆绪任命史思明为范阳节度使，让他"抓紧时间，招募军队；加紧训练，抵御唐军"。

叛军占领长安和洛阳后，安禄山一直在忙着做一项工作——当搬运工，具体来说，是将长安、洛阳等地收集到手的珍宝财物，调集人手，组成运输大队，全部运回范阳。由此可以看出，安禄山也没有一统大唐江山的志向，他的最大目标，无非也就是当个范阳首富，仅此而已。

看着范阳城仓库里堆得像山一样高的财宝，看着手中如此多的兵马，史思明有个感觉越来越强烈：我这是兵强、马壮，财大且气粗，天底下还有什么事做不成？

一天午餐过后，酒足饭饱，坐在富丽堂皇的大堂里，端着香茶，史思明想：安庆绪没有多少本事，他能懂什么呢？最多就懂点宫廷政治，玩点心术。

看着眼前海量财富，看着手上强劲的军事实力，望着无德无能的安庆绪，史思明开始有自己的想法。

# 第三十四章　血战睢阳

我们的视线，一直对准山西太原战场，现在终于有时间，朝向河南战场。

坐在洛阳皇宫里，安庆绪的眼光望到一个地方——江淮大地。那里是十分富庶的地方，那里是财富聚集之地。江淮那里，没有可以阻挡我们的唐军，真是想不拿取都不行。

至德二载（757）一月，安庆绪向大将尹子奇发出命："带领十三万大军，进攻军事重镇睢阳（今河南商丘中部），夺取进入江淮的大门。"

"十三万叛军直奔睢阳。"睢阳太守许远得到消息，急得不知如何是好，想来想去，想到一个人。在整个河南，没有几个真正上过战场的人，更没有在战场上打过胜仗的大将。如果说有的话，那就只有一个人——一而再再而三打败叛军的张巡。

此时，出于战略需要，张巡已带兵离开雍丘，驻扎于宁陵。许远告诉张巡："睢阳是江淮大地门户。叛军正在向睢阳赶来。请你率大军赶紧过来，一起来守住睢阳。睢阳一旦失守，整个江淮大地，就无险可守。富庶的江淮，就会落入叛军之手，成

## 第三十四章　血战睢阳

为叛军取之不竭的大税仓。"

为了保护重镇睢阳，张巡接过了防守睢阳的大旗。

睢阳城里，当地驻军有三千八百人，张巡带来的队伍有三千人，两部合起来不到七千人。

一天下午，尹子奇率领十三万大军，前进到睢阳城下。

从城墙上望过去，叛军队伍一眼望不到头，旗帜遮天蔽日。"叛军一下子来这么多啊，也太多了吧。"人人望得胆战心惊。

几天来，张巡和许远一直在忙活，督促全城人做加固城墙的工作，检查每一处防守工事，一边督促检查，一边跟将士谈心，安慰大家，鼓励大家。

叛军动作很快，来到这里也不打算休息，安营扎寨之后，立即展开攻城战。人数虽然庞大，一切工作有条不紊，可以看得出，这是一支实战经验很足的部队。

城墙边上，激战随即展开，有时一天一夜，有二十场战斗，平均一个小时发生一次。有时，一仗未息，一仗又起。尹子奇玩的正是车轮战："把对手几千人马，打不死，累也要累死在墙头。"

城墙，变成了杀敌战场，城墙脚下，到处是尸体，遍地是鲜血和零乱箭头。

接连苦战十五天。十五天里，守军擒获叛军将领十五人，打死叛军近两万人。在敌人强大的攻势面前，城墙还屹立在那里，叛军的嚣张气焰被打下去了。守军开始时十分担心，现在已经变得士气高涨。

叛军停下进攻的势头。在外围，尹子奇念起困字诀。"城墙看来我一时攻不破。我就把大军摆在这里，从四面围住城墙，困死你们。莫非你们还能插上翅膀不成？"

二月天里，阳光照到城楼上，给人一种温暖感觉。许远和张巡站在阳光下，望着前方敌军大营。营帐四周，人们进进出出，人头晃动，没有集结攻城的迹象。

"尹子奇一准是想困死我们。"张巡说。

"这些天来，我看着你指挥战斗，打退敌人如此凶狠的进攻。我这还是平生第一次站在真实的战场上。"看着阳光下的城墙垛口，许远接着说，"看得出来，你已经是经验丰富、勇气胆略过人的战场老将。我想，今后，军队、战场全都交给你，你依自己的决断行事，不用跟我商量。这样就减少了中间环节，我呢，专门负责供应物资、修缮战具、救治伤员。"

"我也跟你一样，也是从来没有上过战场，被逼着走上战场的。"看着许远，张巡接着说，"尹子奇是想困死我们，我在想，我们必须出城作战，我们就在叛军吃饭、睡觉时出城，让他们饭吃不下，觉睡不好。他打围困战，我就打骚扰战，看谁搞得过谁。"

有时敌军刚刚端起饭碗，唐军一股部队突然冲过来；有时半夜里，叛军正睡得香甜，唐军又冲过来。

叛军吃不住这种毫无章法的打法，疲惫不堪，士气低下。

看着队伍被闹得人心惶惶，尹子奇得出一个结论："这样的打法，我们必定攻城无望。"他随即发出命令，在夜间悄悄撤出战场。

## 第三十四章 血战睢阳

激烈战斗之后,特别是失败之后,部队需要休整。

经过二十天休息整顿,叛军士气重新振作起来。阳春三月,尹子奇带领叛军,又来到睢阳城下。

经过前一段时间的苦战,睢阳城守军伤亡巨大,死伤人数过半。这段战斗间隙期,许远带着人马四处征兵,却没有征到多少人手,部队没有得到有效新兵员补给。战争期间,没有人愿意当兵。

看着近三千具死亡将士的尸体,张巡心中十分难过。看着士兵们亲手埋下一具具尸体,站在这些新坟面前,张巡对前来送葬的士卒们大声说:"看着跟我们一起战斗的兄弟,草草安葬在这里,我真想哭。"望一眼大家,张巡继续说:"我张巡身为大唐官员,吃皇家饭,捧皇家碗,深受皇恩,为大唐战死,理所当然。而诸位是普通百姓,平时要向皇帝交税纳赋,没有得到皇帝恩惠,却要在这里为大唐苦战。大敌当前,生死未卜。战死疆场,能否得到皇帝奖赏,还要打上一个问号。我感到对不住诸位,心中惭愧。"

听着张巡的话,士卒们内心感动,低落情绪又高涨起来。

张巡发下命令:"宰牛杀羊,慰劳士卒。"大家吃饱喝足,随即趁叛军正在抢秋收军粮,出城列队,与叛军作战。

"这哪是什么军队,几千来人,还一个个衣衫褴褛。"看着眼前景象,叛军们个个哈哈大笑。

突然之间,只听得张巡大喊一声,手持大刀向叛军阵地冲去。两边士卒紧随其后。一位叛军将领毫无防备,瞬间就被砍落马下。

叛军们被眼前景象惊呆了。"招呼也不打一下，规矩也没有说一下，你这就杀过来啊，这是什么怪招？"

冲进敌阵的唐军，枪挑刀劈，横冲直撞，叛军赶紧后撤。来不及往后跑的士卒，被唐军大刀砍落马下。

唐军就像吃了火药，如入无人之境。叛军大乱，立即向后逃命。

唐军在叛军后面追赶，一口气将叛军赶出十多里地。这一仗，叛军将领三十多人丢了脑袋，叛军士卒三千多人丢掉性命。

叛军重新集结到城墙下，反复发起攻城战。有时一天一夜作战二十次。尹子奇没有玩什么花招，仍然用车轮战战法，仍然是"打不死你也要累死你"的旧招。

"人多对付人少，这招肯定管用。"

张巡带领士卒，打退敌军一次又一次的进攻，激烈的攻城战与守城战，就这样一天天在城墙边上上演。

四月，春光和煦。站在睢阳城前，望着攻城队伍，一次次发起进攻，一次次被打退，尹子奇突然想出一个办法：动用人力，在城外不远地方，垒起土堆，建造飞楼。飞楼高度高过城墙，因此能从飞楼上观察到城内动静，根据城内兵力动态变化，调整自家军队攻城的方向。

望到叛军变成工程兵，在日夜忙着建造飞楼，张巡感叹起来，尹子奇鬼点子还是有的。

这天夜里，深夜时分，劳累一天的叛军们准备休息。大家正在脱衣上床，忽然飞楼上的观察兵发现，城里敲锣打鼓，一些士卒正跑来跑去。

## 第三十四章　血战睢阳

"唐军正在集合队伍，准备外出作战。"接到观察兵传来的消息，尹子奇立即命令部队高度警备，时刻准备作战。

折腾一夜，天亮时分，城内鼓声停歇，没有动静。

观察兵立即从飞楼上发回信息："城内望不到部队，守军可能睡觉去了。"

"大家一整夜人不解甲，马不卸鞍，现在，守军睡觉，我们也该休息休息，大家脱衣上床睡觉吧。"

紧张了整整一个夜晚，现在彻底放松，所有人很快进入梦乡。

张巡、将军南霁云、郎将雷万春等人昨晚一夜好睡，现在已吃饱喝足，大家纵身上马，各带五十名善战骑兵，分成各个战斗分队，从城门中突然飞奔而出，冲向叛军阵营。

沉醉梦乡的叛军，无论如何睁不开眼睛。慌乱之中，有的甚至顾不上穿衣就往后面跑。

张巡带领分队，冲到尹子奇大帐。军帐里，众多士卒簇拥着一大群叛军将领，正在仓皇逃离。

这么多将领，其中一准有尹子奇。然而，执行保护任务的士卒太多，唐军攻不过去。那就把他射死。张巡脑子里迅速转出念头，发出命令。"这些将领中，到底谁才是尹子奇？"

"没有人认得他啊。"射手们非常困惑。

张巡突然想到一个办法，当即命令士卒："不要用箭，用身边的青蒿秆射击叛军。"

中"箭"的叛军，发现唐军用的是青蒿秆，心中大喜，"唐军没有箭支"，将官们个个拿着青蒿秆往一位叛军将领面前跑，报告这个重大发现。

"此人必是尹子奇。"张巡向着身边神箭手南霁云说。

一声箭响。尹子奇大叫一声，倒在马背上，左眼中箭。

尹子奇左手护眼，在众多将领保护下，狼狈逃跑。

这一仗，叛军将领四十二人丢掉性命，三千多士卒被削掉脑袋。

叛军全都撤走，四周平息下来，没有战事。

"尹子奇治眼睛去了，我们得抓住这个战争间歇期赶紧征粮。"许远行动迅速，带着一部分士卒，四处征集、购买粮食。

一批接一批粮食运入城中，六万多石粮食囤积起来。

虢王李巨（其曾祖父为虢王李凤，唐高祖李渊第十四子）得到消息，给许远发来一条指令："分城内一半粮食，给缺粮的濮阳、济阴两郡。"

许远立即写信说明情况："睢阳是军事重镇，已遭受叛军多次进攻。眼前，仍然是叛军攻击的主要军事目标。接下来发生的战斗，将比前面更残酷。与其他两郡比，睢阳将会遭遇更大困难，需要更多粮食，眼前战事平息，其他两郡也可以趁此机会赶紧派出人手，自己去筹粮。"

虢王李巨看完来信，哈哈大笑："还从来没有官员敢在我面前说半个不字，今天还真是见鬼。"李巨当即发出命令："城中一半粮食，立即分给其他两郡，否则按军法处置。"

碰到这种自以为是的王爷，还能有什么办法呢？官大一级压死人。许远已经听到恼羞成怒的虢王的吼声。

强忍着怒火，许远只好将宝贝一般的存粮，拿出一半来，分给其他两郡。

得到粮食后,第三天,济阴郡守将将城池献给叛军。许远辛辛苦苦征来的那些粮食,被叛军享用。

如果不是这位王爷乱作为,许远、张巡等人必定能坚持到援军到来。这是后话。

七月,天气炽热如火。尹子奇瞎掉左眼,但也养好了伤。"我发誓,这次一定要报一箭之仇。"九万名叛军云集睢阳城下。

睢阳城里还有粮食,但也不多。尹子奇一来,立即截断唐军进城粮道。

因四月份战斗减员,此时,睢阳城里,能作战的士卒,只有一千六百人。一些前来增援的部队,人数不多,被叛军阻隔在外围,无法进城。

两个月养伤时间里,尹子奇大脑没有歇着,他总结一次次失败的教训,得出一条重要结论:"我们之所以失败,是因为前期准备工作没有做足。我们没有重视对手,没有准备足够的攻城器械。这一次,我们要提前做好器械准备,打一场技术战。"

尹子奇定制了一款升级版云梯,除具备常规云梯爬墙的功能外,云梯四周,全部用坚固结实的兽皮封闭起来,能够对付强弓利箭射击,具有保护功能。在云梯顶部,制作了两个形如半截彩虹的出口装置,战斗人员能从这里跳出来,进到城墙上,跟守军作战。在云梯底部,安装了四个木制大轮子,二十个人,推着云梯往前走,具备移动功能。云梯内部,能容纳二百多个士卒,具备装载功能。

云梯一旦靠住城墙,里面士卒就从左右两个出口中跳出来,与守军作战。

看着叛军云梯,张巡很快想出对策。判断出叛军云梯停靠位置,张巡指导士卒们悄悄挖出三个大坑,在坑内预先埋上粗大结实的木柱。

叛军把云梯推到城墙边上,正准备往墙上靠过来。这时,守军预埋的木桩顶端,突然起来一个大铁钩子,一把钩住云梯前端的横档,使得云梯一时之间想往后退也退不了。随即,另一个木桩顶端,伸出一根削尖的木柱,直插云梯横档之内,使得云梯前进不得。

这时,第三根木桩顶端,伸出一根木柱,上面挂着一口大铁锅。铁锅里,放着早就浸过油脂的柴火。接近云梯时,柴火熊熊燃烧起来,随即倒进云梯顶上。

蒙着兽皮的木制云梯,遇火燃烧。云梯里面的叛军,一时逃不出去,有的被烧死,有的受不住烟熏,胡乱往外跳,要么摔死,要么摔伤。

"所有云梯,全部被烧毁在城墙边上。"望着惨景,尹子奇没有泄气,立即拿出第二招——钩车战法。

叛军们推出高大结实的钩链车。车子顶端,安装着大铁钩。这种车子推到城墙边上时,伸出大铁钩,紧紧钩住城墙上的望楼或城垛。叛军们站在下面使劲拉,望楼或城垛就被拉塌毁坏了。

"破坏掉你的防护设施,你们还能如何抵抗?"尹子奇站在城下大笑。

看着叛军推着钩链车在努力地作业,张巡很快想出办法,

## 第三十四章 血战睢阳

在靠近城墙的地方,竖起一根根木柱。木柱顶端,装着一个个大轮子。轮子上装上铁链,铁链上挂着大铁环。

叛军车子靠近城墙,开始做毁墙动作时,城墙上的士卒冲过去,用铁环套住叛军车子上伸过来的钩头。

后面士卒一齐用力,拉动铁链,转动大轮子,将钩头拽入城墙后面。

钩头随即被守军截下,失去钩头的车子,立即失去作用。

"牛啊,居然打起钩头的主意,而且做得非常成功。"尹子奇虽然只有一只眼睛,看着眼前景象,却不得不佩服张巡的脑力。

"等着吧,张巡,看看我的木驴攻城法。你还能有什么手段?"

叛军用结实木头制成封闭大箱子,箱体下面装上轮子,箱子里装满会挖墙打洞的士兵。

一群士兵推着这些超级木驴来到城墙下面,接着,将贴着城墙那一面的门打开,叛军开始在墙体上打洞,破坏墙体。

"钩链车是从上面破坏,哈哈,我这超级木驴需要从下面破坏,看你张巡还能奈我何?"

张巡只看一眼,立即有了主意。"赶紧找来废铁旧铜,就在城墙上烧熔。"士兵们很快明白过来,熔融后的铁水、铜液从木驴顶上向下浇灌,木驴迅速烧毁,里面叛军纷纷被铁水、铜液烧死灼伤。

"我得承认,张巡果然厉害。"睁着一只眼,尹子奇想出一个办法来。

在尹子奇指挥下，一批接一批木柴、土袋运过来，从营地西北方向，向城墙脚下堆码。

这是要堆出一个斜坡，类似于高架桥引桥部分，士兵们可以直接从这个坡上往城墙上冲锋。

张巡盯着叛军动向，装作没有察觉。在夜间，他悄悄派出黑衣人，偷偷将松明、干蒿等易燃物塞进柴垛中。

十天时间过去，叛军在努力地往前堆，没有发觉木柴底下被人做下手脚。

这天，张巡发现，朝向敌军营地的大风刮起来了，他立即发出命令："打开城门，壮大声势，向敌军发起进攻，吸引敌军眼球。"

叛军正在列阵，准备作战。

张巡派出小分队，快速冲到柴垛边上，点燃叛军堆起的木柴土袋。火借风势，风助火威，熊熊大火立即燃烧起来。

大火、浓烟顺着风势，烧向敌军军营。

木柴太多，火势太旺，叛军无法扑灭大火。

这场大火一直燃烧了十九天。

"张巡太有智谋。"看着眼前大火，尹子奇一脸悲伤，"车轮战、技术战，都被他一一化解，再向城墙发起进攻，还能有什么用呢？"尹子奇做出决定："在城外挖三道深壕，壕沟上设置栅栏，防止唐军突围。"

时间进入八月，天气越来越热。

叛军进攻虽然停歇，围困却一天也没有停止。

## 第三十四章　血战睢阳

"难道我们就这样被困死在睢阳城中？"所有人都有这样的问题，更大问题在于"河南那么多郡县，唐军在河南控制郡县那么多，为什么四周就没有一支唐军来解围呢？"

看着眼前剩下来的六百多士卒，张巡和许远的这个疑问，越来越大。

不只是援军不来，粮食问题也越来越突显出来，现在，存粮已经吃完，从官兵到士卒，都以树皮充饥。

如果不是虢王李巨做出那个错误决策，现在城里至少粮食还不成问题，然而，骂他又有什么用？现实而紧迫的路子只有三条：运来粮食、补充战斗人员，或者外围有援军来解救。

张巡已经打得尹子奇再也不敢攻城，就等着某支唐军来救援。

现在，有必要把视线对准睢阳城四周，看看这些地方到底有没有唐军。


离睢阳不远的谯郡、彭城和临淮，唐朝大将许叔冀、尚衡、贺兰进明分别领兵驻扎。他们个个手上都握有重兵。

为什么他们不赶过来救援呢？

这些官员之所以见死不救，是因为心中另有算盘。

"打吧，打吧，张巡跟尹子奇打得两败俱伤，就是我们的机会。""你张巡不是牛吗？不是有一大堆英勇善战的功绩吗？哈哈，你也遇到解决不了的难题了。真是太好了，就让尹子奇狠狠地磨死你。"

官员们的私心，蒙住了他们的眼睛；他们个个都拥有重兵，却人人按兵不动。

城里树就这么多，皮能吃多长时间？如果再没有救兵，饿着肚子，无论如何坚持不下去。望着远方叛军黑压压的军营，站在城墙顶上，张巡、许远都在想树皮的问题。

张巡做出决定："派南霁云，带领三十名勇猛战士，赶到临淮告急，请求发兵救援。"

临行时，看着南霁云，看着这群必须冒死才有可能突围的勇士，张巡一句话也没有说，一双眼睛久久地注视着他们，眼里噙满泪水。所有人心中都明白，这将是怎样一场苦战；所有人都明白，这座城池里所有人的性命，都担在他们肩上。南霁云和每一位士卒眼中，也满是泪水。

张巡向大家挥挥手，南霁云和三十名勇士跨上马背，冲出城门。

望到守军冲出城门，叛军立即拦截。

看着一位叛军将领越跑越近，南霁云缓缓拉起手里弓箭，"嗖"的一声，那位将领当即栽落马下。

"那人箭术不得了。"叛军中有人惊呼。跟在后边往前冲的叛军，立即打住脚步，转身向后退去。

刚刚往前冲出一段路程，在身后，一位叛军将领领着一群人追上来。那位将领一边挥舞着手中利剑，一边指挥队伍包抄突围的小分队。

南霁云勒住马，回望一下，拿弓搭箭，朝准那个负责指挥叛军包抄的将领，一箭射过去，那位将领当即滚落马下。

## 第三十四章　血战睢阳

追上来的叛军,赶紧停止脚步。

三十位勇士,纷纷向叛军射箭。叛军们害怕,远远地望着,没有人敢往前追。

个别想碰运气的人,跑到前边来。南霁云箭无虚发,冲过来的无不应声而倒。

叛军们害怕起来。南霁云所过之处,叛军们纷纷闪开道路。叛军中,没有几个人是傻瓜,大家都明白,性命只有一次,无比宝贵,跑上前去,只是白白送死。

突围分队杀出重围,只有两位士卒中箭身亡。

来到临淮,南霁云立即拜见贺兰进明。

听完南霁云讲述的睢阳危急情形,贺兰进明慢条斯理地说:"既然你说睢阳朝不保夕,那么,我们这里派人手去,还不知那里有没有人呢。我派人去救援,岂不是白跑一趟?"

南霁云十分肯定地回答:"在张巡大人带领下,睢阳城绝不会落入敌手。"

贺兰进明听完,给出一个答复:"你先歇息歇息,我这里研究研究。"

此人带着三十人就能冲出敌军重围,必定是把好手,勇冠三军。贺兰进明想到这一层,立即吩咐手下:"准备一桌好菜,单独宴请南霁云,将他留在我军中,为我效力。"

看着丰盛宴席,看着桌上大鱼大肉,看着美丽歌女演奏音乐助兴,南霁云突然想起睢阳城内吃树皮的将士,眼泪哗哗地流出来。"我们已经一个月没有吃过米饭,闻着都香啊。看到这满桌鱼肉,可我一口都吃不下。将军,你手握重兵,身为国家重臣，却坐视不管。你责任心在哪儿？"

说完这句话，"嘎嘣"一声，南霁云用牙咬下自己一节小手指，带着鲜血，送到贺兰进明眼前："我既然不能完成主将交付的命令，我将这根手指放在您这儿，作为信物，证明我向您求援过。"看看贺兰进明吓得目瞪口呆的样子，南霁云咬着牙，忍着痛，一字一句说："我这就回去，向主帅回报。"

陪宴将领们看着，个个十分感动，眼含泪水，请贺兰进明发兵救援。

贺兰进明不置可否。南霁云又等了一天，看到他没有一丝发兵迹象，只得带领队伍离去。

南霁云一行人来到宁陵。在这里，他成功得到三千人马。南霁云做出决定："时间不等人，时间拖长一天，睢阳危险就增加一分，即刻返回。"

闰八月一天夜晚，三千人马悄悄来到睢阳城郊。

自从南霁云冲破包围圈，叛军就偷偷地跟在后面，盯着南霁云动向。人马返回睢阳途中，叛军就已经得到消息，提前做好准备。

尹子奇派出重兵，将三千唐军团团围住，发出命令："绝不让唐军进入城内。"

双方立即死磕上去。

唐军士卒拼命撕开一个缺口，向城门方向推进；叛军玩命往上冲，堵住缺口，绝不让唐军接近城墙。

唐军杀退一批敌军，叛军迅速又冲上来一批。双方都不给对方一口喘气的机会。

## 第三十四章 血战睢阳

战斗从上午一直打到下午,唐军两千人战死,傍晚时分,终于接近城门。

唐军进入城内时,救援队伍只剩下一千多人。

"没有更多人来救援。"听完南霁云汇报情况,官兵们全都哭出声来。

能不哭吗?从二月一直战斗到现在,已是九月,外面长期被大军围困,打那么多仗,结果居然内无粮草,外无救兵。是人,都要伤心,都要落泪。所有人都看不到前途,看不到出路。

时间一晃就是十月。这里早晚已经是寒气逼人。现在大家肚子饿,身上穿的衣服还十分单薄。就连身上的单衣,也早已破烂不堪。阵阵寒风吹来,将士们个个瑟瑟发抖。

"现在必须放弃睢阳城,主动撤离这里,我们还可能有活路。"在张巡、许远面前,几位将领说出同一个想法。

"能不能撤?撤出去有活路吗?"张巡脑子里,反复掂量这两个问题。

在想清楚这两个问题的答案时,张巡心如刀割,非常难过。

眼含泪水,张巡告诉士卒:"我希望能带领大家离开这儿,我希望能改变目前处境,让我们大家都能好好地活下去,然而,我们每一个人心里都清楚,睢阳一旦失守,叛军必定长驱直入江淮,江淮大地上,无数黎民百姓,必会遭到残杀蹂躏,更多人必会家破人亡。我们已经很长时间没有吃过米饭,没有吃过肉食,我们已经没有力气杀出重围,我们即使能侥幸杀出重围,也没有力气行军,我们即使有力气行军,由于没有城池屏障,到野外,我们也打不过长年在野外混战的叛军骑兵,到那时,我们一准被他们追上，一个一个全部被他们杀死，所以，我想，我们就依靠城墙，在城里死等，等待援军救援，只要有援军来救援，我们就一定能活着出去。"

"会有援军来吗？"将士们提出同一个问题。

"我想，古代诸侯国王之间都能够相互救援，今天我们四周都是大唐军队，他们不会坐视不管，他们一定会来救援，关键是，我们能不能坚守到他们到来那一天。"

城里本来有不少行道树，现在，没有一棵树上有皮，它们一行行矗立在那里，犹如一具具白骨。

军营里的战马一匹匹瘦骨嶙峋，在寒冷北风中，有气无力地嘶鸣。有的站立不稳，倒在地上，它们渴望一把草料，然而，城里已经没有草，连泥土下面的草根，都被人刨出来吃光了。

张巡走到这些战马身边，抚摸着战马长长的脖子。没有战马，战士们如何发起冲锋，危急时刻如何逃命？含着眼泪，张巡发出命令："杀死已经站不起来的战马，用锅煮熟，分给饥饿士卒。"

十天过去，战马吃光，连马皮、马骨头都吃光，没有看到援军的影子，远处甚至没有望到一丝扬起的尘土。

张巡每天到城楼上张望，有一天，望到天空上有几个鸟儿飞过，立即下令："在城墙上支起网来，看能不能网住天上飞的麻雀，在城里挖洞，看能不能挖出老鼠、蚯蚓来。"

又是十天过去，连能找到的蟑螂、蚂蚱都吃光了。除了人，任何飞禽走兽，睢阳城里已见不到踪影。

## 第三十四章 血战睢阳

"援军啊,你们在哪里,怎么还不出现呢?"

张巡在城墙望楼上搭了一张床,住在那里,日夜张望。这天,他决定走下城墙,回家看看情况。

正走在大街上,突然,地上躺着的一位瘦弱老兵伸出一双手来,一把拉住他:"杀死我吧,杀死我吧,我已经饿得不行了。"老兵声音很微弱,但张巡耳朵能清晰地听见他的话:"把我煮熟,给那些还能战斗的人,大家吃下去,才有劲头杀敌。"

就在这时,城墙上突然响起一片喊杀声。"叛军又来攻城了。"

"守城要紧啊。"老卒用微弱声音喊道。说完,他睁着双眼,还没有来得及闭上,就停止了呼吸。

张巡伸出一只瘦弱的手来,慢慢帮老卒闭上眼睛。

"已经半个月时间没有回家,不知家里情形怎样?"张巡想着,加快脚步。然而,那个老卒的身影在头脑里回荡,张巡心里充满悲伤。

听到家门口响起熟悉的脚步声,爱妾霍氏立即迎出来。

张巡脑子里回荡着老卒身影,没有注意到霍氏在打招呼。"你这是怎么啦,莫不是打仗把你打傻啦?"霍氏惊呼着。

张巡这才回过神来,把路遇老卒的事,跟她说起来。

"老卒的话有理啊,吃下老弱病残和我们这些帮不上忙的妇女,或许能等到援军到来那一天,将士们吃不上东西,哪里有力气守城?"

这话从柔弱可爱的霍氏嘴里说出来,张巡听着,一脸惊讶。

张巡这才注意到,原来貌若天仙的霍氏,已经瘦得不成样子。她两只眼睛显得格外大,这会儿看着张巡,格外有神。

"不要一听到吃人,就吓成那个样子,过去大荒年,易子相食的事,我们那儿也有不少啊。过去的人,那是为着活下去,今天,如果守不住这座城池,我们这些人不一样要悲惨地被叛军杀死吗?"

一个弱女子,说出这样的话来,张巡心中震惊。他想:附近城镇里那些手握大军的官员,到现在都望不到他们影子,他们的勇气怕是连我家这位弱女子都赶不上。

霍氏出身于书香门第,知书达理,原本有一个温暖的家。自从叛军来到,这一切发生了翻天覆地的变化,不但家里财物被洗劫一空,父母也双双死在叛军刀枪之下。

自从张巡把她从叛军手中救下来,霍氏就有一个强烈的感觉:"这个男人是我命中贵人。"正是因为长得漂亮,又正值青春妙龄,她险些被叛军当作礼物送给上司。

一路上跟随着张巡,从雍丘到宁陵,再到睢阳,在纷飞战火中,两人的爱越陷越深。身为张巡爱妾,霍氏对张巡照顾得无微不至。正因沐浴在爱的阳光里,每一场残酷战斗下来,那些倒毙的尸体,那些淋漓的鲜血,那些残肢断体,才难以进入张巡梦乡。

趁着张巡低头思索的当儿,霍氏猛地伸手,用力抽出张巡身上的宝剑,大喊一声:"让将士们活下去,就先从吃我开始吧。"

一股鲜血从霍氏脖子上喷涌而出。

抱着霍氏身体,看着霍氏在自己怀里反复挣扎,最后无力

## 第三十四章　血战睢阳

地死去，张巡心中充满悲伤和愤怒。"周边唐军为什么还不来救援？"张巡眼泪滚滚，对着周边的空气高声呐喊。

此后一段时间，城内守军以人肉为食，吃光了妇女，吃光了老弱病残。

城里没有药材，伤员得不到救治。现在，城中能战斗者，已不到四百人。天气越来越寒冷，肚子里食物越来越少，士卒们已经举不起手边武器。

一天，吃饱喝足的叛军，叫喊着登上城墙。守城将士眼睁睁地看着叛军攻上来，却无论如何拿不动武器。

对这些无力还手的唐军，叛军举起大刀，疯狂地屠杀，发泄心中愤怒。

看着这一切，张巡无力回天。他用宝剑挺住自己身子，向着西方天空，缓缓跪下："陛下，臣已经尽了全力，已经无力再战。愿来世变作厉鬼，消灭叛军，报答陛下。"


"抓住了张巡和许远！"尹子奇听到消息，十分高兴。

"立即带张巡来见我，我要亲眼看一看，张巡到底是一个什么样的人。"

用那只剩下的眼睛，久久地注视着张巡，尹子奇十分惊奇地发现，眼前只是一个瘦骨嶙峋的人。"天啊，这样一个人，哪里来的如此巨大的力量，在我强大的兵锋面前，据守睢阳居然长达一年之久？而我在他面前，竟然一次次失败。"

尹子奇自顾自地摇着头，感到不可思议。

"我听说，每次作战时，你牙齿都咬得咯嘣响，是真的吗？"

"是真的，我想把叛军全吞掉。"

"撬开他嘴，让我好好看看，是一副怎样的铁牙钢齿。"

走过去，只见张巡嘴内仅剩四颗残缺不全的牙齿。

尹子奇打了一个寒战。

一个念头突然升上来："这人太牛，留下来有用。"尹子奇叫人把张巡押下去。

"张巡这样的守节义士，是绝不会投降的。"有人在旁边说，"劝他投降，只是白费力气。"

"张巡深受士卒、百姓拥护，万一逃脱，必定后患无穷，再成我们大敌。"听到这样一句话，尹子奇当即做出决定，将张巡、南霁云等三十六人一齐斩首。

临死时，张巡面不改色，大义凛然。

得到"睢阳危急"的消息，河南节度使张镐带领部队赶来增援，同时向浙东、浙西、淮南等郡太守发出"共同救援"的命令。

谯郡太守闾丘晓拒绝发兵。

张镐带兵赶到睢阳时，睢阳城已失陷三天。

张镐派出人手，将闾丘晓强行召来，当着将领的面，命人将闾丘晓乱棍打死。

整肃军纪后，张镐指挥各路赶来的救援大军向驻扎进睢阳城的叛军发起猛烈进攻。经过五天激战，叛军大败，尹子奇带领残部逃出睢阳。

睢阳又回到唐军手中。

## 第三十四章　血战睢阳

## 张巡战法

张巡进驻睢阳时，唐军官兵近七千人，城内百姓数万人。

大小战斗四百多次，杀死杀伤叛军数万人。

与一般军队将领高高在上、脱离群众的做法不同，每遇到一个陌生人，张巡就问起对方姓名，跟对方聊天。这样一来，他就能记住他们的名字，结果，城内士卒百姓，没有他不认识的。应该说，张巡的军民关系，搞得不是一般的好。

正是因为得到百姓空前支持，才不断地激励起士气，也才能在重兵围困中，坚持战斗达一年之久。基础牢，靠的是日积月累的功夫。

指挥军队作战时，张巡不依兵法统一布置，而是给出明确指令："各位将领，各个按照自己想法进行战斗部署。"

有人就这事询问过张巡。张巡给出的解释是："叛军有时像云一样聚，有时又像鸟一样散。不同时间段，不同地点，叛军有变化，我军阵势也需随机应变。"

这是以弱胜强的战法。如果自己足够强大，估计张巡会用另一种战法。

后来朝廷在评定功绩时，有大臣提出："张巡与部下吃人，与其吃人，不如从睢阳撤出，保全那些被吃者的性命。"

大臣李翰上书："张巡用极少兵力抗击二十倍于己的敌人，

以弱制强,力保江淮大地数十万家庭不受叛军屠杀,长达一年时间,等待援军到来,在食物全无情况下,万不得已之时,才将老弱病残妇孺吃下去;这是被迫的,不是他的本心。"

李亨同意李翰主张,表彰了张巡的卓越功勋。

# 第三十五章　重点战役

## 河东城之战

张巡保卫睢阳的战斗持续了近一年时间。现在，我们必须将时间往回溯，回到这年二月。许多大事要事，正在各地发生。许多人物，排着队等待出场。

至德二载（757）年初，郭子仪一直在想一个问题，要收复洛阳和长安，就必须首先攻下河东城（今山西运城）。河东城位于洛阳、长安两城之间，可以切断两城之间的联系。唐军如果占领河东城，就为收复长安和洛阳创造了极为有利的条件。

河东城里，叛军大将崔乾祐率军据守。在城内，崔乾祐只派驻一小部分兵力，大部分兵力驻守在城池北郊。把城墙丢掉，而到城外驻军，实在是一种大胆的守城方式。

内城守军高层中，有一部分是被迫投降的唐军官员。而这些官员之中，很大一部分人是郭子仪原来的部下。

郭子仪眼睛盯上这一部分人。"这是我们的资源，是崔乾祐的软肋。"他秘密地派出人手，装成当地人，悄悄混进河东城内，潜伏到这些人眼皮底下。

两方人员不久取得联系，秘密行动的计划制定出来了。

二月，郭子仪率领部队悄悄离开原来驻地，收起旗鼓，向河东城方向出发。

十一日夜晚，天气十分寒冷，郭子仪带领先头部队秘密靠近河东城郊。

深夜时分，河东城接头官员成功翻过城墙。

凌晨时分，接应官员成功骗走城门守卫，打开城门。郭子仪带领唐军，直入城内。

城内叛军没有丝毫防备，突然遭遇唐军袭击。激战中，一千多人丢掉性命。

叛军大将崔乾祐一家人住在城里。凌晨时分，突然听到消息，他来不及叫醒家人，从床上蹦起来，翻越城墙，只身逃命。

崔乾祐直奔城北军营。迅速将大军分成两部分："一部分军队，展开攻城作战，拿下内城，另一部分军队，阻击郭子仪后续梯队。"

拿下内城，郭子仪随即指挥军队做好守城战准备工作。后续唐军早就做好了作战准备。城内守军与后续部队，向叛军展开攻击。

仓促之中，两支叛军全部被击败。

崔乾祐率领败军立即逃跑。

郭子仪指挥唐军乘胜追击。追击途中，杀死叛军四千人，俘虏叛军五千人。

崔乾祐带领残军，逃往安邑城。

安邑守军打开城门，欢迎叛军入城。

人马刚刚进入一半，城门突然关闭。城内守军向叛军发起攻击。

"安邑城已经投降唐军。"崔乾祐正准备进城，突然得到消息，立即掉转马头，从白径岭逃走。

郭子仪率领唐军，完全控制了河东城。

## 潼关之战

掌控河东城后，郭子仪将眼光瞄准了潼关。

一旦攻下潼关，驻扎在长安城的叛军，必定日夜不得安宁。郭子仪想着，迅速做出决定："儿子郭旰、大将仆固怀恩带领军队，攻打潼关。"

郭旰、仆固怀恩带领唐军，悄悄向潼关进发。

唐军夜渡黄河，天亮时分向潼关突然发起攻击。潼关守军没有准备，五百守军丢掉性命。

"潼关被唐军攻下。"得到消息，安庆绪立即发出命令，"潼关绝不能丢。"

叛军连夜出发，向潼关快速开进。

"叛军速度真是快啊。"郭旰、仆固怀恩还来不及做好阻击准备，安庆绪派遣的大军就开到潼关前面。

叛军人多势众，唐军仓皇应战。唐军被叛军打得大败，一万多唐军被叛军追杀。

逃跑途中，仆固怀恩被叛军追击分队死死咬住。危急时刻，仆固怀恩紧抱着战马头与战马一齐跳入渭河，倚仗战马浮力，渡过渭水，逃到河东城。

"潼关被攻下。"得到胜利喜报，安庆绪非常高兴，眼睛立刻盯住河东城，"反攻河东城，解除洛阳、长安威胁。"

大将安守忠接到指令，率领两万骑兵，立即向河东城进发。

得到潼关失守消息，郭子仪已经料到叛军必定乘着胜利之风反攻河东城，当即命令部下做好迎战准备。

在河东城附近山里，郭子仪提前埋伏了一支人马。

安守忠率领叛军骑兵，到达河东城前，立即发起攻城战。

就在双方围绕着城墙激战之时，叛军后方，唐军提前埋伏的人马杀出。

望到后方尘土飞扬，郭子仪立刻指挥大军打开城门，从城内杀出。

安守忠吃不住唐军前后夹击的打法，指挥叛军撤退。

郭子仪率领唐军从后面猛追，杀死叛军八千，俘虏五千。河东城牢固地控制在唐军手中。

## 长安大战

到九月份，李亨已调集朔方等西北各镇边防军队，邀请、借调回纥、西域等国军队，共计十五万人马（对外号称二十万）。李亨发出命令："收复长安和洛阳。"

这天，李亨大摆宴席，宴请各位带兵将领。"各位将帅，我们等待这一天也太久了，我们调集最能战斗、最具战斗力的部队，大家也请为这一天的到来，攒足劲头。"

九月二十五日，秋风送爽，各路大军向长安方向出发，二十七日，在长安城西胜利完成集结。

在香积寺北面沣水东岸，唐军摆开战阵，以广平王李俶为主帅。前军由李嗣业带领；中军由郭子仪带领；后军由王思礼带领。

叛军主力十万人马，在唐军北面摆阵。每位叛军将领，带领各自部队，组成一个接一个的方阵。各个方阵，根据所在地点地形，进行布置，既能各自为战，自成战斗体系，阵与阵之间，又能互相支援。

如果将唐军阵法称为三只猛虎，叛军阵法可称之为十群野狼。

双方军队加起来，达二十五万，漫山遍野，旌旗蔽日。双方都拿出镇朝之宝，汇集各自主力、精锐。战场上，谁都不敢掉以轻心，都明白即将来临的是一场生与死的较量。战场一片肃静，没有喧哗声音，空气中充满凝重杀气。

这样的关键时刻，谁都不敢大意，谁都不敢贸然向对方发动进攻。

忽然，一阵擂鼓呐喊声从叛军阵中响起。叛军之中，一员将领，手持长枪，骑着高头大马，跑出军阵，来到唐军阵前，在一箭之外地方停下来，对着唐军军阵，高声叫骂。此人名叫李归仁，是叛军之中著名的勇将、狠将。

就在他叫骂声里，唐军阵营中，一员以勇猛彪悍著称的骁将，骑着高头大马冲出来，此人手中握着一把长柄大刀，威风凛凛，满脸杀气。

两人不搭话，唐军骁将举刀就砍，李归仁持枪相迎。两军阵前，两人你来我往，大战几十个回合。

忽然，李归仁掉转马头，催动战马，向着自己方阵跑去。唐军骁将从后面紧追。

看着自己的战将得势，唐军立即呐喊着向叛军发起进攻，从唐将身后，向着叛军李归仁的方阵逼近。

根据战场规则，败方可能后撤，最多也就是挺立不动，让对手来攻阵。可是这一次显然不同，眼看着唐军攻到阵前，叛军各个方阵，向着唐军方向扑来。

这就叫拼死一搏，也即死磕，这是战场上最为恐怖的战法。只有绝对有胜利把握的一方，实力绝对强悍的一方，才敢用这样的战法。

叛军中最前面一排，个个手持长枪，向唐军杀奔而来。

唐军一看叛军这种"不要命"的、不讲战法的战法，着实大为吃惊，缓缓向后退却。

"唐军胆怯。"发现这个苗头，叛军高声喊叫着向前进攻。

发现叛军转眼得势，唐军更加害怕，阵前人转身向着阵后跑。

顿时，唐军阵势大乱，地面上丢满军用物资。

看着满地宝贝,冲在前面的叛军,实在忍不住眼前诱惑,有人停下来,捡拾地面财物。

叛军冲锋势头缓了一些,阵势也乱了一些。

一阵喊声从唐军军阵里响起,"今天是决战时刻,不拼死顶住,就会被敌军消灭。"喊话人是前军大将李嗣业。他一边喊着,一边扯下上衣,袒露上身。

李嗣业手里紧握着一把长刀,一边高声喊叫,一边着力挥舞,冲到阵前,砍杀追过来的叛军。

李嗣业手里那把刀,不是一般的刀,重达三十斤。无论是谁遇到他的刀,都会立刻毙命。即便是战马,也当即倒地不起。

李嗣业刀下,几十个叛军残缺的尸体躺倒在那里。

叛军们胆怯,没有人敢再冲过来。

叛军停下冲锋脚步,唐军慌乱的阵势跟着稳定下来,唐军士卒不再一个劲儿地往后跑,大家停下脚步,看着对方。

在李嗣业身边,站着一排士兵,个个手持几十斤重的大刀,排成横队。

持刀人越来越多,大家跟着排成一堵刀墙,向着敌军军阵方向,缓缓前行。

李嗣业浑身溅满鲜血,凶神恶煞一般,一步一步,坚定地走在刀墙最前面。

叛军们看到这么个人,这么一堵大刀墙,心中害怕,纷纷向后避让。

都知兵马使王难得,正在观看敌阵,突然发现一名心爱副将被十几个叛军团团围住,情况万分危急,立刻催动战马,带着手下一批人，前去营救。

突然，一支利箭从叛军阵营射来，正中王难得眼眉，皮肉当即被撕裂。一块肉带着皮掉下来，挡住眼睛视线。

忍着剧痛，王难得伸出手去，一把扯掉箭头和垂下来的那块肉皮，鲜血顿时流满脸颊。

他用袖子擦一把脸上血，催动马匹，向着被围困的副将冲过去。

跟在他身后的唐军，迸发出一股力量，疯狂一般，扑向敌阵。

双方处于胶着状态，都在全力坚持，绝不后退。

此时，叛军主帅正在等一个消息。

作战之前，叛军已经事先将一支精兵埋伏在唐军东边，准备在两军正面相持时，从侧面突然向唐军发起进攻，让这支新生力量，打得唐军措手不及，从而迫使唐军后撤。

叛军主帅正在耐心等着这支军队突然出现。

早在布阵之前，郭子仪凭着经验，向广平王李俶提出建议，派出侦察兵，搜查战场周边敌情。

侦察兵发现了一支提前埋伏的叛军精兵。广平王随即发出命令："派朔方左厢兵马使仆固怀恩带领回纥精兵，消灭这股叛军。"

接到命令，仆固怀恩带领回纥精兵，悄悄包围这支埋伏中的叛军。

叛军伏兵战斗力强劲，绝没有想到，会被唐军提前发现；

## 第三十五章 重点战役

更没有想到，居然被唐军包围了。当叛军发现包围自己的是战斗力强大的回纥精兵时，立即四散逃跑。

仆固怀恩早就料到对手会在第一时间选择逃跑，为此，特意在外围多设置了一层包围圈。逃出第一层包围圈的叛军，极少有人能逃出第二层包围圈。

埋伏的叛军全部被回纥骑兵杀死。

叛军主帅望着唐军东边天空，没有望到想象中的"尘土飞扬"，突然得到消息，"埋伏兵马遭到唐军绞杀，唐军东边不会有兵马杀出"。

得到消息后，叛军士气变得低落下来。

李嗣业带领前锋部队中一支骑兵，一阵猛冲，绕过叛军军阵，一直冲到叛军军阵后面。

在叛军军阵后方，突然杀声四起。李嗣业率领这支骑兵，猛烈地向敌阵背部发起进攻。

受到前后两个方向的夹击，叛军阵势出现混乱。

此时已是下午时分，所有人，肚子早已饿得咕咕叫。唐军已经得势，叛军中一部分人还在坚持，一部分人已经开始逃跑。叛军战斗力持续减弱。

傍晚时分，叛军全部溃散，大部分叛军四散逃跑，一部分叛军逃回长安城中。

战场上，到处是尸体。六万叛军丢掉性命，不少叛军在逃向山林途中掉到深沟，一些叛军在逃跑途中被身后军队踩踏至死。

夜晚来临，长安城城门紧闭。这一夜，伤兵的哭叫声、败将的争吵声、死者家属的哀号声，没有一刻停止过。

天刚亮，侦察部队传来消息："叛军将领安守忠、李归仁、田乾真等人，率领残兵于天亮时分悉数逃走。"

广平王李俶立即发出命令："整顿队伍，进入京城。"

城中百姓已经得到消息，全都涌上大街，高声欢呼着，庆祝唐军归来，有人高兴得泣不成声。

广平王李俶立即将长安大捷的消息，报告皇帝父亲李亨。接到消息，李亨激动得泪流满面，当天就派宦官向父亲李隆基报告。

李亨一行人马到达长安。李泌坚决辞别，执意当一名隐士。

## 新店之战

从长安城连夜逃出来，叛军大将张通儒一路都在想一个问题：哪里才是我们的家？他率领手下部队，逃到陕郡。"唐军一时之间还追不上来。我们就在这里构筑防线，守住陕郡。"

"长安之战，我军大败，将领们连夜弃长安城而逃。"得到消息，安庆绪发出命令："将洛阳周围兵力，全部集中起来，与前来追击的唐军决一死战，洛阳兵力，由严庄率领，与张通儒合兵一处，两股力量，形成合力，共同打击前来追击的唐军。"

从长安逃出的兵力，与洛阳兵力，经过整合，达到十五万人。相对从长安追击过来的唐军来说，数量上差不多势均力敌。

唐军开进长安后，没有驻扎下来庆祝。广平王李俶发出命令,"从叛军后面尾随追击"。大军追到曲沃(今山西临汾曲沃)。

唐军中,回纥将领鼻施吐拨裴罗发出一道命令:"顺着南山方向前行,仔细搜寻叛军。"这天,鼻施吐拨裴罗率领回纥兵,搜索一番后,在岭北驻扎下来。

郭子仪率领唐军主力,一路前行,刚刚走到新店,突然与叛军主力相遇。

这里是起伏的丘陵,由黄土堆积而成,有些地方形成了高大山峰。新店一带丘陵,体貌大,坡度平缓。唐军与叛军不期而遇时,恰巧叛军在山顶,唐军在山腰。

一场遭遇战随即展开。

倚着有利山势,叛军迅速排兵布阵。虽然在山腰部,唐军也不示弱,在倾斜坡地上布下阵来。毕竟唐军是得胜之军,此时军锋正盛。

叛军居高临下,骑兵随即向唐军发起冲锋。

叛军在前阵,布下擅长骑射的弓箭手。骑兵们一边冲锋,一边向唐军放箭,

叛军战马奔腾,万箭齐发。

唐军虽然有盾牌在手,也抵敌不住对手这样打法,立即从山腰后退。

一直退,一直退,大军退到山脚,已经无处可退,只得死命抵住叛军发起的一波接一波冲锋。

唐军形势非常危急。

历史上,有些事情极其巧妙。在山坡南边,正好驻扎着一

支人马，就是鼻施吐拨裴罗率领的回纥兵。

在大山南坡，回纥兵正在休息，突然听到山的北面，不时传来"咚咚"的战鼓声。

"哪来的鼓声？"鼻施吐拨裴罗警觉起来，"立即打探。"

很快，几名侦察兵跑来报告同一个消息："山的北面，唐军正在和叛军作战。"

"来得早不如来得巧。"鼻施吐拨裴罗立即发出命令，"我们速速翻越山岭，冲到叛军背后。"

所有叛军将士全部注意力，集中在正面战场，谁也没有料到，会在背后出其不意杀来一群回纥骑兵。

正面战场，呐喊声、战鼓声已响成一片，没有任何人听到背后有异常响动。

阵后，十几个叛军突然中箭，倒在地面上。叛军这才发觉情况不对劲："天上哪里会掉利箭啊？"看着身边战友一个接一个倒下去，几个人赶紧回头朝身后望去。

"是回纥兵，回纥兵从我们背后杀过来了。"几个不同声音，大声地呼喊着。

惊恐中，不少人回过头去，这才发现，背后黑压压的回纥兵在往前冲。骑兵一边冲，一边向叛军放箭。

叛军深知回纥兵战斗力强劲。同样是骑兵，这些回纥兵，不但马骑得又快又稳，而且天生有一种擅长骑射的本领。

听到这些可怕喊声，叛军们开始四散逃跑，无心恋战。叛军们也是战场混大的，一旦发现重大险情，第一时间撒腿逃命。

突然发现叛军战阵出现乱象，危急之中的唐军，就如溺水

## 第三十五章 重点战役

人发现了救命稻草。被挤压在山脚下的唐军，立即反身向叛军冲过去。

受到唐军和回纥兵前后夹攻，叛军更乱了。十五万大军，就像一堆沙子，某个部位突然被抽空，哗一下全塌下去。

长安之战后，叛军心理上已成惊弓之鸟，突然碰到这种可怕的危急情况，立即四散奔逃。

唐军从后面死死追杀。新店一带山地里，到处是叛军丢掉的器械，到处是叛军尸体。有的后脑被击碎，有的后背被劈开。

严庄和张通儒骑着快马，在一群护卫簇拥下，向着东边逃亡。

利用黑夜掩护，严庄逃到洛阳，立即向安庆绪汇报新店战况。

安庆绪说："唐军一定会乘胜杀来，而洛阳已经没有多少守军。"停一停，他接着说："洛阳城里所有部队，连夜将财物打包，向河北方向撤退。"

起程之时，安庆绪突然想起一件事："将哥舒翰等三十位被捕获的唐军将领，全部杀死。"

第二天下午，广平王李俶带领唐军缓缓进入洛阳城。

"唐军开进洛阳，郭子仪派出将领，指挥兵马攻占河阳和河内两个郡，陈留守军杀死独眼大将尹子奇，投降唐军。"就在撤退途中，几个消息接连传进严庄耳朵里。

严庄突然想起安禄山。当年自己极力鼓动安禄山造反，而眼前这个安庆绪，不到几个月时间，就败光了安禄山辛苦积攒的全部家当。长安之战、新店之战，二十五万兵马不见踪影。

安庆绪这个人，显然不是安禄山那种水平。安禄山都做不大，安庆绪这个败家子，岂能做大？

既然造反不能成功，那还造什么反？严庄立即掉转马头，带着手下军队，投降唐军。

# 第三十六章　史思明归降

安庆绪骑着一匹超级快马，跑得比谁都快，逃到邺郡时，这才发现，只有三百骑兵跟在身后，其他步兵骑兵全部掉队了。陆陆续续跟上来的步兵，也不过一千来人。

接着他得到消息，严庄投降唐军。

安庆绪没有气馁，很快想出一个办法——重打锣鼓重开张。扔掉父亲那面不吉祥的旗帜，重新树一面自己的大旗。说干就干，他立即动手，发出命令："改邺郡为安成府，改年号为天成。"

接到"邺郡集结令"，蔡希德从上党，武令珣从南阳，纷纷带着各自兵力，来到安庆绪身边。邺郡聚集六万人马。

住在安成府里，看着身边越集越多的部队，安庆绪想到一个人。"史思明住在范阳，兵强马壮。这些年我们忙活弄到的所有钱财，都运回范阳，现在全都控制在史思明手中。该如何控制这个越来越大的势力，该如何防止他尾大不掉呢？"

想来想去，安庆绪喊来阿史那承庆、安守忠，说："你们两人，带领五千精兵，前往范阳，执行两大任务。"

"第一,调人。将史思明一部分部队调出来,调到我的驻地来。第二,杀人。见机行事,偷偷杀死史思明。"

一天午饭过后,史思明突然得到消息,"阿史那承庆带领五千精兵,正在赶往范阳路上"。史思明立即喊来判官耿仁智商量对策。

耿仁智慢条斯理地说:"您现在的地位,位高权重啊,既遭某些人嫉恨,也让某些人望而生畏,所以会有今天局面,您身边人,都害怕您,没几个敢跟您说实话,我心里有话,也拿捏不准,到底是跟您说呢,还是吞进肚子里。"

史思明听着,喝下一口茶:"想说什么就说什么,现在就说啊,再不说,怕来不及。"

耿仁智望望窗户外面天空,收回眼光:"为着安家天下,您是出生入死,全力打拼,大家都看在眼里,您为什么那样做呢?不还是因为安家有着那么大的权势,那么多军队,不得已而为之。"说到这里,耿仁智看一眼史思明。看到他认真在听,继续说:"现如今,安家又是如何呢?穷途末路。"

"过去安禄山为什么反朝廷?那是因为李隆基糊涂,他那个宰相杨国忠,不知吃错什么药,天天跟安禄山做死对头。安禄山也是被他逼得没有路可走,想不反都不行。现如今,当今皇帝李亨,十分仁义贤明。别人不敢说,我来说这话。您不如率领部下,归顺朝廷,新出路就会立即摆到眼前。相反,跟着安家,只怕一条路走到黑。"

看到史思明既不点头,也不摇头,耿仁智说完这些话,默默地踱着步子回家。留下史思明站在窗户前边,望着蓝蓝天空,

## 第三十六章　史思明归降

想着自己的心事。

下午，副将乌承恩走进史思明书房，两人刚刚坐下，乌承恩说："唐朝就像大雨过后，日头复出，安庆绪就像日出后树叶上的露水，再怎么努力，也坚持不了多长时间。史将军，现在归顺朝廷，必是立下大功，以前那些背叛朝廷的过错一笔勾销，完全没必要跟着那个啥都不是的安庆绪一起进坟墓。你现在归顺朝廷的话，你的周边，包括安庆绪，没有人有力量阻止你。唾手可得之事，如此而已。"

"好，说得好，说得在理。阿史那承庆和安守忠带领精兵，正在路上，正在往范阳赶，一刻也不等人，我们现在就必须做准备。"史思明说。

带着五千精锐骑兵，阿史那承庆、安守忠杀气腾腾，来到范阳地面。

带上五万精锐骑兵，史思明打开城门，迎上去。

双方相距一里地面，两方都停下前进脚步。

两支大军，各自摆下阵势，气氛立即变得紧张起来。这正是传说中的剑拔弩张，一触即发。

依着提前设计好的套路，耿仁智单枪匹马，来到阿史那承庆、安守忠阵前。"相公和大王打西边来到东边，路途遥远，范阳将士得到消息，个个高兴，然而，范阳士卒，地处边远，向来胆小，看着你们带来大军，想前来高举鲜花迎接，又心中害怕。希望士兵们收起手中弓箭刀枪，范阳士兵们放下心来，安心迎接你们。"

阿史那承庆听着耿仁智这番话,感觉有理,又感觉哪里不对。反复琢磨,他实在拿不出更好办法,再看看史思明那边,来的人手那么多,十倍于己,阿史那承庆心想:我这点人马,还不够对方包饺子,还不如就坡下驴。

阿史那承庆心里想着,发下命令:"收起刀枪。两支军队会合。"

双方军队士卒,很多人久别重逢,大家见面,个个分外高兴。史思明和阿史那承庆手握着手,不停地寒暄问候。大家表面上十分亲热,私下里又各怀心思。

依着事先设计好的套路,史思明领着阿史那承庆等将领,大家一起走进范阳城。城里,已经包下高档酒楼,宴席上,已经摆满山珍海味,香醇美酒。

史思明引着阿史那承庆等人,来到内厅,大家在酒席桌边坐下来,一边享受美味,一边欣赏歌伎们的轻歌曼舞。酒楼外面,早已安排一批人手,暗中收缴阿史那承庆部下兵器。

将领们吃肉喝酒之际,阿史那承庆带来的士卒,已经被人暗中捆绑。"愿意回家的,发给银两,愿意跟随史思明的,重加赏赐。"

大家都是为钱财而来,没有几个士卒真正为谁卖命,看到钱财,他们个个眉开眼笑。

无声无息之中,五千精兵,小部分回老家,大部分拆散分配到史思明部队各个军营。

第二天凌晨时分,阿史那承庆等将领还没有完全清醒,还

## 第三十六章　史思明归降

在睡梦之中，就被人五花大绑捆起来，扔进囚禁室。

痛改前非、洗心革面的表书早已写好，又加进抓获叛军将领阿史那承庆、安守忠等人的内容，史思明派乌承恩快马将之送往京城长安，将自己管辖的十三个郡和十三万大军，作为重礼，全部献给朝廷。

看到史思明归降的表书，李亨非常高兴，当即封史思明为归义王、范阳节度使。

# 第三十七章　致命乌龙球

李光弼此时驻军太原。

乌承恩从长安返回范阳，路经太原城时，前去拜见李光弼。

李光弼一边端茶递点心，招待客人，一边耳朵没有歇着，仔细听乌承恩讲述史思明弃暗投明的经过，耳朵里特别听进一句话："史思明将阿史那承庆军队拆分开来，塞进范阳城各支军队营地。"

李光弼望望屋顶上天花板，又收回眼光，看着乌承恩，缓缓说："太原保卫战中，我跟史思明交过手，我有一个强烈感觉，史思明是绝不会真心投降朝廷的。现在他确是投降，但是，我能预见，他必定还会反叛，只不过是早与晚的事。"

停一停，李光弼盯着乌承恩，眼睛里闪出一丝亮光："你和史思明关系不一般，你回去后，暗中行动，寻找机会，除掉史思明，为朝廷立大功。"

看着乌承恩缓缓地点头，李光弼将眼光放到窗户外面，那里是蓝蓝天空。

"凭你一个人的力量，办成这件事，还是有相当大难度的。

## 第三十七章　致命乌龙球

有一个人，你可以联手。你回去后，劝史思明将阿史那承庆放出来，你和他联合在一起，对付史思明，力量就足够了。你在我这里暂时住上几天，这样的大事，我必须首先向皇帝汇报，得到皇帝同意。"

李光弼派快马向李亨送上奏章："史思明表面投降大唐，内心里一定心比天高。建议皇帝任命乌承恩为范阳节度使，赏赐阿史那承庆铁券，利用他们俩的四只手，消灭史思明，灭掉大患。"

李亨派人骑快马将任命书、铁券送到太原。李光弼郑重交到乌承恩手里。

双手捧着"范阳节度使"任命书，暗中收藏好给阿史那承庆的铁券，带着皇帝封赐史思明的圣旨，乌承恩回到范阳。

接到皇帝封赐，史思明非常高兴。

回到范阳后，乌承恩立即行动，招募家兵，有时到军营中暗中活动，拉拢士卒将领。

听着乌承恩的悄悄话，一位将领越来越觉得不对劲，暗中报告了史思明。

一天晚上，在一家豪华酒店，史思明设下酒宴，邀请乌承恩和他住在范阳的小儿子，一起来参加宴席，畅叙友情。几位亲信将领作陪。

满桌佳肴，好酒好菜，每一个人都佩服厨师的高超手艺，感受舌尖上无限风光，享受人世间稀世美味。

吃完满桌大餐后，乌承恩微微有些醉意。

拍着乌承恩肩膀，史思明说："酒店里专门为大家安排了休息房间，大家今晚就不用回家了，就在酒店房间里休息。"

酒足饭饱，乌承恩小儿子扶着父亲，走进酒店房间。关上房门，两人洗洗涮涮，躺在舒适豪华的大床上。

夜深人静，乌承恩睡不着，看看房间四周没有人，他悄悄对小儿子说："我这次到长安，同时受皇帝命令，除掉史思明这个叛贼。等我把大事办成，就上任范阳节度使。"

话音刚落，突然之间，两个人影从床底下钻出来。两人一起用劲儿，把乌承恩父子俩摁在床上。

史思明立即派人到乌承恩家里仔细搜查，发现了铁券、公文，接着又搜出一个小本子，几十张纸上，密密麻麻写着一批将士的姓名。

天亮时分，史思明起床。对着跪在地上的乌承恩，史思明一脸铁青，破口大骂："想把我除掉？你竟然会想出这种主意。我真佩服你。你倒是说说，我有什么地方对不起你？"

乌承恩身体哆哆嗦嗦，额头上汗粒一颗接一颗冒出来，一边磕头一边说："这些都是李光弼的计谋。这一切，全都是他让我干的。我这脑袋哪有这样想法啊，借我一千个胆子，我也不敢。我也是罪该万死，居然听信他的话。"

"将全城将士、官吏、百姓，召集起来。"史思明发出命令。

当着全城人的面，史思明派出官员，将乌承恩所做事情，一五一十告诉大家。在全城人面前，乌承恩面如白纸，对自己所做的一切，点头承认。

满脸悲愤，满腔冤屈，史思明走到大家面前，向着西方天空，大声喊道："我拿出十三个郡，率领十三万人马，归顺朝

## 第三十七章　致命乌龙球

廷，这不是为朝廷立下大功，还是什么？陛下啊，我有什么地方对不起你，而你却想着如何暗地里杀死我！这天理在哪里？"

站在四周的将士非常气愤，人群中，有人高喊："杀死乌承恩！"

史思明发出命令，将乌承恩父子乱棍打死。接着他又发布命令："彻查事情原委，追查同党，上报朝廷。"

看到史思明奏章，李亨十分震惊，立即做出决定，派一位宦官前往范阳，安慰史思明："全是乌承恩，他自己想做范阳节度使，才做出那样事来。杀死乌承恩完全正确，他是罪有应得。对朝廷和李光弼，你不要有任何疑心，皇帝对你非常信任。"

听着这番话，史思明将信将疑，做出决定："按兵不动，静待其变。"

# 第三十八章　卫州大战

李亨案头不停地传来有关安庆绪的消息。安庆绪逃到邺郡，杀死大将蔡希德。

向着身边大臣，李亨说："叛军内部出现分裂，正是进攻的好时机。"九月二十一日，李亨发出命令："朔方节度使郭子仪，率领步、骑兵二十万，讨伐安庆绪。"

接着他又发出命令："河东节度使李光弼，率领所部人马，协助作战。"

命令发出去，李亨猛然发现，一个难题摆在桌面上。无论郭子仪，还是李光弼，两个人功劳都很大，到底谁领导谁？

想来想去，他想到宦官鱼朝恩，随即发出命令："征讨大军不设元帅，以鱼朝恩领观军容宣慰处置使之职，行统一指挥部队之权。"

十月初五这天，天空晴朗，李亨宣布册立广平王李俶为太子，改名为李豫。

郭子仪率领大军渡过黄河。

## 第三十八章　卫州大战

得到消息，安庆绪之子安太清立即带领叛军向后退却，逃到卫州。

郭子仪毫不犹豫，指挥唐军，跟着就从后面追上去，将卫州结结实实包围起来。

进入卫州城后，安太清派出快马，第一时间向父亲送去求救信。

接到儿子的求援急报，安庆绪做出决定："汇集邺城全部兵马，倾巢而出，向卫州进发。利用卫州守兵，与围城唐军狠狠干上一仗，来个内外夹击，让唐军腹背受敌。"

"安庆绪亲率七万人马，呼啦啦向卫州而来。"得到消息，仔细观察唐军驻军营地四周地形，郭子仪迅速发出命令："挑选出军中善于射箭的三千名弓箭手，在军营墙壁后面，暗中埋伏起来。"

"战斗开始后，我会找准时机，领兵撤退，那时，叛军一定来追。叛军追到这里，你们就迅速登上营墙，擂鼓呐喊，制造声势，最关键的是，要向叛军猛烈射箭。"

安庆绪率领叛军，黑压压摆到唐军营地前边。两军开始交战。依着事先部署，两军刚刚接触，唐军佯装败退。

"我早就说过，唐军不经打，给我往死里追！"安庆绪大声地发出命令。

叛军追到军营墙壁处，突然，战鼓声、呐喊声，伴随着如雨点般的箭头，向叛军身上倾泻下去。

一大片叛军立即从马背上滚落下来。中箭的马四处乱跑。后面叛军，看到眼前景象，全都惊呆了，纷纷转身向后面逃跑。

叛军阵容大乱。

原来逃跑的唐军,这时已经整好队伍,返回来,朝着乱糟糟向后逃跑的叛军追上去。

经不住这样先打乱后反冲的打法,叛军全军败退。安庆绪见势不妙,第一时间,跳上马背,撒腿逃跑。

安庆绪带领叛军大军,直接跑回邺郡。郭子仪率领唐军一直追,追到邺城城下,将邺城紧紧包围起来。

留下来进攻卫州城的唐军,不久传来消息,"胜利攻克卫州"。

逃进城中,安庆绪指挥叛军紧闭城门。"我们一定要坚持下去,等待援军到来。"他随即派薛嵩带领一支军队:"你一定要杀出重围,带着我的亲笔信,向史思明求救。"

"赶紧来救援,我把帝位让给你。"看着安庆绪的求救信,想着安庆绪屁股下面那把"皇帝"的金色大椅,史思明做出决断:"机会来到了。李光弼啊李光弼,你不是要杀死我吗?这一次,我调动范阳十三万大军,一定让你没有好果子吃。"史思明发出命令:"全军紧急动员,做好救援邺城的准备。"

"该如何救援呢?"

史思明眼光看得更远,望到长安城:长安城里,皇帝屁股下面那把椅子,才是真正的金椅子。既然与唐军撕破脸皮,那我就绝不只要做安家二手皇帝。李家的天下,那才是我真正想要的东西。

望着蓝蓝天空,史思明向部将李归仁发出命令:"率领一万步、骑兵,到滏阳驻扎,与安庆绪相互呼应,成掎角之势。"

## 第三十八章 卫州大战

有人跑来向史思明报告了一条消息："李亨下令，让崔光远出任魏州刺史，崔光远率领唐军，眼下正在前往魏州的路上。"

崔光远对魏州情况、人事，一定不熟悉，那我就打他一个立足未稳。想到这里，史思明发出第二条命令："发兵攻打魏州。在魏州之战中，夺取胜利，以此鼓舞我军信心。"

崔光远刚刚走进魏州城，屁股还没有坐热，就突然得到一条消息："史思明率领大军，向魏州方向开来。"

崔光远发出命令："将领李处崟率领唐军，前去迎战。"

两军接触后，唐军连连失败。由于叛军兵势强盛，战斗力强劲，李处崟退入城中。

叛军追到魏州城下。

望着魏州城高大厚实的城墙，史思明说："崔光远刚到魏州，与李处崟还不熟悉，两人之间，一定有猜疑。我们就利用城墙里面这点漏洞，做篇文章。"

史思明发出命令，只是包围，不要攻城。接着发出第二道命令："派出一支人马，对着城墙上的卫兵高声叫喊，'李处崟，你把我们引到这里，你自己在那里吃香喝辣，把我们扔到城外，还不赶紧出来迎接'。"

听到手下人报告"叛军围而不攻"，崔光远正在疑惑，接着听到消息，"李处崟早已投向史思明，所以叛军并不急着攻城，只等城池里面发生变乱"。

崔光远想了想，跟身边人说："李处崟暗中勾结叛军，我们要做好预防工作。"他随即派出下属，"去请李处崟大人过来，我们商讨一下守城方案"。

看着李处崟走进大堂，藏在耳室的一伙人手持利斧一拥而上。

根本不听李处崟任何辩解，崔光远发令："立即腰斩。"

"我们的将领李处崟被新来的刺史崔光远杀死。"得到消息，魏州将士们炸开锅，"崔光远算个什么东西，外面就是叛军，叫他去抵抗吧，我们都不动。"

"军心涣散，不听指挥。"得到消息，崔光远清醒过来："我从来没有上过战场，没有经验，第一次出手，就中了史思明诡计。赶紧逃跑吧。"崔光远偷偷溜出魏州城。

魏州城内，群龙无首。二十九日，史思明率领大军攻入城中。三万唐军遭到屠杀。

望着城边堆成山的唐军俘虏尸体，乾元二年（759）正月初一这天，史思明宣布称帝，举行庆典，号大圣燕帝。

# 第三十九章　邺城大战

邺城外面，唐军大营里，议事大帐宽敞明亮。众位将领聚集一堂，商讨对敌作战方案。

众多将领正中，端坐着征讨部队最高领导人，观军容宣慰处置使宦官鱼朝恩。从架势上看过去，他俨然就是一个大元帅，只是缺少一面帅旗。

鱼朝恩认真地听着众位将领的种种方案。

李光弼坐在鱼朝恩左侧。李光弼说："现在，摆在我们征讨大军面前的，不只是安庆绪一股敌军，而是安庆绪、史思明两股敌军。与关在城里不谙战事的安庆绪相比，史思明力量更强大，作战能力更强劲，谋略手段更老到。史思明不只是财大气粗，而且是战场上久混出来的战争高手。眼下，我们能看出史思明的战略意图。自从攻占魏州以后，他就按兵不动，不来进攻我们的，他的战略意图，就是想松懈我们的警惕性，消磨我们的意志，之后他必定搞袭击战，用精兵袭击我们，目的就是打我们个措手不及。我的方案出发点就在这里——打破对手意图。具体来说，我带领一支部队，向魏州城逼近，当面锣对面鼓，向史思明挑战。以前，在嘉山，史思明跟我作战，吃过我的大苦头，现在，看着我带领大军来到魏州城，他的心理阴影必定起作用。我率军过去，他必定躲在城里不敢出来。只要他不敢出来，我们的目标就达到了，就可以各个击破，破掉他与邺城安庆绪、滏阳李归仁互为犄角的计谋。到那时，邺城没有援军。而守城战，要的就是外部有军队援助。失去外援，邺城必定不战自乱。消灭安庆绪就成定局。安庆绪这棵大树一倒，没有安家这块招牌，叛军还听史思明调遣吗？那时，各地叛军必定四分五裂。"

一口气说这么长的话，李光弼收住话题，坐下来，喝一口茶。

"在理啊，在理。"将领中有人喊出声来。

现在，大家都把眼光朝向鱼朝恩，等着他来点头。

鱼朝恩喝一口茶，缓缓说："我们当前最重要的任务是什么？当然是攻取邺城。我们丢掉现棉花不捡，跑到没有把握的魏州城去，这叫什么事？这就叫分散兵力。"顿一顿，他提高声调说："我们现在的任务是集中力量，全力拿下邺城。"

官大一级压死人，这话说得一点都没错。鱼朝恩不采纳李光弼的建议，李光弼作为下属还能有什么办法？除了深深地吸一口凉气，做一个深呼吸外，他啥办法都没有。

征讨大军执行鱼朝恩的命令，加紧进攻邺城的步伐。

镇西节度使李嗣业，率领所部官兵，向城池发起进攻。

李嗣业身先士卒，带领先锋突击队，向城墙方向发起冲锋。

## 第三十九章　邺城大战

刚刚冲到城墙下面，城墙上面乱箭齐射，一批士卒中箭，向高山上锯倒的树段一样，一个接一个倒下去。

一支箭射在李嗣业眉心上，李嗣业挺住身体。突然眼前一片漆黑，身体随即倒下去。

唐军士卒手持盾牌，仍然抵挡不住城墙上叛军强弓射下来的利箭。

唐军停止攻城作战。士卒们将李嗣业抬回营帐。

李嗣业箭伤感染，不久离开人世。一代猛将，命丧邺郡。

郭子仪发出命令："外围部队，改成工程兵，在离城不远的地方，一部分人修建壁垒，一部分人开挖大壕沟。"

不久，工程竣工。唐军在邺城外围，竖起两道壁垒、三道大壕沟。无论是人，还是马，都翻越不过壁垒，跨越不过大壕沟。

郭子仪发出第二条命令："在附近漳河上，修筑一座拦河大坝。"

大坝成功截住了漳河水。滔滔漳河水，日夜不停地流，全都流进新开挖的壕沟，进而流向邺城。

整个邺城，除了水还是水，街道变成河道，到处是汪洋一片。人们在水里打上木桩，桩上铺上横木，过起水上人家的生活。

从冬天到春天，时间就这样晃晃悠悠地过去。城中存粮早已吃光，一只老鼠能卖到四千钱。很多人成天坐在家里钓鱼，眼巴巴望着水里的浮子，希望鱼儿快快上来，能填充肚皮。

唐军大搞工程建设这段时间，史思明带领大军，什么事也没有干，待在魏州城内，每日里吃肉喝酒，养精蓄锐。

大军虽然歇下来，以逸待劳，史思明的耳朵没有歇着，他不停地派出侦察部队，打探唐军攻打邺城的消息。

知己知彼，百战不殆。关于唐军的消息越来越多，史思明终于看出唐军作战意图——彻底困死邺城。

慢慢地，他发现了对手的全部意图，一个攻击唐军的方案在史思明头脑里渐渐成形。

史思明率领大军，走出魏州，朝着邺城方向行进。

正如预判那样，沿途没有唐军阻拦，整个行军过程安全又顺利，大军犹如在进行一场徒步旅游。

到距离邺城约五十里的地方，史思明下令安营扎寨。"这就叫安全距离，唐军啊，下面看我如何玩死你们。"

在营寨边上，史思明摆上一千面大鼓，让士兵一起擂响大鼓，一起高声呐喊，既声援安庆绪，又威胁唐军，引导气氛。

史思明发出命令："从大军中，挑选出一千二百名精锐骑兵。每次三百人，轮流作业。每天的工作，是偷偷到唐军军营，抢夺他们的粮食，抢夺他们的军用物资。"

"如果我们遭遇大军怎么办？"

"如果遭遇唐军大队人马，如果唐军要和你们交战，你们撒腿就跑，跑回军营里来。唐军害怕遇到我军埋伏，必不敢追赶。我倒真希望他们追上来，我正好打一场伏击战，一批一批地消灭他们。不过，我估计他们不会追来。"

唐军的大米、白面、食盐、鱼肉，要么在大白天，要么在深夜，总是不明不白地丢失。

## 第三十九章 邺城大战

唐军上山打柴的人员，走到山上，打好柴，挑着整担重柴下山，山道上总是突然冒出一伙人，将挑柴人一个接一个杀死。

唐军加强戒备，叛军就变着法子来骚扰。唐军白天吃饭的当儿，深夜里睡得正香的时候，不是大米消失，就是青菜鱼肉人间蒸发，要么就是军械不见了，要么就是柴草被人点着了。几场大火后，几处的物资，全部烧光。

"这日子还能过吗？"唐军顾此失彼，气得跺脚骂娘。

唐军在邺城集结几十万部队，每天消耗大量军粮。这些粮食，当地无法供给，全靠从南方江淮地区运送过来。水路与陆路之间，运粮船只、车辆接连不断。

史思明挑选出一批作战勇敢、胆大心细之人："你们穿上唐军服装，搞到唐军号令，念动混字诀，打着督察旗号，每天混到唐军运粮队伍中，'督察'运粮队伍，然后运用你们的大脑，寻找各种名正言顺的办法，对运粮百姓非打即骂。如果他们稍有反抗，就扯出理由，将他们杀死。"

叛军的冒牌督察大队，在唐军运粮队伍中反复地闹腾。运粮百姓回到家乡，不停地讲述运粮过程中可怕的经历，此后，再也没有百姓敢为唐军送粮。"又挨打，又挨骂，还丢掉小命，鬼才愿意去送粮啊。"

沿着运粮大道，叛军摸到运粮车辆、船只聚集的地方，一把大火，烧掉那些车辆和船只。

叛军神出鬼没，打唐军旗号，穿唐军服装，内部有联络暗语，行动有标记。

唐军加强巡逻，加强戒备，却认不出叛军，抓不到叛军，发现不了叛军。唐军在明处,叛军玩阴招。

唐军的储备粮有的被抢,有的被烧。外面的粮食,无论如何努力,就是运不进来。几十万大军,吃完上顿没下顿,人心惶惶。

"给唐军致命一击的时机成熟了。"史思明派出人手,来到唐军大帐,送达约战书。两军迅速约好决战日期。

# 第四十章　安阳之战

三月初六，春风送暖，蓝天白云，非常适宜于户外活动，两军选定这个日子，在安阳河北岸，浩浩荡荡摆开阵势。

唐军汇集五十六万人（此时唐朝已在全国做过深度军事动员，军力显现出来），人山人海，阵势庞大，气势如虹。

叛军方面，史思明只派五万人前来交战。

看着叛军阵势，唐军忍不住哈哈大笑。"你们就这点人马？不会是主力大军吧。跟我们唐军布置在外围的流动部队，数量上倒也差不多。"

唐军没有把叛军放在心上。

叛军摆好阵势后，史思明亲自率着一支军队，向着唐军大阵，径直冲过来。

唐军阵营里，李光弼等将领，率领部队迎上去。

两支部队对杀起来。

就在杀声震天之时，天空中忽然卷起一阵狂风，风越来越大，风后面，一道沙幕从天空中铺天盖地而来。

狂风所到之处，黄色沙尘横扫地面；黄沙砸得人脸皮发痛，眼睛睁不开。

狂风和狂沙就这样在天空、地面肆虐。天地之间迅速变得一片昏暗，士卒面对面都分不清谁是谁。

将士们极少见过强沙暴参与的怪战场，大家都非常吃惊。所有人全部失去指挥，听到附近嘈杂的声音，分不清敌我，以为是对方杀过来。所有人采取了同一个行动，四散奔逃。

唐军向南方逃，叛军向北方逃，形成两股反方向人流。混乱中逃跑的人群，就这样马不停蹄、人不歇脚，不断向前。

双方将领都在努力，喊破嗓子，拼命想稳住逃跑乱局，然而局面已经完全失控。所有士卒，都被眼前景象吓破胆，个个都认定，这一准是对方请来了神人，使出神力。那时人都非常迷信，相信某类人有通天神力。

混乱之中，大家都明白一个再简单不过的道理，"谁跑得快，就一定能活下来。落在后面，不是被敌人杀死，就是被自家乱军踩死"。所有人全都使足劲头往外奔。

唐军人多，狂奔之中，更加混乱，很多将士在混乱中被自家人马踩死。

就在逃跑途中，史思明得到消息：唐军向南败退。史思明立即停下逃命的脚步，沿途收拾逃跑兵马，带着大军，回到邺城南面。

安庆绪得到"唐军败退"的消息，派出人手，收集唐军遗留在营地里的粮草、军械，仅粮食就得到七万石。

看着堆得像山的粮草，掂量手中资本，安庆绪做出决定："关闭城门，不让史思明人马进城。"

## 第四十章 安阳之战

命令发出去,站在城楼上,望着城门缓缓关上,安庆绪心中一阵高兴。突然,他听到"咚咚咚"的脚步声,几位将领一起跑上城楼来。

"我们不能关闭城门,不能把史思明关在城外。"一位瘦子将领说。

"我们现在把城门关闭,我们是安全了。但如果唐军再次打来,那时,再怎么努力向史思明求救,他也一定不会来。"一位胖一些的将领跟着说。

看着几位将领,听着他们不停地"呱呱呱",安庆绪给他们一一倒上茶:"喝茶喝茶,门先关着,等到要开的时候再说。"

安庆绪一边说着,一边望着那些堆得像山高的粮草,心中兀自高兴。

驻扎在邺城边上,史思明每天大鱼大肉,好酒好菜,宴请将士,既不派人跟安庆绪联络,也不向安庆绪汇报战场情况。

张通儒、高尚私下里反复讨论安庆绪的做法,最终形成了一个共同的看法:"史思明之所以带领大部队远道而来,是来救援我们。如果我们没有发出求救信,他绝不会从范阳跑到邺城边上来。现在,我们起码要去迎接他们一下,至少要说一声感谢。他之所以不来跟我们联络,就是在等一声谢谢。"

两人把这话摆到安庆绪桌面上。

安庆绪一听,非常不高兴,给出一句话:"你们想去说声谢谢,你们去就是了。"

带上酒、肉、珠宝、绸缎,张通儒、高尚来到史思明军营。走到史思明大帐前面,他们看到史思明远远地跑出帐来,握着两人的手，激动得热泪盈眶，简直就如一位出嫁女儿，第一次回到娘家，见到久违的爹妈一样。

设下酒宴，请来军中最好厨师，摆上丰盛美味佳肴，史思明热情宴请张通儒、高尚。吃饱喝足，在两人临走时，又每人送上一大包贵重礼品。

爬上马背之前，两人说出同样一句话来："我们这就回去做通皇帝思想工作。三天之内，皇帝一定亲自到来。"

三天时间很快就过去了，连安庆绪的影子都没有看到。

史思明立即想到一个人——安太清。他随即派出人手，把安太清请过来。

"不知是什么原因，你父皇不信任我。你呢，当一下联络大使，做做沟通工作，将我这里的情况跟他说明一下。"

"之所以产生隔阂，确实是因为缺少沟通。"安太清立即跑进邺城，见到父亲安庆绪。

一番劝说功夫做下去，安太清听到安庆绪说出一句话："我只要一进他史家门，必定人头落地。因为他实力现在比我强，他心里，一定想吞掉我。这年头就是凭实力说话。现在大敌当前，然而，他史思明这个人，我看得出来，他心思不在唐军身上，怕是在我头上。"

这话传进张通儒、高尚耳朵里，两人立即跑过来，反复强调一个观点："我们俩亲自去见了史思明，他是一个忠诚人，绝不会做出出格事来。"

听张通儒、高尚、安太清反反复复说"史思明忠诚"，安庆绪最终做出决定："那就试他一试。"

## 第四十章　安阳之战

安庆绪派安太清为沟通大使，向史思明送上一封表书，上表称臣。

看着表书，史思明立即明白了安庆绪的心事。

史思明连夜动手，写了一封回信："不用你向我称臣、我向你称臣啦，我们就作为邻国，携起手来，共同对付当前的大敌——唐军。"

看完史思明亲笔回信，安庆绪心中一块石头落地。"看来，他还是明白人，当前最主要的敌人是唐军，而不是我。"

安庆绪亲自动手，写了一封回信："两国结盟，签订盟约，共同对付唐军。"

看着安庆绪的亲笔信，当着使者面，史思明做出一副高兴的样子，眉飞色舞之际，他高声称赞："安庆绪主意好，两国结盟，果真是好主意。"他当即向使者表示："请安庆绪来大营，共同见证两国结盟的盛大喜事。"

"安庆绪明天去史思明大营，主持两国结盟仪式。"得到消息，孙孝哲、崔乾祐大吃一惊。两人立即跑到安庆绪面前，说出同样一句话："结盟是可以。但是，大王啊，你千万去不得。史思明那人，绝不会安什么好心，你今天去，明天就一定回不来。"

安庆绪听着，心里拿捏不准。

张通幽和高尚两人也得到消息，两人一同走进来。

"史思明是一个说话算数之人，绝不会也不可能对大王做什么手脚。再说，邺城这么多军队在这里守着，谅他也不敢动什么歪点子。机会难得。错过这次结盟机会，以后，我们的力量，就更加单薄。"

听完两人的话，安庆绪最终下定决心："为着大事业，见一见史思明。"

第二天，吃过精美早点，带上几个弟弟，连同孙孝哲、崔乾祐、张通幽、高尚，又带上三百名精锐骑兵，安庆绪缓缓来到史思明营地。

安庆绪人马刚刚走出邺城，史思明就得到消息，立即动手做好"迎接"准备。

望着安庆绪带领人马走过来，史思明带着将领们笑容满面地迎上去。

史思明、安庆绪两个人寒暄一阵，史思明立即派出一批人，热情招待客人，亲自引着安庆绪和他几个弟弟，缓缓走进中央大帐。

到帐中，安庆绪立即跪在地上，大哭起来："叔叔啊叔叔，我治军无方，连失长安和洛阳。我在邺城，深陷重围。除你没有人能救我，叔叔的救命之恩比天高，比地厚。"史思明与安禄山是同辈人，安庆绪是晚辈，称史思明为叔叔。

史思明坐在那儿，不说一句话，静静地听着。安庆绪讲着讲着，发现现场除他的声音，没有一丝别的声音。他正在疑惑，突然之间，史思明勃然大怒："丢失长安、洛阳，我原谅你。你杀你父亲，完全是为着皇位，这就不是我能原谅的事了，这叫天理不容。今天，我要替你父亲，向你讨这笔血债。"

史思明要将安庆绪推出去斩了，旁人说情，改为缢杀。几个士兵动作干净利索，将安庆绪和他四个弟弟全部杀死。

## 第四十章　安阳之战

其他官员还没有明白过来，早就被人收掉武器。

高尚、孙孝哲、崔乾祐等人十分警惕，然而警惕又有什么用？一群勇士冲上来，这几位没有一个活下来。

张通儒、李庭望等人投靠了史思明。

那三百名骑兵看清大势，也全部投靠史思明。

有张通儒、李庭望做引导，史思明将大军开进邺城，收编安庆绪兵马，打开府库分赏财物。

安排妥当，史思明随即做出决定，留下儿子史朝义镇守邺城，自己率大军返回范阳。

吞下安庆绪军队，史思明实力大增。现在，他望着长安城里李亨屁股下面那把金椅子，坐等时势变化。

# 第四十一章　河阳大战

鱼朝恩一直以来，有一个"高大上"的想法——独揽兵权。沿着这个思路，鱼朝恩很快就发现了这条"光辉大道"上的挡路石，"将领们都听郭子仪的，对我的命令，常常置若罔闻"。

这一次两军交战，天空中突现飞沙走石，唐军大败。在逃往长安路上，就如何向皇帝汇报失败战况这个大难题，鱼朝恩一路跑，一路想，终于想出"一箭双雕"的方案。

在皇帝李亨面前，鱼朝恩说："这一次我们五十六万唐军，打不过五万叛军，原因有且只有一个，那就是郭子仪领兵无方，指挥不当，既不能约束部队，还带着军队一起逃跑。"他把唐军这一次大败的责任，一股脑儿全推给郭子仪。

李亨听完，心里七上八下。反复琢磨之后，他想到一个办法："我不去调查什么失败原因，也不追究郭子仪的责任，我把他调回京城。前线指挥打仗的事，另派他人，这不就将事情解决了吗？"

打定主意后，另一个人随即进入皇帝视线。这一次，鱼朝恩仍然落选。

李亨宣布，任命李光弼为朔方节度使、兵马元帅。

得到消息，朔方军将士们愤愤不平，有人哭出声来。郭子仪平时爱惜将士，深得将士拥戴。

得知传达命令的宦官这就要带着郭子仪去京城了，一些人跑出来，拦住宦官马头，拉着郭子仪的衣服，不让他离去。

如果这样闹下去，必定会闹出大事来。郭子仪想着，向身边将士们说："我不走，我不走，我只是送送传达命令的官员，我怎么会舍得离开大家呢？"人们这才让开一条道。

郭子仪一路送过去，一直往前送，最后，借着这个机会，他遵从皇帝命令，一直走到京城。

"李亨撤换郭子仪。"得到消息，史思明大笑起来：李亨啊李亨，真是个昏君，如此人才，你却不用，你这不是在自我毁灭，还能是什么？你这是努力地成全我啊。他立即发出命令，"各郡太守，每人带领三千人马，跟着我一起，向南进军，第一步，攻克河南"。

## 汴州之战

"叛军向河南浩浩荡荡开来。"得到消息时，李光弼正在黄河沿岸军队中巡视。

李光弼当即停止巡视工作，返回汴州。

找到汴州节度使许叔冀，李光弼说："叛军来势凶狠，你这里是叛军南下必经之地，你带领守军，坚守汴州十五天。我这就去洛阳调集兵马。在这十五天里，你只可坚守，绝不能出城与叛军交战。只要守住汴州，拖住南下叛军，叛军绝不敢向南轻举妄动。"

李光弼带领随行官员，向洛阳火速而去，临别时，特别留下一句话："如果史思明装穷卖傻诱惑你，千万不可出城作战。"

史思明率领叛军很快来到汴州城下。

站在城楼上，望着城外叛军，人数不多，军容不整，许叔冀哈哈大笑："李光弼也太过于小心谨慎，这些叛军，岂是我唐军对手？"他立即发出命令："打开城门，摆下阵势，与叛军作战。"他早已把李光弼临行时的那些话，丢到九霄云外。

许叔冀哪里是史思明对手，何况还丢掉了城墙保护。只用一战，史思明就将守军打得大败而逃。

残余守军逃回城中，这才赶紧关闭城门。

史思明命令叛军大张声势，加紧攻城。

看着叛军如狼似虎不分日夜往城墙上爬，许叔冀心中害怕起来："这样下去，要不了两天，叛军就必定攻破城池。"

"还是活命要紧。"许叔冀带着手下一班人马，出城投降，献出城池。

得到许叔冀投降的消息时，李光弼正在洛阳忙着调兵。李光弼气得跺脚大喊："许叔冀啊许叔冀，坏我大事。"

找到洛阳留守韦陟，李光弼说："叛军过汴州，必定向洛阳直扑过来。洛阳虽为东京，但不便于军事上搞守城战。你带领洛阳官民，火速撤往潼关之内。我带兵前往河阳，在那里构筑抗击叛军的防线。"河阳与洛阳之间的距离大概是行军一天的路程。

## 河阳城之战（上）

河阳城里，有两万守军，存有够吃十天的粮食。

二十七日，史思明率领大军进入洛阳。这里已是一座空城，除了搬不走的装修豪华的宫殿等之外，什么都没有捞到。

史思明马不停蹄，立即奔向河阳，摆开阵势后，当即派骁将刘龙仙，进到城下，向唐军挑战。

在叛军中，刘龙仙是赫赫有名的人物，臂力超强，善于射箭，他射出的箭十分强劲，无人能抵挡，即便对方握着盾牌。

每次上战场，刘龙仙往往打头阵。他一出现，手中那张弓、那些箭，无人不怕。不少唐军将领死在他的箭下。

骑马来到阵前，刘龙仙把右脚高高地抬起来，放上马鬃上，一副吊儿郎当样子，嘴里高声叫骂："李光弼，当什么缩头乌龟，有种出来，我们决一死战。"

李光弼站在城墙上，身边围满将领。"那个姓刘的也太嚣张，他那个头，谁去把他削下来？"

仆固怀恩从将领群中站出来。

没等他开口，李光弼说："这样小事，还用得着你这样的大将？派一名小将前去，就足够了。"

人群中有人说："这项任务，在副将白孝德那里，就是小菜一碟。他是一个用脑袋做事的人，对付这个没有脑子的刘龙仙绰绰有余。"

很快有人把白孝德喊过来。

"末将这就去把那个家伙为将军砍了。"白孝德说道。

"要多少兵马为你助阵？"

"我一人就行。"

"你很勇敢，但是，带些人为你助势壮威，也是必要的。"

"那就挑五十名精锐骑兵，做我的后援团队。大军在城墙上擂鼓呐喊，壮我唐军军威。"

李光弼拍拍白孝德肩膀："按你方案行事。"

骑着一匹棕色快马，胳膊挟着两根长矛，白孝德策马向前飞驰。跨过河床，马儿放慢步子，缓缓前行。

在白孝德渡河渡过一半时，站在城墙上，仆固怀恩十分有把握地说："好，很好，白孝德必能成功。"

"还没有交锋，八字还没有一撇，你怎么就能预知他一定能胜？"李光弼问道。

"手揽缰绳，不慌不忙，如此沉着，头脑如此冷静，从这些动作细微之处，就能看出，他这回万无一失。"

看见白孝德只是单枪匹马，刘龙仙不怎么在意，轻蔑的笑容从脸上露出来。

看着白孝德渐渐靠近，刘龙仙将右脚从马鬃上缓缓地放下来，一手拿弓，一手拿箭，双腿一夹，催马向前，做了箭射白孝德的准备。

正在观察风向、风速，安定心神，刘龙仙突然发现，白孝德向他摆摆手，不住地使眼色。

## 第四十一章　河阳大战

"你不是来交战吗？还有什么话要讲？难道是要投降不成？"刘龙仙有些纳闷。

刘龙仙拿弓抽箭的双手停下来，此时，双方距离只有十步远。

"你为什么在城前一直骂个不停？"白孝德这才开始发问。

"喜欢骂，想骂，要骂，怎么了？李光弼本来就是只缩头乌龟嘛，哈哈哈。"

刘龙仙又开始唾沫四溅地骂起来。

白孝德不露声色地听着，看他骂得起劲，骂得入味，骂得入神，突然怒目圆睁，大喝一声："你认得我吗，叛贼？"

"认得你啊，你叫无名小卒。"刘龙仙仰天大笑起来。

"我叫白孝德。"

"什么东西，老子从来就没有听说过。"说完，他又哈哈大笑起来。

忽然之间，只听得一声大吼，空气中声如炸雷。白孝德双腿一夹战马，一根长矛已然举在手中，猛地向着刘龙仙冲去。

城墙上所有人都在望着两人一举一动。

发现白孝德长矛出手，战鼓声、呐喊声轰然响起，五十名精锐骑兵飞奔着杀出城门。

刘龙仙大惊失色，两人距离太近，刚才只顾嘲弄对手，分散了心神，现在没有一丁点准备时间，更没法凝神定气来弯弓搭箭。天空中骤然响起军鼓声、呐喊声，又扰乱心神，分散了注意力。

即便是顶级神射手，最需要的还是凝神定气。

完全出于本能反应，刘龙仙拨转马头，往后就跑。

现在比拼的就是马的脚力，看谁跑得快。

刘龙仙掉转马头，花去了宝贵的数秒时间。而白孝德的马，依着惯性往前冲，就快许多。

刘龙仙往河堤上跑的时候，白孝德从后面追上来。

一根长矛出手，刘龙仙栽倒在马下。

白孝德跳下战马，拔出佩刀，砍下刘龙仙的头。

叛军人马望着白孝德用手挽起刘龙仙的头发，将血淋淋人头提在手里，望着他翻身上马，望着他不慌不忙返回城门。所有人全都惊呆了，全场静默，没有一个人发出一丁点声音。

## 河阳城之战（中）

河阳城依河岸而建，又被河水分隔，分成南城、中城、北城，各城都有独立城墙，各城之间由浮桥连接，在战略上，既可以独立防守，又可以相互联系，互相支援。

接下来，史思明必定以超级强大的力量，以石头砸鸡蛋的劲头，发起攻城战。站在城头，听着城墙上士兵高呼胜利的声音，望着白孝德胜利回城，李光弼心中想着。

白孝德胜利，鼓起将士们守城的信心，然而，敌军人数上占有绝对优势。李光弼对着身边的将领说："夜间召开作战会议，部署作战任务。"

夜幕降临，大堂里灯火通明。看着节度使李抱玉，李光弼说:"南城防守比较薄弱,敌人一定首选进攻南城,李抱玉,你能够坚守两天吗?"

"能,但是假如超过两天,守不住,怎么办?"

"到那时,救援部队还不来,你就可以放弃。"

李抱玉回到南城,立即开始准备防守工作,率领士兵,加固城墙。

倚着人多势众,史思明指挥叛军将三座城池分割包围,将联系三座城池的浮桥,全部烧毁。

大火过后,河面上到处漂浮着黑乎乎的木头段。

叛军大将周挚率领部下,首先向南城发起进攻。

攻势极为猛烈,叛军早已攒足劲头,一批接一批,轮番向城墙发起冲锋。

守军毫不示弱,打退一批,刚刚休息一下,吃点饭,喝点水,又接着向新来一批敌军射箭,将那些奋力爬上城墙的敌人,死命砍下墙去。

叛军手持盾牌,抵住墙头上射下来的利箭,开始动手破坏城墙。忙到下午,几处城墙已经坍塌,眼看着敌人就要从破损地方攻上来了。

站在城墙上,望着破损墙体,李抱玉十分着急。叛军人数众多,无论如何,他也想不出应对办法。

一位将领站在边上,看着李抱玉不停地抓耳挠腮,轻轻说:"李光弼只是要求我们坚守两天,并没有要求我们一定要用死拼的方式坚守。为何不用缓兵计?"

听完将领的方案,李抱玉说:"就用你这计谋,用假装投降的办法，看能不能拖过今天。"

李抱玉立即派出一位嗓门大的副将，站在墙头上，向着叛军方向，使劲儿高喊："城里已经没有粮食，马的草料也已经吃尽。死伤士卒不少，没有多少能够作战的人。明天我们就投降，今天你们不要再进攻。"

副将放开嗓门，一遍又一遍地喊着。

叛军正准备发起新一轮进攻，刚刚走到城墙下面，听到上面"明天我们投降"的喊声。有人说："我们忙活一整天，人也累得要死，正好歇一歇，今天也不一定就能攻下来。"

叛军士卒们议论纷纷，没有人愿意拼命攻城。将领们看到士卒失去攻城斗志，只好发出命令："今日攻城到此结束，大家休息，等着明天早晨唐军投降。"

叛军停止进攻，李抱玉发出命令："现在所有人赶紧搞饭吃，吃饱喝足，蒙头大睡，恢复精神。今天后半夜加班，修补城墙。"

夜幕降临，月亮渐渐爬上城墙。士卒们早已吃饱睡足。深夜时分，他们全都起床，一个个精神抖擞，在月光下偷偷干起修补城池的活计。

凌晨时分，李抱玉派出早已挑选好的五百士卒，偷偷跑到城外，悄悄隐藏起来。

太阳出来，叛军们十分高兴，不只是因为今天又是一个晴天。大家吃过早饭，早早地来到营外，等待唐军排着队前来投降。

等着等着，没有一个唐军出城，而且城门紧闭，全城人像都睡着了一样，没有一丝声响。

叛军们拥挤着跑到城墙前面，这才发现，昨天好不容易毁坏的城墙，一夜之间，又全部被修补一新。

大家开始明白过来："唐军是在忽悠我们。"

这时，叛军听到城墙上有人高喊："想我们投降，你们别做梦。"

听到这话，叛军们像热油锅里泼进一瓢水，立即炸开。士卒们开始叫骂起来，将领们立即发出命令："全体集合，准备攻城。"

叛军选定城墙前面一处开阔地方，在那里向城墙发起进攻。

一部分敌军开始向城墙上面爬。就在这时，在敌军后面，预先埋伏的五百精锐骑兵，发起了突然袭击。

背后受到突然攻击，叛军阵脚开始混乱。发现情况，李抱玉立即指挥大军打开城门，从城里杀出，冲向叛军。

吃不住内外夹击，叛军赶紧后撤。

唐军乘胜发起追击战，很多叛军死于唐军追兵的刀枪之下。

## 河阳城之战（下）

还在叛军进攻南城的时候，李光弼已经在中城紧张地忙活。

李光弼率领士卒，大搞工程建设，在城外设置木栅栏，在栅栏外面挖掘壕沟。壕沟宽两丈，深两丈，无论步兵还是骑兵，要想接近城墙，绝不是容易事。

发现南城守将计谋多，叛军大将周挚对身边将官说："那个叫李抱玉的人太有脑子，搞不定他。我们放弃进攻南城，集中力量，进攻中城。"

望着叛军呼啦啦向中城围拢过来，李光弼向将领荔非元礼发出命令，"率领精兵，依靠事先构筑的工事，在城外迎击叛军"。

在城东北角，李光弼树起一面小旗，站在那里，观察叛军动向。

倚仗着强大兵力，叛军摆出阵势，一直前进到壕沟边沿。在叛军大阵后面，紧跟着载有云梯、木驴等攻城战具的大马车。

叛军大队人马，改成工程兵，干起填埋壕沟的活计。

一个上午时间过去，壕沟上，八条宽敞路面填出来了。吃过午饭，叛军又开始动作，努力在唐军预先设置的木栅栏上打开缺口。

唐军站在栅栏后面，荔非元礼就立在那里，眼看着叛军又是斧头又是大刀，在猛砍木栅栏。

站在旗下，看着叛军一步一步逼近城下，荔非元礼却没有任何行动，就像睡着一样。李光弼立即派人跑出城门，询问荔非元礼："你看着叛军填平壕沟、劈开栅栏，却不采取行动阻止他们，你想做什么？"

对着传令官，荔非元礼说："李将军是想坚守呢，还是想出战呢？"

传令官立即飞马禀报李光弼。李光弼说："想出战。"

"那就是了，叛军不是正在忙着为我军填平壕沟、劈开栅

## 第四十一章 河阳大战

栏，为我军扫清出战障碍吗？"

做完填壕劈栅的工作，叛军们已经累得够呛，正准备休息一下，然后发起进攻。

突然，荔非元礼率领唐军从栅门口冲出，沿着叛军开辟的大道，向着叛军冲杀过去。

叛军正在休息，准备整顿队伍开战，没有想到唐军这么快就冲到眼前，仓促应战。

经不住唐军敢死队冲杀，叛军缓缓向后撤退。退到几百米远的地方。叛军渐渐稳住阵势，顶住唐军进攻。

"叛军大阵，重新合拢，阵势再一次变得坚固起来，我们一时之间，冲不垮他们。"荔非元礼发出命令，"全体后撤。"

"把敌人好不容易打出去，居然轻易又退回来。"站在旗下，望着眼前情景，李光弼大怒，对着身边的人喊，"立即把荔非元礼给我叫来，我非杀死他不可。"

看着急忙忙来找他的传令官，荔非元礼说："战斗现在正在最紧急关头，哪有时间回城。问问李将军有什么事，我现在没有时间回去，等我搞定这里再说。"

唐军退入栅栏内，站在栅栏后面。

叛军将领发出命令，向栅栏发起进攻。士卒们惧怕栅栏后面的唐军，有的推进慢，有的推进快。

"叛军坚固的阵势松动，时机已到。"荔非元礼立即发出进攻命令，率领士兵擂响战鼓，高声呐喊着，杀出栅栏门。

叛军只想着唐军必然缩回去，没有想到唐军居然突然之间呐喊着冲过来，一时之间，阵脚大乱。前面士卒往后面逃命，后面士卒不明白情况，还在往前赶，混乱中互相踩踏。

荔非元礼率领唐军死命追杀，叛军丢下上千具尸体，残余部队逃回营地。

第二天一大早，侦察兵传来消息："唐军在夜间挖断了已经填平的八条道路，再一次架好木栅栏。"

"一夜醒来，又回到前天，昨天一天不但白忙，而且丢掉上千士卒性命。"周挚仰天长叹，"今天休整，明天进攻北城，三城之中，总有一城是唐军弱项。"

"叛军下一个目标一定是北城。"李光弼率领人马赶到北城。

登上城头，望着黑压压的叛军人马，反复观察后，对着各位将领，李光弼说："敌人兵力是多，来势凶猛，但是，大家仔细看看，敌人队伍混乱，旌旗不整。大家用不着过分担忧、恐惧，到中午，敌人必定哭着回家。"

面对强敌，将领们信心满满，带领军队，出兵作战。

正如李光弼所预料，这一次，在北城，叛军投入更多兵力。周挚在这里将手里所有筹码一次性全都押上。

战斗异常激烈。唐军虽然力量弱小，然而身受南城、中城战斗胜利的鼓舞，斗志昂扬，双方杀得难分难解。唐军与叛军死磕，双方伤亡都十分惨重，到中午，仍然分不出胜负。

李光弼一双眼睛，紧紧盯着战场。"必须根据敌情，重新调整部署。"

李光弼召集将领，问道："敌军阵势中，哪个地方最强？"

立即有人回答："西北方最强。"

## 第四十一章　河阳大战

"郝廷玉进攻西北方向。哪个方向次强？"

又有将领回答："东南方。"

"论惟贞率所部进攻东南方。"李光弼下令。

"诸位将领既要各自为战，独当一面，同时，也必须看准我的令旗，统一进退。如果我将旗子缓慢挥动，大家就自选有利时机，看准机会出战；如果我将旗子急速挥动三次，全军齐发，整营并进，所有人都必须冒死前进。稍有后退者，杀。"说完这番话，李光弼抽出一把短刀，插在自己靴子中，"战斗，就是危险，没有必定能胜的战斗。我身为三公，绝不能落入叛军之手。万一战斗失败，大家死在战场，我就在号旗下自刎而死，绝不会有大家战死而我苟活的情况。"

"元帅都拼死相搏，我们岂能苟且偷生！"将领们一个个抱着必死决心，投入战斗。

到了下午，战斗更加猛烈。战场上呐喊声不断，战鼓声一阵高过一阵，连空气中都充满着血腥味，到处是战死士卒的尸体。

站在城墙上，李光弼发现，郝廷玉匆匆逃下阵来。"大事不好。"李光弼心中暗叫，"敌军最强劲的力量在西北方，他这一逃必会拖累我军。"

"去问问郝廷玉，为什么撤退？"向着身边传令官兼刀斧手，李光弼喊道，"若是无故撤退，就把他的头割下来。"

看着李光弼派来的传令官兼刀斧手，郝廷玉说："我哪想退下来啊，我的坐骑中箭，没办法作战。"

传令官立即飞马报告李光弼。李光弼指示："赶紧给他换上一匹好马，立即重新上阵。"

仆固怀恩正在和叛军作战，对手太过于强大，形势不利。仆固怀恩指挥部队稍稍后退，使得敌军在追击过程中阵形松动，从而寻找战机。

站在令旗下，望到部队后退，李光弼指着仆固怀恩方向，大声说："无故后退的话，把他头割下来。"

望见李光弼派来人提着刀骑着马向自己这边跑来，仆固怀恩立即指挥部队不顾生死往敌阵冲过去。

关键时候，需要咬牙坚持。

下午过了一半，双方都在坚持。站在城墙上，望着战场，李光弼向身边将官说："在这样的胶着期，最需要的是突破。只有不顾生死，才有可能突破对手，如果现在不突破，等到太阳下山，明天又要重复今天的战斗。"

"战斗打了接近一整天，双方都十分疲劳，现在激起士卒斗志，就能突破敌方抵抗。"一位将官说。

李光弼立即快速挥动了三下手中指挥旗，指挥部队冒死进攻。

得到全军冒死前进的指令，唐军将领们像打了鸡血，率领部队往敌阵中冲过去，呐喊声震天动地。

叛军已经疲惫，没有想到双方战斗到这个时候，唐军还能精神抖擞。叛军阵营抵敌不住，慌忙后撤。唐军死死咬住，拼命追击，叛军大败而逃。

叛军被杀死一千三百人，俘虏八百人，不少叛军逃到河中，在涉水时淹死。

大将周挚发现情况不妙,带着身边一百二十名骑兵快速逃出战场。

史思明不知道周挚已经被打败,还在南城忙个不停,发起进攻。

"把俘虏的叛军,全都赶到河边上,让史思明认真观看。"

望着河对岸的景象,史思明对着天空大喊:"周挚坏我大事。"随即他带着兵马撤走。

# 第四十二章　东京大会战

河阳之战中，李光弼取得一个又一个战绩。鱼朝恩一边心中想，一边一只手握着拳头：我的战功坐落何方？一定是那个十分抢眼的地方——东都洛阳。我要向皇帝提出建议，拿下东都洛阳。如果失败，就一口咬定是因为李光弼指挥无方，倒霉蛋必须是李光弼。这叫一举两得。

如何促动皇帝调动军队去打洛阳呢？

在皇帝耳边，鱼朝恩说："驻扎在东京城中的叛军将士，是些什么人？都是朔方、燕地人。这些人这么长时间，一直在外面打仗，有八年没有回过家，家里父母老去，都不知道。叛军士卒万分思念家乡，无奈他们的主将不让他们回家看看。叛军士卒没有心思打仗，军队失去军心，哪有什么战斗力可言？我们现在去攻打洛阳，叛军必定土崩瓦解。收复东京，指日可待。"

听完鱼朝恩"叛军因思乡而战斗力减弱"的论点，李亨向李光弼发出命令："率领部队，组织洛阳大会战，拿下东京。"

## 第四十二章 东京大会战

接到"组织洛阳大会战"的指令，李光弼大为吃惊，立即送上奏章："现在叛军军锋正盛，战斗力强劲，我军绝不可轻敌冒进。"

看完这份奏章，李亨找来朔方节度使仆固怀恩。

仆固怀恩拍着胸脯说："拿下洛阳，对我堂堂唐军来说，小菜一碟而已。"

听完仆固怀恩的话，李亨再次派出宦官，督促李光弼执行攻打洛阳的命令。

看着一位接一位宦官，手持圣旨，从长安奔驰而来，李光弼硬起头皮，发出命令："集合各路大军，会攻洛阳。"

李光弼选定的布阵地点是邙山（位于洛阳北，黄河南岸）。站在山腰上，对着身边将领，李光弼说："敌军气焰嚣张，一定会丢掉洛阳城墙，追到邙山来攻打我军。我军依托山势，一点一点地消耗叛军。现在，大家一定要依据险要地形，排兵布阵。"

接到李光弼指示，仆固怀恩哈哈大笑："李光弼也太胆小了吧，也太高抬叛军了吧。在开阔的平原地带，布下阵势，着着实实跟叛军干上一仗，打掉叛军嚣张气焰，这才是正确选择。"

李光弼正在吃午饭，突然得到消息，"仆固怀恩在平原布阵"。李光弼丢掉饭碗，向着身边人喊："立即派人，把仆固怀恩喊过来。"

看着急匆匆进门的仆固怀恩，李光弼说："史思明久混沙场，我们绝不可轻敌。赶紧撤除平原地带营地，进驻山区。"

仆固怀恩刚刚回到自己营地，还没有来得及坐下来喝茶，史思明带着大批叛军已经赶过来。

发现唐军正在安置营帐,史思明当即发令,"趁唐军布阵之机,发起猛烈进攻"。

事起仓促,唐军慌忙应战,很多士卒还在从营帐奔向阵列的路途中。叛军冲过来时,许多唐军士卒找不到自己的将领,形不成团队战斗力,只得单独应战。

失去指挥后,唐军步兵在叛军骑兵面前,就是一盘散沙。唐军很快被打得大败。几千人丢掉性命,大批军用物资、作战器械,落入叛军手中。

李光弼、仆固怀恩、鱼朝恩等将领带领残余部队逃向陕州。叛军乘胜追击,河阳陷入叛军手中。

得到消息,长安震动,京城人心惶惶,人人担心叛军再一次攻下潼关,攻进京城。李亨立即调集兵力,据守潼关。

# 第四十三章　谋杀父亲

击败唐军，史思明立即调动大军，乘胜进攻潼关。史思明亲自带队，任命长子史朝义担任先锋官，这一次，倾注了所有兵力。

得到作战指令，史朝义带领大军，向西开进。三月，大军到达礓子岭（河南三门峡南）。

大军正在行进中，突然与唐军将领卫伯玉部队发生遭遇战。

史朝义率领叛军一路走来，长途行军，早已累得疲惫不堪，被唐军一战击败。

史朝义一边逃跑，一边收拾残军，第三天，带领这支残军，以"绝不甘心"的精神，向卫伯玉军队，发起猛烈反攻。

或许这支叛军实在是劳累过度，他们再一次被唐军打得大败。

得到史朝义在礓子岭一败再败的消息，史思明只好放弃了进攻潼关的计划。

向着身边人，史思明破口大骂："史朝义胆小怕事，坏我大事，成事不足，败事有余。"

有人将这些话传进史朝义耳朵里。听到父亲骂自己的话，史朝义心中非常不愉快。

一天，史思明产生了一个想法——修筑三隅城，贮存军粮。他随即向史朝义发出一条命令，"一天之内修筑完工"。

时间紧，任务重，史朝义立即组织人手抢修。

这天傍晚时分，三隅城修筑完工，只是外墙还没有来得及抹泥。

史思明带着随从来到城前，只看一眼，张口就骂："真是个没用东西，这点小事都做不好，还能做什么大事？"

史思明一边往回走，一边对着身边人大声说："等我攻克陕州，一定要杀掉这个没用的东西。"

这话又被人传到史朝义耳朵里。

史朝义对父亲品性非常了解。父亲对手下人非常残暴，人所共知。今天史思明说要杀掉谁，明天那个人就一定没命，绝不是说着玩。他这个残暴品性跟已逝的安禄山简直就是如出一辙。

此时，史思明驻扎在鹿桥驿，对自身安保工作非常重视，每到夜晚，就特意安排一支精锐部队，整夜不停地巡逻。他将安保重担，交到心腹曹将军手上。

史朝义住在附近旅馆里。

敲开史朝义房间门，大将骆悦、蔡文景走进来。两人随手关上房门。

大将骆悦说："大王，您父亲那番话，说得再清楚不过。刀子已经架到您脖子上了，随时有可能砍下来。您要是死了，我们也必定不会活太久。"

看着史朝义站在窗口望着户外天空，蔡文景跟着说："我们必须立即采取行动！迟一步，一定没命。"

"自古就有废立君王之事。能否活命，在此一举。"骆悦说。

"眼前就是机会，您现在就召见曹将军。我们一起合计，大事一定能办成。"蔡文景说。

史朝义把眼光从窗户外面收回来，低着头，心里犹豫不决。

"如果您不答应我们这样做，我们带队伍，这就投李光弼而去，或许那里还有条活路。我们都走了，您没有军队，也必定完蛋。"

听着这话，史朝义心中着急，哭着说："两位好好地处理这件事吧，请你们千万不要惊吓我父亲。"

在旅馆房间里，听完骆悦、蔡文景的行动计划，曹将军吓了一大跳，顿时脸色大变。他突然想到一件事。这些将领，对史思明心怀怨恨，他们说得出，做得到。如果不答应他们，第一个砍头的，必定是自己。

想到这一层，曹将军立即换上一副严肃表情："计划很好，我们一起行大事，必能成功。"

夜深沉，月上三更，骆悦、蔡文景率领三百名全副武装的士兵来到驿站。

值班卫兵们感到非常奇怪，然而手中没有曹将军的阻拦命令，平日里又十分惧怕曹将军，不敢私自行动，就这样眼睁睁看着三百甲士闯进去。

进去的人发现，史思明卧室里连个人影都没有。骆悦伸手一摸，被窝还是暖和的。

太出乎意料，大家心里骤然紧张起来。

"皇帝哪里去了？"骆悦问侍从。

几个人站在那里，早已吓呆，没有一个人说出话来。

"杀。"骆悦大怒，指着一个人说。

一个士卒走上来，一刀刺进去，这个侍从当即倒在地上。

杀了几个人后，终于有一个人开口说："上厕所去了。"

厕所里，突然听到外面乱糟糟的脚步声，史思明立即警觉起来，当即跳过院墙，冲到马厩里，牵出一匹战马，跳上马背。就在这时，骆悦等人赶到。

骆悦的侍从周子俊，不慌不忙，弯弓搭箭，一箭正中史思明手臂。史思明栽下马来。

"谁在作乱？"史思明忍着剧痛大声喝问。

"奉怀王命令。"（怀王就是史朝义。）

听到这话，史思明心往下一沉。

"昨天说话走嘴，真不该说那话。"史思明停一停又说，"眼看着我就要攻下长安，事业正进入巅峰时期，这时节被杀死，真遗憾啊。"

史思明被押送到柳泉驿，不久被骆悦等人活活勒死。

史朝义即帝位，改年号为"显圣"。杀父登基，年号却定为显圣，真是极大的讽刺。

# 第四十四章　路到尽头

"史朝义登基，史思明已死。"得到消息，李亨十分高兴。他想：叛军此时内部大裂变，新老两派领导之间，必定互不相容，叛军力量分散。啥都不是的史朝义，绝不是老将李光弼的对手。然而，人算不如天算，在这个节骨眼上，李亨突然生起了重病，不能上朝理事，只能让太子李豫监国。李亨生病后，已被立为皇后的张良娣和李辅国为了争夺权力自相残杀，最终张皇后被李辅国杀死，李亨病死后，李辅国又被登基的太子李豫暗杀。这样一折腾，就是一年过去了。

李豫即位后，任命他的长子奉节郡王李适为主帅，仆固怀恩为副帅，攻打洛阳。老将李光弼也参战。

"唐军又要来攻打洛阳。"得到消息，史朝义立即调集将领，商讨对策。

阿史那承庆说："如果唐军只是某一支或某两支军队前来攻打，我们就跟他们决战。现在，唐军汇集多路兵马，包括回纥兵，来势猛烈。我想，我们应该避其锋芒，大军撤出洛阳，紧守河阳。"

"不要一听到唐军汇集各路兵马就吓破胆。打守城战,一部分军队守城,城外大军进行救援,内外夹击,唐军必败。"史朝义说。

史朝义立即行动,一方面布置大军紧守洛阳北郊;另一方面,调集十万兵力,做好内外夹击唐军的准备。

城内两万守军,迅速划分防守区域,既能各自为战,又能相互支援。守军在城墙外围,又设置三道栅栏,挡住唐军靠近城墙的步伐。

唐军主力推进到洛阳北郊,在横水扎下大营,布下阵势。

仆固怀恩率领唐军,攻到栅栏边上。

叛军依靠栅栏,阻击唐军。

史朝义率领十万大军,赶到洛阳北郊,在昭觉寺布下阵势。这已是叛军全部精锐所在。

唐军立即向敌阵展开进攻,攻势猛烈。叛军也是战场上混大的,跟唐军对杀。双方杀得天昏地暗,日月无光,结果都有重大伤亡。叛军阵势坚固,唐军毫无进展。

鱼朝恩想出一个办法,派出五百射生军从侧面发起进攻。叛军盾牌大队将射生军利箭稳稳地挡住,虽然叛军有一些损伤,但整个阵势仍然十分坚固,牢不可摧。

双方都在坚持。快到正午时,镇西节度使马璘突然大声喊道:"关键时候到了,现在不发死力,更待何时?"说完这句话,他一个人骑着大马杀入敌阵。

见唐军中有人冲过来,叛军军阵闪开一条口子,在马璘

## 第四十四章　路到尽头

前面与左右两边，叛军用竖立的盾牌筑成一堵盾牌墙。马璘奋力地挥舞手中长枪，然而，在盾牌墙面前，无论如何发挥不出力量。

如果不迅速打破盾牌墙，在这堵墙后面，必定突然伸出多把钩镰枪，将胯下马腿钩倒。

马璘高举枪头，朝准一块盾牌，用力砸下去。盾牌后面的人被砸伤，趁着对方还没有来得及做反应，马璘枪头又朝另一个人横扫过去，另一个盾牌也倒在地上。

马璘趁势夺取盾牌，立即纵马向这两个叛军士卒身上冲过去。在他身后，跟着的唐军士卒一起往叛军阵里冲。

叛军盾牌阵被冲乱，唐军大部队乘势杀入敌阵。

叛军抵挡不住，开始后退。

唐军岂能放过这大好机会，紧随其后，死死咬往，一边追赶，一边杀死那些跑得慢的敌人。

叛军富有撤退经验，主力向后撤退，一部分军队担当垫后任务，在石榴园组织抵抗，以赢取撤退时间。

唐军已经气势如虹，大部队直接向石榴园叛军碾压过去。叛军再一次被打得大败。

叛军撤向尚书谷。这里山地狭窄，在山路上叛军互相践踏起来。

唐军追入尚书谷。逃跑中，叛军所有组织体系全部散乱了，没有人能够按逃跑预案再一次组织抵抗，所有人全都只顾自己性命，人人拼命地逃跑。

唐军死死咬住，一路追杀。

死尸填满尚书谷。这一仗，叛军几万人丢掉性命，三万多叛军被俘。史朝义仅仅带领着身边几百名轻骑向东边逃亡。

仆固怀恩给儿子仆固玚（右厢兵马使）一条命令："带领一万骑兵连夜追击史朝义，路上如遭遇其他叛军，不得恋战。目标只有一个，那就是史朝义。"

仆固玚一路追赶，史朝义逃到汴州城下，汴州城城门紧闭，坚决拒绝他入城。城头上还丢下一句话来："杀父登基之人，人人得而诛之。"

史朝义继续往东逃，逃向濮州。到达濮州城，这才发现，这里的郡守已经向唐军投降。

在卫州，仆固怀恩的兵马追上史朝义，将他几百人的骑兵卫队打得大败。史朝义利用卫队殿后，自己在第一时间逃出战场，继续向东逃跑。

就在最为危急的关键时刻，史朝义终于迎来大救星。

田承嗣（魏州刺史）率领四万叛军正在赶往抗击唐军的路上，没想到与史朝义碰个正着。

叛军人数虽然达到四万，然而没有经过战阵，又全是步兵。仆固玚只用一仗，就将这四万叛军打得大败而逃。

利用这支叛军与仆固玚率领的唐军交战的时间，史朝义逃到魏州。

"唐军已追得精疲力竭，必定没有战斗力。"依着这个军事直觉，史朝义率领魏州守军，丢掉城墙保护，跑来与追击的唐军交战。

让史朝义没有想到的是，这一万多唐军，此时正斗志昂扬，

## 第四十四章 路到尽头

而魏州守军没有战斗力。唐军将魏州守军打得大败，史朝义只得再一次走上逃亡路。

史朝义心中恨恨道：下次一定要长点记性，找个城池躲起来，或许有救。

然而，现在，即使长记性也来不及了。这几次战斗，耽误了逃亡时间，唐军主力大军已经从后面追上来。

有主力大军助势，仆固场率领的唐军更加强势。

史朝义逃到莫州，逃进莫州城，舒舒服服住下来。"这次我要接受教训，再也不能跑出城，再也不丢掉城墙保护。"

仆固场率领唐军紧紧地追上来，将莫州城团团围住。

将领田承嗣对史朝义说："我来守莫州，你去幽州征调军队，回救莫州。我用莫州城死死缠住唐军的追击部队。"

史朝义想想，当即决定采纳这个方案。他立即挑选五千精锐骑兵，打开北门，冲出唐军包围圈。

史朝义前脚刚走，田承嗣马上打开城门，向唐军献出城池。

史朝义跑到范阳。此时，范阳节度使李怀仙已向朝廷请求投降。兵马使李抱忠负责镇守范阳。

李抱忠不让史朝义入城。在城东门，史朝义以君臣之义责备李抱忠，李抱忠回答道："这是老天不让燕人做皇帝，是老天让唐室又复兴。我也劝你早点找后路。我已得到探报，莫州的田承嗣已经投降唐军。"

听到这个消息，史朝义心里凉了半截。"从早晨到现在，我们几千人一直在逃跑，滴水未进，能让我们进城吃一顿饱饭吗？"

"为君臣之义,我送你一顿饱饭,我这就派人做好,送到城外。"李抱忠站在城墙上回答道。

大军饱餐一顿,史朝义叩谢辞别而去。坐在马背上,吃饱饭的史朝义不住痛哭。

史朝义带着部队向广阳跑。他发现,随行的人越跑越少,许多人跟不上速度,更多的人看不到前途,故意掉队。

广阳城同样大门紧闭,这座城池里从上到下,没有一个人愿意接收他们。

站在紧闭的广阳城门前,史朝义突然想到一个地方:"向北边跑,进入契丹境内,在那里寻求支持力量。"

跑到温泉栅时,李怀仙带领大军从后面追上来。

没有出路,走投无路,丢开身边军队,史朝义走进一个树林,选了一棵大树,割开马的缰绳,放走战马,用这根马缰在树枝上上吊自杀。

李怀仙率领大军追进树林,看到树上吊着的史朝义尸体。李怀仙拿出刀来,慢慢地割取了史朝义的头颅,献给朝廷。

至此,长达八年之久的安史之乱结束,唐朝进入战后恢复期。